문화로 읽는
십 이 지 신
이 야 기

十 二 支 神

문화로 읽는 십이지신 이야기

한중일비교문화연구소의 십이지신 시리즈

十 二 支 神

말

이어령 책임편집

열림원

차례

정오의 햇빛을 달리는 말갈기 속으로 이어령_8

정오의 햇빛을 달리는 말갈기 속으로

이어령

정오의 햇빛을 달리는
말갈기 속으로

　십이지의 동물들 가운데 인간과 함께 살아온 가축은 '소', '토끼', '말', '양', '닭', '개', '돼지'의 일곱 종류로 과반수가 넘는다. 그중에서 가장 몸집이 크고 빠른 것이 '말'이다. 몸의 크기로 말과 겨룰 만한 가축으로는 소를 들 수 있지만, 그 속도에서는 극과 극이다. 하루에 천 리를 달린다 하여 '천리마'라고 하고, 하늘을 비상한다 하여 '천마天馬'니 '용마龍馬'니 하는 말도 있다. 말은 동서 할 것 없이 일찍이 인간이 부리는 가축의 하나이지만, 때로는 신으로 떠받들기도 하는 영물이다.

　말은 일단 달리기 시작하면 멈출 줄을 모른다. 활에서 날아간 화살처럼 곧바로 앞만 보고 질주하는 성격 때문에 사냥터와 전쟁터에서는 어떤 짐승도 말을 앞서지 못한다. 그래서 말은 한 나라의 성쇠를 가르고, 문명의 얼굴을 바꿔놓는 역할을 한다.

말이 자동차로 바뀌고, 기병대가 탱크 부대로 변한 오늘날에도 여전히 우리는 힘의 단위로 '마력馬力'을 기준으로 삼고 있으며, 여전히 경마장에서 천리마의 꿈을 재현하며 환호한다. 힘이나 속도만이 아니다. 십이지 속의 말의 방향은 정남이고, 시간은 정오로, 태양이 정수리에 오르는 대낮이다. 그래서 말띠, 특히 백말띠에 태어난 여인은 운명이 거세다 하여 최근까지도 혼사의 핸디캡이 되기도 한다.

무엇보다도 한중일 삼국의 문화를 비교하는 상징적 층위에서 말은 어느 짐승보다도 중요한 가늠자 역할을 한다. 한족은 늘 말을 탄 유목민에게 압박을 받아왔다. 그 거대한 만리장성이 말에 대한 콤플렉스의 산물이라는 점은 의심할 수 없다. '천고마비天高馬肥'가 가을에 살진 말을 타고 수확한 농작물을 약탈하러 오는 기마족들에 대한 두려움을 일컫는 말에서 비롯되었다는 것만 보아도 알 수 있다.

고대 능에서는 말과 관련된 유물들이 발굴된다. 말을 타고 건너온 한국인이 일본 땅을 개척하고 다스린 지배 민족이었음을 증명하는 것이 바로 말에 관련된 문화이다. 일본의 종교(신도)에서 빼놓을 수 없는 것이 '에마繪馬'이듯이 농경문화를 근본으로 한 중국의 한족과 일본 민족들에 있어서 유목 문화의 이입을 말발굽을 따라 추적하기란 그리 어려운 일이 아니다.

말은 고구려, 백제, 신라의 건국신화에서 빼놓을 수 없는 상징물이다. 고구려 벽화에서 보듯이 말을 타고 180도로 몸을 돌려 사냥감을 향해 활을 쏜다. 이 놀라운 기사騎射를 보면서 우리는 한국 문화를 결코 중국이나 일본의 농경문화적 차원에서 다룰 수 없다는 사실을 깨닫게 된다. 왕자를 찾으러 일본으로 건너가려는 남편을 만류하기 위해 박제상의 아내가 말을 타고 뒤쫓는 『삼국유사』의 한 장면을 보아도 말이 얼마나 한국인의 생활 속 깊이 배어 있었는가를 알 수 있다.

한편 그러한 기마 문화의 전통이 사라져 조선조에 오면 말은 소로 변하면서 뒷전으로 사라진다. 문학작품이나 회화, 그리고 민속 면에 있어서도 한국은 일본보다 오히려 더 말의 상징적 역할이 미미하다. 어지러운 말의 속도보다 소 등에 타고 피리를 부는 것이 한국의 목가적 풍경이 되어버린 것이다.

여러 가지 설은 있지만 말의 원산지는 중앙아시아라고 되어 있으며, 한국이 자랑하는 '과하마果下馬'가 그 원종에 가까운 것이라고 말하는 사람도 있다. 한국 민족의 원류에는 말이 있으며, 우리가 그 원류로부터 멀어지면서 말은 소에 의해서 대체된다. 유목에서 농경으로 한국의 문화가 급속히 중국화되면서 말은 십이지 안에서만 살아 숨 쉬어왔다고 해도 과언이 아니다.

다른 십이지의 동물과는 달리 말은 한중일 문화만이 아니라 오늘날의 글로벌한 문화와 어울리고 섞이는 데 있어서 한국인의 뿌리가 어디에 있는지를 분명히 말해줄 것이다. 그리고 말의 신화, 그 말로부터 우리가 얼마나 먼 거리에 있는지 시대와 함께 변해온 한국의 문화적 궤적을 이 책을 통해서 그려볼 수 있을 것이라 믿는다.

수렵, 전쟁, 그리고 물건을 움직이는 힘馬力―말이 상징하는 힘의 무기를 느릿느릿 걷는 황소의 문화로 변화시킨 한국 문화의 특수성과 그 융합 문화를 우리는 십이지의 말을 통해서 충분히 해독할 수 있을 것이라고 본다.

이어령

제 1 부

한중일
문화 속의 말

총론:
한중일 신화·전설 속의 말

말馬과 민속

말馬은 12지에서는 말午띠로 일곱 번째에 해당한다. 말馬이 인간과는 옛날부터 깊은 관계를 맺어왔다. 그렇기 때문에 말이 12지에 등장하여 인간 생활에 음으로 양으로 도움을 주어왔다. 말은 박력과 생동감으로 상징되는 동물이다. 말은 뛰어난 순발력과 생동감이 있을 뿐 아니라 탄탄한 체형에다 훈련받은 말은 주인을 알아보고 지혜롭게 주인의 명령에 승복한다. 이래서 고대로부터 인간과 말은 접촉이 있었으며 관련을 맺어왔다.

정초 12지일의 첫 말날이 오면 상오일이라 하여 민간에서는 말을 위하는 날로 되어 있다. 말에게 제사를 지내고 말이 좋아하는 음식을 주어 말을 위로했다. 또 말날에 된장 담그는 일을 했다. 그리고 10월의 말날에는 팥 시루떡을 만들어 외양간에 갖다놓고 신에게 말의 건강을 위해 기도를 드렸다. 이런 풍속을 보면 말을 얼마나 소중히 해왔는가를 알 수 있다.

전국 각지의 서낭당에는 말을 수호신으로 믿고 신앙하는 곳도 있다. 말은 상서롭고 신이한 동물로 예로부터 예사롭지 않게 여겨왔다. 마정馬政이 이미 신라 시대 때 있었다. 군사용 이외에도 교통 및 외교와 관련한 말의 정책을 알 수 있고, 고려 시대는 마정의 정책이 중앙과 지방 관청에까지 조직화되어 있었다. 따라서 국가에서도 말의 조상인 용마를 위해 봄마다 제사 지내던 마조단馬祖壇과 마필관리인을 위한 선목단先牧壇을 설치하여 매년 여름에 제사를 지냈다. 또한 승마인을 위해 마사단馬社壇을 설치하여 매년 가을에 제사 지냈고, 말을 병으로부터 보호하고 말에게 해를 끼치는 신을 위해 마보단馬步壇을 설치하여 제사를 지냈다〔김경남, 『민속학적으로 본 열두 띠 이야기』(집문당, 1995)〕.

일본에서는 『위지魏志』「왜인전倭人傳」에 일본에는 말이 없었다고 기록되어 있다. 7세기부터 승마가 시작된 것은 아마도 한반도로부터 들어간 것이라 생각되며 마역馬驛 제도가 생겨나기 시작한 것도 한반도의 영향이 컸다. 일본에서는 말을 신격시하여 말을 위하는 풍속도 생겨났다. 사이타마 현 어느 지역에서는 정월 6일을 말의 송구영신年越 날이라 하여 말을 키우는 집에서는 제사를 지낸다. 또 아키타 현에서는 '말의 떡'이라 하여 정월 13일에 만든 떡을 정월 16일 아침에 말에게 먹이는 풍속이 있다. 마구간 제사를 지내는 곳도 있다. 정월에 적당한 날을 정하여 악귀를 쫓고 말이 탈나지 않도록 제사를 지낸다. 어떤 곳에서는 오월午月이라 하여 기우제를 지내기도 한다.

기마 인물형 토기

중국에서도 우리나라와 같이 말을 천마라고 하여 영물로 여겨 왔다. 『역경易經』에 의하면 "하늘은 말을 내고, 땅은 소를 마련하였다"고 하였다. 또 흰말을 신성시하는 것도 우리와 생각이 같다. 말을 기르는 사람들은 마왕馬王에게 제사를 지낸다. 중국에서는 값비싼 물건을 실은 말과 사람이 그려진 그림을 길상으로 여긴다. 말 등에 원숭이가 올라앉은 그림은 받는 사람이 승진하는 뜻으로 여겼다. 이와 같이 중국에서는 말을 길한 동물로 여기는 풍속이 있었다.

이와 같이 말에 한해서는 한중일 3국이 공통의 생각을 가지고 있다. 남의 말을 귀담아 듣지 않을 때 중국에서는 '마이동풍馬耳東風'이라 하고, 우리나라에서는 '쇠귀에 경 읽기牛耳讀經'라 하고, 일본에서는 '말 귀에 염불'이라는 표현을 쓴다.

말은 재산이다. 빈곤한 사람은 말을 가지고 싶어도 가질 수가 없다. 그만치 말은 인간에게 욕구의 대상이기도 하다.

말에 대한 욕망

지용막여마地用莫如馬, '육지에서는 말보다 나은 것이 없다'는 말이 있다. 이와 같이 말의 우수성은 우리 인간 욕구에 충동을 주었고, 욕구는 그 소유와 창조의 충동을 앙마秧馬, 설마雪馬, 인마人馬(놀이)의 응용으로 발전시켰다. 말은 인간의 필요와 욕구, 충동을 주는 선망의 존재가 되었다. 말과 같이 민첩하고 살신의 충성으로 선망의 대상이 되는 인생을 누리는 것이 된다.

중국에서는 모춤 운반의 난점을 앙마로 해결했고, 북부 지방에서는 설상雪上의 교통과 생활 수단을 설마로 이용했고, 우리나라 어린이들이 노는 말타기는 말에 대한 욕망을 아이들 놀이로써 충족했다.

앙마秧馬

중국의 소동파는 앙마에 대해서 다음과 같이 말했다.

소동파蘇東坡가 지은 앙마인秧馬印에, "옛날 내가 무창武昌에서 놀 때 농부들이 모두 앙마를 타고 다니는 것을 보았다. 느릅나무와 대추나무로 배腹를 만든 것은 미끄럽게 하려는 것이고 산추나무와 오동나무로 등背을 만든 것은 가볍게 하려는 것이다. 그리고 배는 작은 배舟처럼 하여 머리와 꼬리를 치켜들게 만들고, 등은 옆을 기왓장처럼 하여 양쪽 넓적다리를 경편하게 만들어서 진흙 속을 뛰어다닌다. 짚으로 묶은 모秧를 말머리에 얽어매고 하루 천 휴千畦(밭의 천 이랑)를 다니니 허리를 꾸부리고 동작하는 자에 비교하면 수고롭고 편한 것이 서로 동떨어지게 다르다" 하였다.

성호 이익은 "나는 생각건대, 앙마는 비록 편리한 듯하나 재빠르기는 걸어 다니는 것보다 못할 듯싶다. 상상건대 중국은 농사짓는데 무릎이 빠질 정도로 진흙이 깊어서 모춤을 운반하기가 어려운 까닭에 이런 기계를 만들어 이용한 것이다. 논을 이처럼 깊이 갈았으니 곡식 수확은 응당 갑절이 될 것이다. 우리나라는 갈아놓은 흙이 겨우 발등이 덮일 정도이다"(『성호사설 星湖僿說』).

설마雪馬

우리나라 북쪽에는 겨울철이 되면 사냥꾼들이 모두 설마를 이용하게 된다. 산골짜기에 눈이 두껍게 쌓이기를 기다려서 한 이틀 지난 후면 나무로 말을 만드는데 웃머리는 위로 치켜들게 한다. 그 밑바닥에는 기름을 칠한 다음 사람이 올라타고 높은 데에서 아래로 달리면 그 빠르기가 날아가는 것처럼 된다. 곰과 호랑이 따위를 만나기만 하면 모조리 질러 잡게 되니 이는 빠르고 날카로운 것이다.

『문헌통고』에서 상고하니 "북쪽 지방에 있는 발실미拔悉彌(옛날 몽골 이북의 한 나라)라는 나라에서는 눈이 많이 내린다. 사람들이 늘 나무로 말을 만들어 타고 눈 위에서 사슴을 쫓는데 그 모양은 방패와 흡사하다. 머리는 위로 치켜들게 만들고 밑에는 말가죽을 대고 털을 내리 입혀서 눈에 닿으면 잘 미끄러지도록 한다. 신발을 튼튼히 단속한 다음 올라타고 언덕으로 내려가게 되면 사슴보다 더 빨리 지나갈 수 있다. 만약 평지에서 다지게 되면 막대기로 땅바닥을 찌르면서 달리는데 마치 물에 떠나가는 배와 같다. 언덕으로 올라가려면 손을 들고 다닌다"고 하였다(『성호사설』「만물문」).

인마人馬

가위바위보로 가장 먼저 진 사람이 말이 되고, 다음으로 진 사람이 마부가 된다. 마부는 말이 된 사람의 머리를 한쪽 겨드랑이에 끼고 눈을 가리고, 말이 된 사람은 마부의 허리를 잡고 눈을 가린 채 허리를 굽히고 뒷발질을 한다. 다른 여러 사람들은 후닥닥 뛰어가서 말 등에 올라탔다 내렸다 한다. 그때 말의 뒷발질에 차이면 차인 사람이 말이 되고 말은 마부가 되고 마부는 뛰어 타는 무리에 낀다. 말이 된 사람은 눈이 가리어 있는 중에서도 인기척이나 발자국 소리에 민감하고 동작이 날래야 말의 고역에서 해방이 될 수 있다. 말 등에는 때로는 두 사람도 세 사람도 뛰어오르는 수가 있어서, 끝내 말은 주저앉기도 하고 힘이 들지만 일어서서 차고, 말에서 해방이 되고 하기를 번갈아서 해나간다.

제주도의 조랑말

조랑말을 일명 '과하마果下馬'라고도 한다. 글자 그대로 과일나무 밑으로 다닐 수 있다는 말이다. 몸집이 작다는 이유로 큰 말이 언제나 흥을 보았다. 원나라가 제주 목장에 호마胡馬를 방목하기 시작하면서 차별과 수난을 받기 시작한 것이다. 호마는 원나라 왕족의 말이라 하여 '王'자의 낙인을 찍어 칙사 대접을 하는데, 제주 조랑말은 사육에서 소외받아 절로 야생화되어 한라산을 떼 지어 다니며 명맥을 이었던 것이다. 그러나 조랑말의 장점도 있다.

1890년대에 조랑말을 타고 금강산을 유람한 여류 탐험가가 있었다.

이사벨라 비드 비숍은 조랑말에 대한 평을 다음과 같이 했다. "조선 말은 체구가 왜소하고 주인이 아니면 발로 차고 거칠게 굴어 사람을 가린다. 그 작은 체구에 유럽식의 안장을 얹으면 마치 아이에게 저의 아버지 옷이라도 입혀놓은 것처럼 복대腹帶가 늘어 처진다. 한데 놀라운 것은 소인국의 말 같으면서도 그 운동력과 지구력에는 감탄하지 않을 수 없다. 먹이라 해야 기껏 짚단 몇 주먹인데도 2백 파운드가 넘는 무거운 짐을 싣고 조금도 거침없이 매일 30마일쯤을 거뜬히 걸어냈다"고 찬사했다.

한국의 신화와 전설 속의 말

제주도 큰굿의 말놀이는 제주도를 찾는 일만팔천의 신神들이 말을 타고 왔기에 다시 말을 타고 가도록 기원하는 굿이다. 말들을 위하여 양식과 풀을 준비하며 안장과 말방울을 달아주고 신들을 태워 보내는 내용으로 되어 있다. 말놀이는 큰굿을 할 때 반드시 행해졌던 놀이였지만 현재는 점차로 소멸되어 행해지지 않는 의식이다.

이로 미루어 보아 이 말은 천마임에 틀림없고 신들이 말을 타고 지상과 왕래하고 있음을 알 수 있다. 천마에 대해서는, 우리의 민담 '선녀와 나무꾼'에서도 하늘에 간 나무꾼이 지상에 둔 어머니가 그리워 천마를 타고 지상으로 온다는 대목이 나온다.

말은 하늘에 존재하는 신성한 동물로 묘사되었다. 『삼국유사』 권1 동부여조에 보면,

부부는 늙도록 아이가 없었다. 하루는 산천에 제사하고 후사를 구할 때 타고 다니던 말이 곤연에 이르러 큰 돌을 보고 마주 대하여 눈물을 흘렸다. 이에 왕이 이상히 여겨 사람을 시켜 그 돌을 들추니 금빛 개구리 모양의 어린애가 있었다. 왕이 기뻐하며 이것은 하늘이 나에게 아들을 주심이라 하고 거두어 기르고 이를 금와金蛙라 한다.

이것을 보아도 말이 후사를 점지해주는 영물임을 알 수 있다. 한편 같은 책의 혁거세왕 신화를 보면,

신라 6부의 조상들이 각기 자제를 데리고 알천 언덕에 모여서 백성을 다스릴 덕 있는 임금을 세우려고 의논을 하고, 이에 높은 곳에 올라 남쪽을 바라보니 양산 아래 나정 옆에 이상스러운 기운이 땅에 비치더니 거기에 백마 한 마리가 꿇어앉아서 절하는 형상을 하고 있었다. 이에 찾아가 보니 붉은 알이 있었고 말은 사람을 보자 길게 울다가 하늘로 올라가버렸다. 그 알을 깨니 단정하고 아름다운 동자가 나왔다. 이 아이를 동천에 목욕시키니 몸에서 광채가 나고 새와 짐승이 따라 춤추며 이내 천지가 진동하고 해와 달이 청명해졌다. 그 아이를 혁거세왕이라고 불렀다.

여기에서는 백마로 표현되어 있는데, 이는 천마를 지칭한 것이다. 우리나라 천마 사상이 백마로 표현한 것이다. 민간에서는 백마를 특히 신성시하는 경향도 있다. 예컨대 아침에 백마를 보면 그날 재물이 생긴다고 한다.

말티고개 또는 마암리馬巖里

공주군 반포면 마암리에서 공암리로 넘어가는 고개를 흔히 말티고개 또는 말재고개라고 부른다. 예전에는 이 고개 주변에 많은 구리와 금이 산출되었다고 한다. 이 부근 마을에 퍽 가난한 김생이란 사람이 살고 있었다. 매일 광석을 등에다 져 나르며 품팔이를 하여 부모님을 모시고 살았다. 따라서 근동에서는 효자라고 칭찬이 자자하였다. 그러나 노동이

너무나 심하여 마침내는 쓰러져 병석에 눕게 되었다. 벌이가 없어 온 가족은 끼니를 못 끓여 여러 날을 굶는 형편이었다.

어느 날 밤 김생이 꿈을 꾸니 백발노인이 홀연히 나타나며 말문을 여는 것이었다. "그대의 효성은 지극하도다. 내일은 병이 완쾌될 것은 물론 아침 일찍 뒷산에 올라가면 큰 바위 속에서 말 한 마리가 나올 것이니 그 말을 이용하여 품팔이를 해서 더욱 부모님께 효도를 극진히 하여라." 김생이 깜짝 놀라 눈을 떠보니 그 노인은 사라지고 없었다. 그런데 신기하게도 다음 날 현몽한 대로 병도 완쾌되었으며 뒷산에 가보니 바위가 쪼개지며 큰 말 한 마리가 나오는 것이었다.

김생은 이 말을 끌어다 잘 기르고 꿈속의 백발노인이 시킨 대로 하여 큰돈을 벌었다. 그리하여 더욱 부모님께 효도를 하며 행복하게 살았다. 이러한 연유에서 후세 사람들이 말티고개 혹은 말재고개로 부르게 되었으며 그가 살던 마을도 마암리馬巖里라고 부르게 되었다〔임헌도, 『한국전설대관』(정연사, 1973)〕.

말바위馬巖와 아차산

문경군 농암면에 연천리라는 마을이 있었는데, 이 마을의 아주 옛날부터 불려지던 동네 이름은 '말바위'이다. 마을 앞으로 험준한 절벽으로 된 산이 가로막혀 온갖 잡목이 우거져 있고, 그 아래로 아름다운 정경을 이룬 내가 흐르고 있으며, 산줄기가 굽이치는 곳에 커다란 바위가 있으니 이것이 곧 '말바위'이다.

옛날 견훤이 후백제의 왕이 되기 전에 이웃 궁기리宮基里에 살면서 매일 이곳 강변에서 칼 쓰기와 활쏘기를 즐기고 있었다. 다만 군마軍馬가 없어 고심 중이던 어느 날 모래밭 위를 걸어간 말 발자국을 발견했으나 매일 그가 모래밭에 나오는 시간이 말이 지나가던 시간보다 늦어 말을 붙잡지 못하고 있었다. 그러던 어느 날 아침 일찍 일어나 바위틈에 몸을 숨기고 있다가 드디어 바위 속에서 한 마리의 용마가 '히힝' 소리를 치며 뛰어 나오는 것을 보고 기뻐하며 달려 나가 고삐를 잡았다. 한참 말의 목덜미를 쓰다듬은 견훤은 이윽고 입을 열어 말에게 일렀다. "내 장차 후백제를 세울 몸인데 장수 나자 용마 나니 과연 네가 내 말이구나. 이제 너를 시험할 테니 활을 쏘아 네가 화살보다 빠르면 나와 일생을 같이할 것이나 만약 그렇지 못하면 네 목을 칠 것이다"라고 말했다.

말이 하늘을 우러러 큰 소리로 울어 응답하자 곧 화살이 시위를 떠났고 이어 말도 번개같이 달리기 시작했다. 순식간에 다다른 곳이 거기서

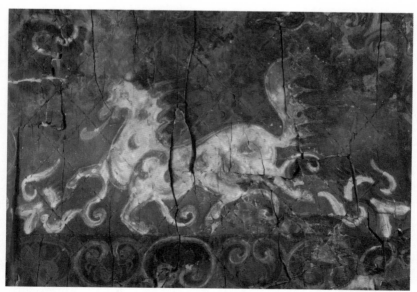

'천마도'

20리 떨어진 가은면加恩面 아차산이었다. 그러나 날아오는 화살이 보이지 않았다. 이에 견훤은 "화살보다 늦었구나" 한탄하고 칼을 뽑아 말의 목을 쳤다. 말의 목이 땅에 떨어지기가 바쁘게 '쐐' 하는 소리와 함께 그제야 화살이 날아와 쓰러진 말 앞에 꽂히는 것이 아닌가. 견훤은 '아차!' 가슴을 치고는 하염없이 눈물을 흘렸다.

이후 용마가 난 바위를 '말바위', 그 마을 이름까지도 말바위로 불렀고, 말 목을 친 가은면의 그 산 이름을 '아차산'이라 하고, 동명도 아차동이라고 전해지고 있다〔유증선, 『영남의 전설』(형설출판사, 1971)〕.

화살보다 늦다고 목을 쳐서 용마를 죽인 이야기는 여러 곳에 전하고 있다.

함흥 반용산 중턱에 치마대馳馬臺라는 비석이 있는데 이곳에도 이태조가 젊었을 때 애마를 죽인 것을 후회했다는 비석이 서 있다.

충남 부여군 구룡면에 있는 망진산望辰山에도 이 같은 이야기가 전하고 있다. 백제 시대에 한 장사가 왕이 이 장사에게 천리마라 불리는 말 한 마리를 하사했다. 그러나 화살보다 늦다고 하여 목을 베어 죽였다. 그는 크게 후회하여 이 천리마를 묻어 천리마총千里馬塚이라 했다.

의마총義馬塚

임진왜란 때, 가토오기요마사加藤清正가 왜군을 이끌고 침략할 때, 함경남도의 포천에 사는 박 장군이란 사람이 사람들과 함께 전쟁터에 가서 싸웠다. 불행히도 그는 전사했다. 그러자 그의 애마였던 말은 그를 집에까지 데리고 왔다. 그러고는 소리를 지르고 바로 기진맥진하여 문 앞에서 쓰러지고 말았다. 집에 있던 사람들이 말의 울부짖는 소리를 듣고 놀라 나와보니 박 장군과 애마가 쓰러져 있었다. 의리가 있는 말이라고 하여 박 장군 옆에 묻어주고 '의마총'이라는 비석을 세웠다〔최상수, 『한국민간전설집』(통문관, 1958)〕.

천관사天官寺

신라의 김유신이 젊었을 때 일이다. 한동안 동무들과 술 파는 계집의 집으로 드나든 일이 있었다. 유신의 어머니는 이것을 알고 매우 걱정하시어 하루는 절에 불러 앉히고 엄하게 훈계하시었다. 그때 유신은 비로소 깨닫고 어머님께 다시는 그러한 일이 없겠다고 맹세하였다.

그러한 지 며칠이 지난 어느 날, 유신은 어느 곳에 놀이를 갔다가 술이 취해서 집으로 돌아오는 길에 타고 오던 말이 머무르고 고함을 지르므로 유신은 벌써 내 집으로 왔는가 하고 문득 정신을 차려보니, 그 집은 자기 집이 아니라 전날에 드나들었던 창녀 천관의 집이었다. 이것은 타고 오던 말이 전날에 다니던 집이라 길이 익은 까닭에 길가에 있는 창녀 천관의 집으로 잘못 들어갔던 것이다. 유신은 '뭐 이런 놈의 말이 있나!' 하고 노하여 곧 말에서 내려와 허리에 찼던 칼을 빼어 말 목을 내리쳐 죽이고 말안장도 그 마당에 내버린 채 한마디 말도 없이 그 집 문을 나와 집으로 돌아갔다.

이 광경을 본 창녀 천관은 뜻밖에 이러한 변을 만난지라 놀라 까무러쳤다가 얼마 후에야 정신을 차린 후 한없이 탄식하다가 유신을 원망하는 노래를 지었다. 지금 그 노래는 전하지 않는다고 한다.

그 뒤 천관이 죽으매 유신이 그 영혼을 위하여 그 집 자리에 절을 지으니 그 절 이름을 천관사라 하였다고 한다. 그리고 말의 목을 내리쳐 죽인 곳을 참마항斬馬巷이라 했다. 후에 사람들이 이르기를 "김유신 장군의 삼국통일의 큰 업적은 이 참마항에서 움텄다"고 하였다 한다[최상수, 『한국민간전설집』(통문관, 1958)].

부안 수성당水聖堂과 철마

옛날 대마골에 눈먼 할머니가 두 아들을 데리고 살았는데 큰아들은 고기잡이를 하고 작은아들은 나무를 해 팔아서 생계를 꾸렸다고 한다.

하루는 고기잡이 나간 큰아들이 돌아오지 않아 동생이 형을 찾으러 나갔으나 작은아들마저 돌아오지 않아 홀로 남은 할머니는 기다리다 지쳐서 아들을 찾아 더듬더듬 이곳 절벽까지 나오게 되었다. 할머니가 큰 소리로 아들을 부르니 그 소리가 굴에 부딪쳐 메아리치고 아들이 대답하는 줄 알고 기뻐서 앞으로 한 발짝씩 내딛다가 그만 벼랑 밑으로 떨어져 수중고혼이 되었다고 한다.

몇 해 뒤 혼인까지 한 두 형제가 집에 돌아와보니 어머니가 죽고 없으므로 바닷가에 나오자 갑자기 굴 위로 백발노인이 나타나 금부채 두 개를 주고는 "이것으로 마을과 나라를 지켜라" 하였다. 형이 이상하여 부채를 부쳐보니 조용하던 바다에 갑자기 풍파가 일어나고, 동생의 것으로 부치니 풍파가 잔잔해지면서 굴속에서 조그만 철마가 나왔다. 두 형제가 철마를 타고 다니는 그 뒤부터 이웃 나라에서 적병이 쳐들어오면 형이 철마를 타고 가서 부채를 부쳐서 적의 배를 모조리 뒤집어버렸다. 또 동생이 고기잡이 나간 마을 사람들이 풍랑으로 위험할 때마다 부채질하여 많은 사람들을 구해주었다. 그런데 그 형제는 죽고 철마만이 남아 있었다고 한다.

어떤 사람이 철마를 훔치다가 자물쇠를 채워두었으나 열어보니 철마가 없어졌으므로 이상해서 이곳에 와보니 철마가 제자리에 와 있었다고 하는데 뒤에 철마마저 사라졌다고 한다. 그 뒤 마을 사람들이 당집을 지어 수성당水聖堂이라 불렀으며 죽은 할머니와 두 아들의 위패를 모시고 매년 정월에 뱃길이 편안함과 풍어를 비는 제사를 지낸다고 한다.

마신魔神이 내려준 부채의 힘으로 나라를 지킨 이야기다.

명마의 최후

조선조 15대 임금인 광해군 때 박윤제라는 부마가 있었는데 말을 아끼고 명마를 고르는 안목이 비상했다.

어느 날 그가 성중을 거닐고 있을 때였다. 바싹 마른 말이 조그만 짐수레에 짐을 잔뜩 싣고 비실비실하며 힘없이 지나가는 것이다. 박윤제는 이 말을 어떻게 보았는지 마부를 끌고 자기 집으로 가서 마구간에 있는 여러 말 중에서도 가장 살진 말 한 마리를 끌어냈다.

"이 말과 저 말을 바꿉시다. 당신에겐 돈보다도 이편이 더 나을 테니까 말이요."

이렇게 말하자 마부는 어리둥절해하며,

"정말 바꾸시는 거죠? 나중에 후회하지 마쇼!"

하고 다짐을 하고는 좋은 말을 가지고 가버렸다.

박윤제는 이 말을 지극히 사랑했다. 새로운 안장과 장식으로 단장하고 멀고 가까운 곳이 없이 언제나 타고 다녔다. 그리하여 박윤제의 명마는 서울은 물론 궁궐 안에까지 소문이 자자하게 났다.

광해군은 설질이 포악하고 영웅적인 기개를 지닌 임금이었지만 명마를 탐내는 마음 또한 대단했다. 이런 광해군에게 명마의 소문이 들어갔으니 온전할 리가 없었다. 광해군으로서는 차마 부마인 박윤제에게서 말을 빼앗을 체면이 서지 않아 박윤제에게 애매한 죄를 뒤집어씌우고 전라도 어느 섬으로 유배를 가게 했다.

　그러던 어느 날, 광해군은 대궐 안에서 말을 타고 소요하다가 말의 성미를 잘못 건드려서 말이 날뛰는 바람에 그만 굴러떨어지고 말았다. 광해군은 노발대발하여 펄펄 뛰니 신하들이 우르르 달려들어 말을 붙잡고는 모진 매를 가하기 시작했다. 양순하게 맞고만 있던 말이 별안간 한 길이 넘는 대궐 담을 훌쩍 뛰어넘어서 도망가고 말았다. 명마는 어디로 갔는지 그림자조차 발견할 수 없었다. 서울 장안고 인근 고을까지 이 잡듯이 뒤졌지만 찾을 길이 없었다.

　이즈음 박윤제는 전라도 끝 어느 외딴섬에서 쓸쓸한 유배 생활을 하고 있었다. 하루는 방에 앉아 책을 뒤적이며 회포를 풀고 있는데 말의 울음소리가 바람결에 들려왔다. 바로 박윤제 자신이 그렇게도 사랑하던 명마의 소리였다. 박윤제는 어찌나 반가운지 버선발로 후다닥 뛰어나갔다. 바닷물을 건너온 것이다. 주인을 찾아 머나먼 길을 온 것을 생각하니 감개무량할 따름이었다.

　그로부터 박윤제의 명마는 숨어 사는 생활을 시작했다. 어느 날, 말은 산천이 떠나가도록 울부짖었다. 움막을 걷어차고 난리를 치는 바람에 엉성하던 마구간이 그나마 날아가버리고 말았다. 이날은 인조반정이 일어나 포악스런 광해군이 대궐에서 쫓겨난 날이었다. 하늘의 정기를 받고 태어난 명마는 이 일을 알고 서울로 되돌아갈 것을 주인에게 알리기 위해 움막을 뒤엎은 것이다. 이런 내막을 며칠 후에야 안 그는 기별을 받고서 그길로 행장을 수습해 서울로 돌아왔다.

몇 달이 지나서의 일이다.

인조반정 이후 조정에서는 새 조각을 이룩하고 새로운 정치를 베푸는 한편 새 임금의 등극을 명나라에 알리게 되어 사신들을 뽑아 보내게 되었다. 그런데 한 가지 큰일이 벌어졌다. 새 조정에서는 명나라에 사신을 파견한 후에 생각하니 몇 가지 보충해야 할 일이 있음을 알게 되었다. 이미 보름 전에 서울을 출발하였으니 벌써 중국 경계에 들어섰을 때쯤 된 것이다. 조정에서 당황하여 어쩔 줄을 모르고 있을 때, 한 중신이 박윤제의 명마를 생각해냈다. 인조대왕의 명으로 박윤제는 선선히 말을 내놓으면서 이렇게 말했다.

"특별히 명심할 것은 이 말은 다른 말들과는 별다른 데가 있으니 아무리 먼 길을 달렸을 경우라도 물을 먹이거나 여물을 주어서는 안 됩니다. 숨이 가쁘고 땀을 흘리더라도 내버려두면 얼마 후에 자연히 급한 증세가 나을 터인즉 그때 가서 평상시와 같이 여물을 먹이도록 하시오."

하루 밤낮을 꼬박 달리고 다음 날도 종일토록 달린 말은 자신의 책임을 완수하자 벌렁 땅에 쓰러지고 말았다. 말을 타고 온 사신마저도 박윤제의 당부를 까마득하게 잊고는 얼떨결에 물이랑 여물을 갖다주는 일을 거들었다. 아니나 다를까 말은 덜컥 죽어버리고 말았다. 박윤제는 맨몸으로 돌아온 사신의 태도에서 모든 것을 알아차렸다.

말이 죽은 자리에 나타난 박윤제는 홀로 사향을 피우며 말의 넋을 위로하고 고향에 돌아

말 모양 토기

와 슬프게 말년을 보냈다. 사람들은 그런 박윤제의 사연을 듣고, 그가 말에게 제를 지낼 때 부르던 음만을 따서 '군마대왕'이란 노래를 지어 불렀다고 한다. 그 노래는 다음과 같다.

리러루 러리러루 런러리루 러루 러리러루
리러루리 러리로 로리 로라리
러리러 리러루 린러리루 러루 러리러루
리러루리 리리로

중국 신화 · 전설 속의 말

백락일고伯樂一顧

『전국책戰國策』에 나오는 이야기이다. 주周나라 때 어느 날 말 장수가 백락에게 찾아와 자기에게 훌륭한 말 한 필이 있어 이를 팔려고 시장에 내놓았지만 사흘이 지나도 아무도 사려고 하지 않으니 사례는 충분히 하겠으니 감정해달라고 신신당부하였다. 백락은 시장에 가서 말의 주위를 여러 차례 돌면서 요모조모 살펴보았다. 다리, 허리, 엉덩이, 목덜미, 털의 색깔 등을 감탄하는 눈길로 그냥 쳐다보기만 하였다. 그러고 나서 아무 말 없이 갔다가는 다시 돌아와서 세상에 이런 명마는 처음 본다는 듯이 또 보곤 하였다.

당시 최고의 말 감정가가 찬찬히 살피는 것을 보자 이를 지켜본 사람들은 구하기 힘든 준마駿馬라고 여겨 앞다투어 서로 사려고 하여 말의 값은 순식간에 껑충 뛰었다. 결국 이 준마는 백락이 있기 때문에 그 진가가 나타난 것이었다. 또 백락의 친구 가운데 역시 말에 대해 안목이 있는 구방고九方皐가 있었다. 진秦나라의 목공穆公이 구방고에게 준마 한 필을 구해 오라고 하였다. 얼마 후 명마 한 필을 목공에게 데리고 왔는데 목공은 평범한 말이라고 생각하여 구방고를 내쫓으려고 하였지만 백락이 이를 말리고 "정말 훌륭한 말입니다"라고 하였다. 목공이 다시 자세히 살펴보니 명마 중의 명마였다.

이는 여포呂布의 적토마赤兎馬처럼 아무리 뛰어난 준마가 있어도 이를 알아보는 사람이 있어야만 그 능력이 발휘된다는 말이다. 지혜로운 신하가 있어도 이를 알아보는 현명한 군주가 있어야만 그 재능이 발휘될 수 있다는 뜻이다. 제갈량諸葛亮도 유비를 만나고 나서 그의 지혜가 발휘된 것이었다.

백락의 본명은 손양孫陽이며 주나라 사람이다. 원래 백락은 전설에 나오는 천마天馬를 주관하는 별자리인데 손양이 말에 대한 지식이 워낙 탁월하여 그렇게 불린 것이다. 난세일수록 아부만 하는 신하가 아닌, 영웅호걸과 지혜로운 신하를 알아보는 명군名君의 혜안慧眼이 필요하다.

말의 발자국

중국 진秦나라 때 무주武周(산서성)의 요새에 호胡의 침입을 막기 위해 성을 쌓기로 했다. 그러나 몇 차례 축성했지만 무너지고 또 무너져서 실패했다. 하루는 말 한 마리가 나타나서는 주위를 돌고 돌았다. 한 노인이 이상히 여겨 그 말의 자국에 따라 성벽을 쌓았다. 신기하게도 성은 무너지지 않았다. 그래서 이 지역을 마읍馬邑이라고 불러왔으며 말의 발자국이 지금도 삭주朔州에 있다. 하늘의 마신馬神의 도움으로 평화의 성을 쌓는 데 성공한 이야기다.

일본 신화 · 전설 속의 말

애마愛馬의 눈물

일본에는 '시오바라다스케鹽原多助와 애마의 눈물'이란 유명한 이야기가 전승되고 있다. 이야기의 단초를 보면, 그의 부모가 벼슬자리에 부임하기 위해 살던 곳을 떠나게 되었다. 그때 시오바라다스케를 마을 지주에게 양자로 주고 부모는 에도江戶로 떠났다. 다스케에게는 '아오青'라는 말이 있었는데 매우 귀여워했다. 몇 년이 지난 후 이모의 딸이 다스케와 함께 이 지주네 집에 있었다. 후에 다스케와 이모의 딸이 혼인을 하여 부부가 되었다.

지주는 이모를 후처로 맞이했다. 그런 후에 지주는 죽고 혼자 몸이 되었다. 이모는 지주가 죽은 뒤에 어느 사무라이武土를 알게 되고 마침내 사무라이는 그의 이모와 부부가 되어 다스케 부부를 죽이고 모든 재산을 약탈하려고 했다. 다스케는 죽음을 감지하고 어떻게 하든지 도망치려고 했다.

다스케는 '아오'에게 다가가 혼잣말로 이별을 고했다. 지금까지 10여 년을 함께 지낸 정으로 도저히 이별할 수 없지만 할 수 없이 떠나야 목숨을 건질 수 있다는 것을 중얼거리고 있을 때 아오가 머리를 푹 숙인 채 눈물을 뚝뚝 흘리고 있는 모습을 보았다. 이것을 본 다스케는 더욱 마음이 아팠다. 아오는 앞발을 들어 올리더니 짚신 끈을 밟는 것이었다. 다스케는 "이러면 안 돼, 놓아줘. 네가 이처럼 나를 붙잡지만 나는 이 집을 빨리 나가지 않으면 안 된단 말이야" 하고 짚신 끈을 당겨 챙기고 훌쩍 뛰어나갔다.

아오는 슬픈 듯이 '히힝' 하고 울부짖었다. 그 틈에 다스케는 멀리 달아났다

'눈처럼 새하얀 백마를 대체 누가 청마青馬라고 불렀을까.'

이 노래를 볼 때 짐작건대 당시 백마를 청마라고 불렀던 모양이다. 그 이유는 알 수 없지만 『공사근원公事根源』(一條兼良 撰, 1402~1481)에 보면 궁중의 연중행사에도 백마를 청마로 불러 단순히 봄의 빛깔이 푸르니까 라고 설명하고 있을 뿐이다. 여기에 대해서 요시노유우코吉野裕子는 십이지를 이해하면 그 뜻을 규명할 수 있다고 하였다. 즉 백마절회白馬節會는 정월의 궁중 행사의 하나로 정월은 인월寅月이고 목기木氣의 시작인 동시에 삼합三合의 법칙에 의하면 화기火氣의 시작이다. 말은 화기火氣의 동물이며 따라서 이 행사는 '정월이라고 하는 때의 구상화'인 것이다. 한 나라의 상징으로서 천황이 정월에 말을 본다는 것은 천하에 봄을 초빙한다는 의미가 나타나는 주술적 의식이었다고 생각한다[『十二支 -易 · 五行と日本の民俗』(1994)].

위의 시오바라다스케가 자기의 애마를 아오青라고 부른 것도 이런 이유일 것이다.

不如歸

옛날, 부모도 형제도 없이 홀로 사는 아이가 어느 부잣집에 고용되어 마부의 일을 맡아 했다. 봄의 어떤 날, 여느 때와 같이 말을 산으로 데리고 가서 방목을 하여 풀을 먹게 했다. 지기는 풀밭에 뒹굴어 푸른 하늘을 바라보며 때로는 슬픈, 때로는 즐거운 노래를, 또는 꿈같은 장래를 생각하는 중에 지루한 날이 빨리도 지나갔다. 아이는 노래를 부르다가 후닥닥 일어나 말을 데리고 돌아가려고 하니까 말은 어디로 가버렸는지 그림자도 보이지 않았다.

이쪽저쪽 찾았지만 말은 보이지 않았다. 날은 저물어 할 수 없이 피로한 몸을 끌고 집으로 돌아왔다. 그는 주인 앞에서 사정을 말했다. 그러나 주인은 그의 말을 들으려고 하지 않고 그를 쫓아내어 말을 찾아오라고 했다. 아이는 울며 나섰다. 지쳐 쓰러질 때까지 찾아 헤맸다. 역시 허탕이었다. 말이 간 곳을 알 수 없었다. 그는 만신창이가 되어 풀밭에 털썩 주저앉았다.

그는 혼자 생각에 말이 하늘로 날아갔는지도 몰라, 만일 자기 생각대로라면 하늘 구석구석을 찾아 말을 찾겠지만 하고 생각에 잠겨 있는데, 그 순간 아이의 양어깨에 날개가 나기 시작하는데 홀연히 한 마리 새가 되어 있었다. 새가 된 아이는 말을 찾아 이리저리 날아다녔다. "아차, 돈 데카, 곳차 돈 데카" 하며 새는 계속 울어대며 말을 찾아 헤맨다. 지금도 아이는 한 마리 작은 새가 되어 하늘을 날며 찾아 헤매고 있다〔高木敏雄, 『日本傳說集』(1973)〕.

마록馬鹿(바가) 기원

『사기史記』에 의하면 2천 년 전, 중국에는 진秦이라는 나라가 있었다.

시황제始皇帝가 임금으로 있을 때 일이다. 시황제는 엉뚱한 데가 있었지만 임금으로서는 훌륭한 데가 있었다. 그래서 진나라를 큰 나라로 만들었다. 그런데 시황제 다음 황제는 머리가 종이풍선처럼 비었다.

마음에 드는 대신이 사슴鹿을 가져와서 말했다.

"임금님, 이것은 신기한 말馬입니다."

"이것이 말이냐, 사슴이잖아."

"아니, 말이 틀림없습니다."

대신은 사슴을 말이라고 우겼다.

"어찌 보면 말인지도 모른다."

풍선 머리의 황제는 그렇게 생각했다. 그러고는 줄지어 서 있는 신하들에게 물었다.

"어떠냐, 그런데도 사슴이냐."

"예, 그것은 말입니다."

겁이 나서 진실을 말하지 못하는 신하가 꽤 있었다.

"아니, 사슴입니다."

라고 말하는 신하도 있었지만 그러한 신하들은 모두 죽임을 당했다. 이때부터 거짓말을 우기는 자들이 늘어났다고 한다.

이것이 '마록馬鹿(바보)'이라는 말의 시작이다.

말은 인간에게 도움을 줄 뿐 아니라 신비적인 데도 있어 예로부터 신성시하여 말에게 제의를 지내는 일이 있었다. 중국은 봄에는 마조馬祖의 제의를 올리며 여름은 선목先牧의 제의를 했으며 가을엔 마사馬社를 제사하고 겨울에는 마보馬步를 제사하고 있다. 마조는 천사天駟라고 하는 말에 관한 별의 이름이고, 선목이란 처음으로 사람에게 말의 방목을 가르친 신의 이름이며, 마사라는 것은 마구간에 있다는 토지신이며, 마보라는 것은 말에게 재난을 주는 신을 의미한다.

한편 일본의 신사神社에는 회마繪馬라는 것이 있어서 말은 신이 타는 동물이라고 믿는 데서 회마에 여러 가지 기원의 내용을 써서 신사에 봉납하는 제의가 있다. 우마히키馬曳라 하여 말을 끄는 의례 행사가 있었다. 마구간에 금줄을 치고 떡을 짚으로 하여 말 인형을 만들어 붙이고 아이들이 도조신道祖神에게 끌어가는 행사를 한다. 다도대사多度大社에서는 5월 5일에 아게우마 신사上馬神事의 제의가 행해진다.

조선 태조는 서울 동대문 밖에 방성房星을 제사하는 마조단馬祖壇을 설치하여 중춘仲春에 기일을 택해서 제사를 지냈다. 이 별은 천자를 보위하고 천마가 끄는 수레를 관장한다고 한다. 조선 시대의 『시용향악보』에는 마제馬祭 때 부르던 노래 '군마대왕'이 전해지고 있어 마정馬政에 대한 일면을 볼 수 있다. 기타 서낭당에는 철마, 목마, 토마, 사기마, 석마 등이 봉헌되어 신앙시되고 있다.

최인학

한국의
신화·전설 속의 말

한국 문화가 가지고 있는 말에 대한 관념과 태도는 변함없이 지속하는 것이 아니다. 문화적·사상적 배경에 따라 그 상징적 의미 또한 변화한다. 말 민속 연구를 통해 우리가 주목해야 할 것은 이 변화의 바탕에 있는 사상적·문화적 배경이다. 수렵 문화 속에서 만들어진 상징의 틀은 농경 문화에서는 차이가 있고, 산업사회에서 더욱 달라졌을 것이다. 말 민속 연구는 한국 문화와 사상을 이해하는 데 많은 도움을 줄 것이다. 동물에게 왜 그런 관념과 상징을 부여했는가를 밝혀보면 우리 문화의 사상적 기반과 사고방식을 이해하게 될 것이다.

언어는 정보를 전달하기 위한 기호 체계로 구성되어 있다. 한국 문화 속에 등장하는 다양한 동물들은 여러 문화적 관계 속에서 속성屬性, 기호記號의 상징체계로서 전소 시대時代와 전소 영역領域에 걸친 문화 정보를 전달하고 있다. 동물 상징은 문화의 비밀을 푸는 또 하나의 암호이며 열쇠이다. 한국 문화 속에, 한국인의 심성 속에 자리 잡고 있는 동물들은 굉장히 많다. 한국 문화에 등장하는 말에 대한 분석, 정리는 한국인과 생활 문화를 이해할 수 있는 연구 분야임에 틀림없다.

한국의 건국신화에서는 말이 중요한 역할을 하고 있다

우선 『삼국사기』나 『삼국유사』에 나오는 말 이야기이다. 한국의 건국 신화에서는 말이 중요한 역할을 하고 있다. 동부여의 금와왕, 고구려의 주몽, 신라의 혁거세 등 국조國祖의 탄생 신화에서 말이 등장하고 있다. 『삼국유사』 권1, 동부여조에 보면,

> 부루는 늙도록 아이가 없었다. 하루는 산천에 제사하고 후사後嗣를 구할 새 타고 있는 말이 곤연(큰 못)에 이르러 큰 돌을 보고 마주 대하여 눈물을 흘렸다. 이에 왕이 이상히 여겨 사람을 시켜 그 돌을 들추니 금빛 개구리 모양의 어린애가 있었다. 왕이 기뻐하며, 이것은 하늘이 나에게 아들을 주심이라 하고 거두어 기르고 이를 금와金蛙라 하였다.

이 신화에서 말은 한 나라의 임금 탄생을 알려주는 영물 구실을 한다. 말이 없었던들 금와는 영원히 큰 돌 밑에 사장될 운명에 놓였을 것이다. 그리고 부루왕은 말 덕분에 후계자를 찾게 된 것이다. 즉 말은 성인의 탄생을 알리고 또 암시해주는 예시적例示的 동물動物인 것이다.

다음에 이야기될 혁거세 신화는 이러한 말의 의미를 더욱 분명히 해준다. 『삼국유사』 권1, 신라 시조 혁거세왕조에 보면,

신라 6부의 조상들이 각기 자제를 데리고 알천 언덕에 모여서 백성을 다스릴 덕 있는 임금을 세우려고 의논을 하고 이에 높은 곳에 올라 남쪽을 바라보니 양산 아래 나정 옆에 이상스러운 기운이 땅에 비치더니 거기에 백마 한 마리가 꿇어앉아서 절하는 형상을 하고 있었다. 이에 찾아가 보니 붉은 알이 있었고 말은 사람을 보자 길게 울다가 하늘로 올라가버렸다. 그 알을 깨니 단정하고 아름다운 동자가 나왔다. 이 아이를 동천에 목욕을 시키니 몸에서 광채가 나고 새와 짐승이 따라 춤추며 일원이 밝아졌다. 그래서 혁거세赫居世라 했다.

여기서도 우리는 말이 한 나라의 국조 탄생을 알려 주는 영물靈物 내지는 하늘의 사신使臣 역할을 하고 있음을 알 수 있다. "이상한 기운이 땅에 드리웠다異氣如電光垂地"라는 이야기에서 백마는 하늘과 땅 사이를 수직으로 왕래하는 말이다. 이 신화 속에 나오는 말은 하늘을 나는 천마神馬로서 그것은 백마이다. 이것은 곧 천마총에 나타나는 백마와 일치하고 있다.

천마총은 큰 규모나 화려한 부장품으로 보아 왕릉으로 추정되는데, 이 고분에서 출토된 천마가 백마이며 혁거세 탄생 신화에 나오는 말 또한 백마이다. 이렇게 볼 때 백마는 최고 지위의 군주인 조상신이 타는 말임을 알 수 있다. 한국인의 말에 대한 영험 의식이 곧 하늘의 사자로서 지상과 하늘을 연결하는 매개체로서의 역할을 말이 담당했으리라는 생각이다.

『삼국사기』 권13, 고구려본기 제1, 시조 동명성왕조에 보면 말이 나온다.

금와왕은 유화를 깊숙한 방에 가두었다. 햇볕이 그녀를 비추어 아이를 배고 크기가 닷 되드리만 한 알을 낳았다. 금와왕이 그 알을 버리게 하여 개와 돼지에서 주었더니 먹지 않고 또 길 가운데 버리니 소와 말이 피해 다녔다. (……) 금와는 알을 깨고자 했으나 깨지 못하고 어미에 돌려주었다. 유화는 잘 싸서 더운 곳에 두니 한 소년이 그 알에서 나왔는데 그 골격과 모습이 훌륭하였다.

여기서 말은 국조 탄생에 직접 개입은 않지만 적어도 무엇을 아는 지혜로운 동물 또는 친근한 동물로 묘사되고 있다. 실제로 말은 사람이 타고 다니는 동물 중에서 가장 머리가 영특하고 총명하며 잘 순종한다.[1] 말은 대군집, 집단생활을 할 줄 알고 주인과 사육사의 구별이 뚜렷하며 보통 고등동물에 가까운 표정과 자세를 가지고 있다. 또한 재치가 있어 눈치 판단으로 그 즉시 모든 것을 해결하는 동물이 말이다.

다음 기록은 『삼국사기』와 『삼국유사』에 나오는 것으로 삼국시대의 내용이다.

　*大曆十四年四月 忽有旋風 從庾信公塚起中有一人乘駿馬如將軍儀伐(『삼국유사』 권제1, 미추왕 죽지랑조) - 김유신이 죽고 난 후에 미추왕릉에 말을 타고 가서 하소연했다는 내용

　*現慶四己未 百濟烏會寺 有大赤馬 晝夜六時 遶寺行道(『삼국유사』 권제1,

---

1 김유신이 술 취해 집에 돌아오는데, 말은 전일 다니던 길을 따라 천관녀의 집에 이르렀고, 유신이 말의 목을 베고 돌아왔다는 설화에도 말의 총명함을 간접적으로 표현하고 있다(민족문화추진회, 『신증동국여지승람 Ⅳ』(민문고, 1989), 252쪽).

기이 제1, 태종춘추공조) - 백제 멸망 예시

 *文虎王卽位五年己丑秋八月庚子 王親統大兵, 幸熊津城 會假王夫餘隆作
壇刑白馬而盟 先祀天神及山川之靈 然後歃血(『삼국유사』 권제1, 기이제1 태종
춘추공) - 백마를 잡아 맹약함

 *五年 秋八月 王與勅使柳仁願 熊津都督夫餘隆 盟于熊津就利山 (……)
至是刑白馬而盟 先祀祇及川谷之神而後歃血(『삼국사기』 권제6, 신라본기 제6,
三十 문무왕 上조) - 백마를 잡아 맹약함

 *四十五年冬十月 王所嘗御內廐馬 跪膝流淚哀鳴(『삼국사기』 권제3, 신라본
기 제3, 17내물이사금조) - 왕이 2년 후에 죽음

 *三年秋九月 王田骨句川 得神馬 名駏驤 (……) 五年 三月 神馬駏驤夫
餘馬百匹 俱至鶴盤嶺下廻谷(『삼국사기』 권제14, 고구려본기 제2, 삼 대무신왕
조) - 신마 이야기

여기서 나오는 말은 모두 신령스러운 작용을 하는 것으로 되어 있다.
앞의 금와·혁거세·주몽 등이 탄생할 때 서상瑞祥을 알려주는 것이라든
가, 백제가 망할 때 말이 나타나 흉조凶兆를 예시해주는 것이라든가, 왕의
죽음을 예시한다든가 모두 신이한 존재로 등장하고 있다. 또 백마를 잡
아서 그 피를 입에 찍어 바름으로써 화친을 맹약하는 의식도 있었다. 신
마神馬 이야기는 고구려 병사들이 부여의 공격을 받고 곤경에 처했을 때
잃어버렸다가 부여의 수만 병사들이 고구려 왕에게 항복할 때 부여 말
백여 필과 함께 돌아왔다는 것이다.

훌륭한 장수와 명마는 함께 태어난다

말은 왕과 장수의 능력과 깊은 관련이 있다. 금와왕은 주몽에게 말을 기르게 했는데, 주몽은 준마를 알아보고 일부러 적게 먹여 파리하게 하고, 노마駑馬는 잘 먹여서 살지게 하였다. 금와왕이 살진 말은 자기가 타고, 파리한 말은 주몽에게 주었다. 명마를 알아보는 능력과 말을 다루는 능력은 왕으로서의 자질이나 능력에 직결된다. 또한 훌륭한 장수가 태어나면 어디에선가는 명마가 함께 태어나고 장수가 죽으면 말도 함께 죽는다. 또 명장 뒤에는 명마가 항시 따라 나온다. 다음에 소개하는 내용은 전형적인 말과 아기 장수 전설에 관한 것이다.

옛날, 평택 잔다리細橋里 어느 농가에 아이가 하나 태어났다. 어쩌나 영리한지 세 살에 못하는 말이 없고 심부름도 잘했다. 어느 날 이웃 마을 초상집이 있어 아이의 부모가 가는데 아이도 따라 나섰다. 돌아오는 길에 아이가 금방 없어져 이상히 생각했는데 집에 와보니 먼저 와 있었다. 심상치 않은 일로 생각한 부부가 그날 밤, 자는 아이의 옷을 벗겨놓고 보니 양 겨드랑이에 날개가 돋아나고 있었다. 놀란 부부는 이를 그냥 두어서는 큰일이 나겠다고 생각하여 가위로 날개를 잘라냈다(혹은 인두로 지졌다). 그랬더니 이 아이의 울음소리가 천지를 진동하고 흘러나오는 피는 방 안에 가득 피었다. 아이가 죽은 후, 하늘에서 번개가 번쩍이면서 백마가 내려와 펄쩍펄쩍 뛰며 울다가 죽었다. 그 말의 무덤이 있는 곳이 지금의 '말무덤재' 다(경기 평택 세교리).

'아기 장수 전설'에서 '아기 장수'가 태어나 장수로서의 초인성超人性

을 노출하면 부모 또는 관군 아니면 동네 사람들에게 피살된다. 그러면 어디선가 백마가 나타나 장수를 따라서 함께 죽는 것이 그 대체적인 구조이다. 즉 장수의 탄생과 백마의 출현은 항상 함께 이루어진다.

말이 나면 제주로 보내고 사람이 나면 서울로 보내라

말과 관련된 속담을 통해서 전통 사회에서 말의 관념을 알아보면 매우 흥미로운 사실을 발견하게 된다.

① 말이 나면 제주로 보내고 사람이 나면 서울로 보내라.

② 말 타면 종 부리고 싶다(욕심이 한이 없다는 말).

③ 말도 사촌까지 상피한다(친적 간의 난행을 경계함).

④ 말 귀에 염불.

⑤ 말고기 다 먹고 냄새난다 한다(제 욕심을 다 채운 다음에는 흉본다는 말).

⑥ 말 태우고 버선 깁는다(준비가 늦었다).

⑦ 말 꼬리에 파리가 천 리 간다.

⑧ 말이 먹다 남은 콩을 못 잊듯 한다(어떤 일에 미련을 가짐).

⑨ 말 죽은 데 금산 체 장수 지켜보듯 한다(어떤 이권을 차지하려고 노리고 있음).

⑩ 말 머리에 태기가 있다(혼인 때 타고 간 말 머리에 태기가 있다는 말로 신혼 초에 태기가 있다는 뜻이다).

천진기

중국에서의 말
신화와 전설

　　12지+二支 중의 하나인 말은 인류가 유목 생활을 할 때부터 가까운 관계에 있었고, 아마 최초로 길들인 동물 중의 하나였을 것으로 추측된다. 왜냐하면 한자에서 길들인다는 의미를 지닌 '순馴'이라는 글자가 말 '마馬' 변을 취하고 있기 때문이다. 이후 말이 인류의 탈것으로서 중요한 가축이 되면서 말과 관련된 신화와 전설이 끊임없이 생산되었다. 말은 초기에는 숭배받는 토템 동물이 되었다가 이후 신령스러운 명마가 되기도 하고 다시 인간 생활 속에서 특이한 능력을 발휘하는 동물이 되기도 하는데, 이에 따라 말의 신화와 전설을 크게 숭배 대상으로서의 말, 신령한 동물로서의 말, 일상생활 속에서의 말의 세 범주로 나누어 살펴보면 다음과 같다.

숭배 대상으로서의 말 신화

상고시대에 동물숭배는 일반적이었으므로 인간과 가까울 뿐만 아니라 유용한 동물이기도 한 말에 대한 숭배는 당연히 존재했을 것이다. 태고시대를 지배했다고 일컬어지는 삼황三皇 중의 하나인 인황씨人皇氏의 모습이 말의 얼굴을 하고 있는 것은 말에 대한 이러한 숭배를 방증한다. 『산해경山海經』에는 말의 모습을 한 신들이 자주 등장한다.

다시 서쪽으로 320리를 가면 괴강산槐江山이라는 곳이다. (……) 바로 여기가 천제의 평포平圃로서 신 영소英招가 맡아 보고 있는데, 그 형상은 말의 몸에 사람 같은 얼굴을 하고 호랑이 무늬에 새의 날개를 갖고 있다. 온 세상을 두루 다니며 그 소리는 '류류……' 한다.[2]

태행산太行山에서 무봉산無逢山까지는 모두 46산으로 그 거리는 12350리에 달한다. 이곳의 신들의 형상은 말의 몸에 사람의 얼굴을 한 신이 20위位이다. 이들께 제사드릴 때는 아름다운 무늬의 규옥珪玉 한 개를 땅에 묻는다.[3]

천제의 텃밭을 관리하는 괴강산의 신 영소, 그 외 많은 산신들의 모습이 말의 몸을 하고 있는 것으로 미루어 말이 종교적으로 숭배되었던 것을 알 수 있다.

2 『산해경』「서차삼경(西次三經)」
3 『산해경』「북차삼경(北次三經)」

괴강산의 신 영소

마경국 사람

숭배의 차원은 아니지만 신들만 말의 몸을 했던 것은 아니었다. 먼 곳에 사는 이방인 중에도 말의 몸을 한 종족이 있었다.

북정령北丁令에 마경국馬脛國이란 나라가 있다. 그 사람들은 목소리가 기러기나 오리 울음 같은데 무릎 이상의 몸통과 머리는 사람이나, 무릎 이하에는 털이 나고 말의 정강이에 말의 발굽이어서 말을 타지 않고서도 달리는 말을 쫓아간다.[4]

마경국 사람은 그리스의 켄타우로스와 같은 마인馬人을 연상하게 한다. 이와 같은 마인 신화는 북방 유목 민족의 말을 잘 다루는 기능에서 유래했을 것이다.

신령한 동물로서의 말 신화

말은 신격화되기도 했지만 그 자체가 신비한 능력과 기이한 특성을 지닌 동물로서 이야기되기도 했다. 역시 『산해경』에는 이러한 말의 신화가 전한다.

4 『삼국지』 「오환선비동이전(烏丸鮮卑東夷傳)」

견봉국犬封國을 견융국犬戎國이라고도 하는데 사람들의 생김새가 개를 닮았다. (……) 무늬 있는 말이 있어 흰 몸에 붉은 갈기이고 눈은 황금빛인데 이름을 길량吉量이라고 한다.

주목왕과 팔준마

그것을 타면 천 살까지 살 수가 있다.[5]

다시 북쪽으로 3백 리를 가면 대산帶山이라는 곳인데…… 이곳의 어떤 짐승은 생김새가 말 같은데 외뿔이 갈라져 있다. 그 이름을 환소讙 疏라고 하며 이것으로 화재를 피할 수 있다.[6]

견융국의 길량은 사람으로 하여금 장생하게 만드는 말로서 서양의 불사수不死獸인 유니콘unicorn과 비슷한 신비로운 짐승이고 대산의 환소는 재앙을 피하게 해주는 상서로운 짐승이다.

이 밖에 탈것으로의 기능과 관련하여 천리마千里馬 신화가 있는데 가장 오래된 이야기로는 팔준마八駿馬 신화가 있다. 주목왕周穆王은 곤륜산崑崙山에 사는 여신 서왕모西王母를 만나기 위해 서쪽으로의 긴 여행을 한다.

5 『산해경』 「해내북경(海內北經)」
6 『산해경』 「북산경(北山經)」

이때 주목왕의 수레를 끌었던 말들이 팔준마이다. 이들 팔준마는 옛날 주무왕周武王이 은殷나라의 폭군 주왕紂王을 칠 때 전쟁터를 달렸던 싸움 말들의 후예인데 전쟁이 끝난 후 산에 풀어놓아 야생마가 되어 있던 것을 유명한 말몰이꾼 조보造父가 길들인 것이라고 한다. 이들 여덟 필의 명마들은 동해도東海島라는 섬에서 나는 용추龍芻라고 하는 풀을 먹고 발이 땅에 닿지 않도록 새보다도 빨리 달려 하룻밤에 천 리를 갔다고 한다. 팔준마 신화 이외에도 항우項羽가 탔다는 오추마烏騅馬, 여포呂布와 관우關羽가 탔다는 적토마赤土馬 등 명마에 대한 전설도 있다.

일상생활 속에서의 말 신화

고대의 잠업蠶業은 농업, 목축업과 더불어 중요한 산업 중의 하나였다. 바로 누에치기의 기원과 관련하여 말은 신화의 주인공으로 등장한다.

옛날 어느 집에서 아버지가 먼 길을 떠나 외동딸과 수말 한 필만이 집을 지키고 있었다. 어느 날 딸은 아버지가 보고 싶어서 말에게 이렇게 말을 걸었다. "네가 아빠를 데려와준다면 시집가줄 텐데." 말은 이 말을 듣자 갑자기 고삐를 끊고는 딸의 아버지가 있는 곳으로 달려갔다. 아버지는 말이 와서 울부짖자 집에 무슨 일이 있나 보다 생각하고 급히 말과 함께 집으로 돌아왔다. 그 후 딸이 약속을 지키지 않자 말은 미친 듯이 날뛰었다. 딸로부터 연유를 알게 된 아버지는 짐승이 감히 사람을 넘본다고 노하여 말을 죽여버렸다. 그러고는 말의 가죽을 벗겨 마당에다 널어놓고 말렸다. 딸은 이

웃집 소녀와 마당에서 놀다가 죽은 말
의 가죽을 발로 차면서 이렇게 빈정댔
다. "짐승인 주제에 사람을 아내로 삼
으려 해?" 그런데 말이 채 끝나기도
전에 마당에 널려 있던 그 말가죽이
벌떡 일어서더니 딸을 뚤뚤 말아 사라
져버렸다. 며칠 후 마을 근처의 큰 나
무 위에서 딸과 말가죽이 모두 누에로
변해 실을 토해내고 있는 것이 발견되
었다. 마을 부녀자들이 그 누에를 가
져다 기르자 좋은 비단을 얻을 수 있

말과 소녀

었다. 이후로 사람들은 그 나무를 '상桑' 이라고 불렀는데 상은 목숨을 잃었
다는 '상喪' 과 발음이 같기 때문이다.[7]

　말과의 결혼 약속을 어겨서 결국 말과 한 몸이 된 채 누에로 변해버린
소녀는 후일 누에의 여신, 곧 잠신蠶神으로 숭배된다. 이 비극적인 신화는
고대에 좋은 비단을 얻기 위해 소녀를 제물로 바쳤던 희생제의犧牲祭儀의
구술적口述的 상관물相關物이라 할 것이다.
　이 밖에도 말과 관련된 많은 전설들이 있다. 예컨대 태호太湖 한가운데
에 마적산馬迹山이라는 산이 있는데, 산에는 네 개의 말 발자국처럼 생긴
바위 구멍이 있었다. 이것들은 진시황秦始皇이 신마神馬를 타고 와서 밟은

7 간보(干寶), 『수신기(搜神記)』 권14.
8 『잠확유서(潛確類書)』 권16.

흔적이라 하고, 이로 인해 마적산으로 불리게 되었다고 한다.[8] 또 사천성四川省의 청성현靑城縣의 노군관老君觀에 마포천馬跑泉이라는 샘이 있는데, 물맛이 달고 여름에는 얼음처럼 시원하며 겨울에는 따뜻했다고 한다. 이 샘은 옛날 태상노군太上老君, 곧 노자老子가 탔던 말이 밟았던 자국에서 생겼다고 한다.[9]

이상의 내용을 종합해볼 때 상고시대부터 인류에 의해 길들여졌던 말은 다른 어느 동물보다도 우리와 친숙한 관계를 유지했을 뿐만 아니라 탈것으로의 중요한 역할을 담당하여 종교적으로, 민속적으로, 또는 일상생활 속에 많은 신화와 전설을 남기고 있으며, 우리의 상상 세계의 한 부분을 차지하고 있음을 알 수 있다.

정재서

9 『녹이기(錄異記)』 권7.

도호쿠東北 인들이 사랑한
말의 전설

이름 없는 소녀와 말

말에 대한 사랑을 지키고 하늘에 올라 말과 함께 신이 된 소녀의 전설이 있다. 소녀와 말은 마을 주민의 집에 모셔져 나날의 생활을 지켜주었다. 이 신이 오시라사마다. 이 이름은 지진이나 화재 등의 재액을 예지하고 사람들에게 알렸기 때문에 '알리다' 라는 뜻의 오시라세お知らせ사마様에서 왔다는 설이 있다.

옛날 어떤 마을에 가난한 백성이 있었다. 아내는 없으나 아름다운 딸이 있었다. 그리고 한 필의 말을 기르고 있었다. 딸은 이 말을 사랑하여 밤이 되면 마구간에 가서 자며 마침내 말과 부부가 되었다.

어느 날 밤 아버지는 이 사실을 알고 다음 날 딸에게는 알리지 않고 말을 데리고 나가 뽕나무에 매달아 죽여버렸다.

그날 밤 딸은 아버지에게 말이 없는 것을 물었고, 이 사실을 알게 된 딸은 놀라 슬퍼하며 뽕나무 아래로 가 죽어버린 말의 목에 매달려 울고 있었다. 아버지는 이를 원망해 도끼로 뒤에서 말의 목을 내리치자, 순식간에 딸은 그 목에 탄 채로 하늘로 올라가버렸다.

오시라사마라고 하는 것은 이때부터 성립된 신이다. 말을 매달았던 뽕나무 가지로 그 신의 상을 만든다.

이것은 동북 지방의 구전 전승으로 민속학자 야나기다구니오柳田國男가 이와테켄巖手縣 토노무라遠野村의 청년, 사사키키젠佐々木喜善으로부터 전해 듣고 정리한 『토노모노가타리遠野物語』에 수록되어 있다. 일본에서 사람의 마음을 가장 사로잡은 말의 전설을 찾는다면 이 소녀의 이야기가 되지 않을까.

말을 타고 후지 산을 넘은 쇼토쿠 태자

한국에는 신라의 시조인 혁거세가 백마가 가져다준 알에서 태어나고, 고구려의 시조인 주몽이 기린마를 타고 하늘에 오르며, 그의 아버지로 동부여 왕인 금와왕은 말이 찾아낸 아이라는 전설이 있다. 그리고 중국에서는 전설상의 최고신인 천제天帝가 천마를 타고 하늘을 달린다.

일본에도 이와 비슷한 이야기가 없는 것은 아니다. 일본에서 처음으로 불교를 깊이 배워 불법에 근거한 나라 만들기에 힘썼으며, 그 후에 신격화된 쇼토쿠聖德 태자는 각 구니國에서 헌상된 수백 마리의 준마 속에서 카이노쿠니甲斐國(현 야마나시 현)의 털이 검고 다리가 흰 말을 신마神馬로 간파하고 시승하니, 하늘 높이 뛰어올라 후지 산富士山을 넘어 3일 만에 미야코都에 귀환했다고 한다. 이 카이의 구로고마黑駒 전승은 그가 활약한 아스카飛鳥 시대에 미야코가 있던 나라켄奈良縣과 후지 산이 우뚝 솟아 고대로부터 명마의 산지로서 조정에 준마를 헌상한 기록이 『니혼쇼키日本書紀』나 『조쿠니혼쇼키續日本紀』에 있는 야마나시켄山梨縣 쌍방에 남아 있다.

천황의 아들로 태어났으나 스스로는 천황이 되지 않고, 여제 스이코推古 천황의 섭정으로 17조 헌법을 정하여 견수사를 파견하는 등 국정에 크게 활약하였으며, 그의 깊은 정신성을 기려 관음보살의 환생으로도 신앙되어 후세에까지 일본인의 숭경을 모아 온 쇼토쿠 태자. 그가 영봉 후지 산을 신마를 타고 넘었다니, 문득 주몽의 기린마나 천제의 천마에 필적하는 전설이라고 부르고 싶을 정도다.

그러나 유감스럽게도 이 전설은 헤이안平安 전기, 10세기에 편찬된 태자 전설의 집대성 『쇼토쿠타이시덴랴쿠聖德太子傳曆』에서 『니혼쇼키』 이래의 구로고마 전승을 기초로 한 창작으로 여겨지고 있다. 쇼토쿠 태자가 활약한 시기가 6세기 말에서 7세기, 『니혼쇼키』의 성립이 8세기, 어쨌든 한국, 중국의 전설보다는 시대가 많이 흐른 뒤가 된다.

일본에 말이 들어오게 된 시기에 대해서 종래는 조몬繩文 시대나 야요이彌生 시대라는 설이 주창되어왔지만, 근년 조몬 시대의 패총에서 발견된 말의 뼈가 불소연대측정법에 의해 가마쿠라鎌倉 시대로 밝혀지는 등 고고학이나 마사馬事 문화사의 재검토가 진행되면서 고분 시대에 들어선

4세기 말 무렵에 대륙, 반도로부터 전래되었다는 설이 유력하다.

이를 근거로 하면 카이甲斐의 구로고마黑駒 전설은 한국, 중국의 신화와 전설을 답습하고 있다는 것을 알 수 있다. 대륙, 반도의 하늘을 달리던 천마는 일본 열도에서 최고의 산도 뛰어넘는 등 그 활약의 무대를 넓혔던 것이다. 유라시아 대륙의 초원이나 고원을 고향으로 하는 가축마에게 온난 습윤한 일본 열도의 평야는 말굽이 부드러워져 마모가 빠르고, 썩는 경우도 많아 번식이 어려웠다. 그래서 간토關東, 도호쿠東北 지방의 한랭지나 산악 지대가 일본마의 주요 산지가 되어갔다. 일본 산들의 훌륭한 능선을 배경으로 달리며, 목을 뒤로 젖힌 채 소리 높여 울부짖는 말. 그 모습은 점차 토지 사람들에게 익숙한 존재가 되어갔을 것이다. 간토, 추부中部, 호쿠리쿠北陸에서 도호쿠에 걸쳐 말을 뜻하는 고마駒에서 이름을 딴 고마가타케駒ヶ岳로 불리는 산이 16개 있어, 모두 천~2천 미터 이상의 명산이다. 그중에서도 카이의 고마가타케는 거의 3천 미터에 이른다. 시대는 내려오지만 누구나가 볼 수 있는 웅장한 산 이름까지 말에 유래할 정도로 일본인, 특히 동일본인들에게 말은 친밀한 존재가 되어갔다.

헤이안 초기의 무장으로 도호쿠 지방의 에조蝦夷 평정과 교토京都의 기요미즈데라清水寺를 건립한 것으로 알려진 사카노우에노타무라마로坂上田村麻呂, 그는 원정 중에 전전轉戰의 피로로 죽어버린 애마를 심히 불쌍히 여기고 총塚을 쌓아 올려 장사 지내고 호코라祠를 세웠는데 그것이, 무츠노쿠니陸奧國(이와테켄巖手縣)의 고마가타케의 유래가 되었다고 한다. 또한 도래계 씨족 출신인 그는 고마가타케에 자리 잡은 말의 신 코마가타신駒形神을 숭경해 그 영험으로 도호쿠 평정을 이루었다고도 전하고 있다.

키키記紀(『고지키』와 『니혼쇼키』) 신화에 등장하는 일상을 어지럽히는 말

현존하는 최고의 역사서로 수많은 신화를 수록하는 『고지키古事記』, 『니혼쇼키日本書紀』에는 한국, 중국에 필적하는 말의 신화와 전설이 눈에 띄지 않는다. 이 사실도 말이 초래되었던 시기가 고분 시대라고 하는 오늘날 유력해진 설과 부합한다.

그러나 대신에 이색적인 이야기가 두 가지 있다. 우선 스사노오노미코트가 죽은 어머니 이자나미노미코트가 있는 황천에 가고 싶다며 난리를 피우고 마음대로 되지 않자, 누나인 태양신 아마테라스오오미카미가 다스리는 타카마가하라高天原에서 논두렁을 허물어뜨리고 신전에 대소변을 하는 등 갖은 난동을 다 부리고, 마지막에는 누나가 베를 짜고 있던 저택의 지붕을 파괴하고 가죽을 벗긴 반모斑毛의 말을 던졌다는 이야기. 아마테라스오오미카미는 이 쇼크로 마침내 아마노이와야토天巖屋戸에 몸을 숨기고, 그로 인해 천지는 어둠에 싸여버린다. 폭력에 쐐기를 박는 수단으로 말이 내던져지고, 하늘을 통괄하는 태양신이 몸을 감추어버렸다는 스토리는 말 문화가 뿌리내리기 이전의 일본인들의 이 새로운 동물에 대한 당황스러운 감정을 반영하고 있을지도 모른다. 말은 다른 가축에 비해 현격히 커서 존재감이 있고, 대륙과 반도로부터 전해져 일정 시기에 행해진 말의 순장 등을 접하고, 그 사체에 강렬한 인상을 받았다고도 상상할 수 있다. 이 이야기는 『고지키』, 『니혼쇼키』에 모두 전해져오고 있다.

후에 스사노오노미코트의 자손으로 일본의 나라 만들기를 하는 오쿠니누시노미코토나 고대에 전국 통일을 이루는 전설상의 영웅 야마토타케루노미코토가 말을 타고 여행을 떠나는 등 일본의 신화 세계에도 탈

것으로서의 말이 등장하지만, 이 태양신과 폭력적인 신 사이에서는 삽상한 말의 이미지는 나오지 않는다.

나머지 하나가 『니혼쇼키』유랴크雄略 천황기 9년에 기록되어 있는 약간 괴담풍의 이야기이다. 타나베노부히토 하쿠손田邊史 伯孫이라는 자가 자신의 딸이 사내아이를 낳았다는 소식을 듣고 사위 집에 가서 축하를 하고는 귀로에 올랐다. 도중 달빛 속에 오늘날 오진應神 천황릉으로 전해지는 능 기슭에서 훌륭한 적마를 탄 사람과 만났다. 탐이 난 하쿠손은 자신이 타고 있던 말과 교환하고 집에 돌아가 여물을 주고 잤다. 이튿날 아침에 준마를 보니 하니와埴輪 말이 되어 있었다. 놀라서 능으로 돌아가보니, 자신의 말이 하니와 말 사이에 있었다고 한다. 하니와는 고분 위나 주위에 늘어놓거나 부장품으로 매장되었던 초벌구이의 토제품土製品으로, 오진 천황릉은 전체 길이 415미터에 이르는 일본에서 1, 2위를 다투는 거대 고분이다. 하쿠손에게 나타난 것이 오진 천황인지 따르는 귀족인지는 알 수 없지만, 하니와 말이 달빛에 비추어져 붉게 빛났을 것이다. 환상적인 하니와 말 이야기에서 말은 이 세상과 저세상을 이어주는 존재로 등장하지만, 하늘의 신들이나 천황이 삽상하게 나타나지도 않고, 일상에서 조우한 이상 체험을 이상한 리얼리티로 그리고 있다.

키키記紀 신화의 말은 베 짜기나 손자를 방문하는 일상 속에서 돌연 파란이나 불가사의를 불러일으키는 존재로 등장하고 있다고 할 수 있겠다.

도호쿠東北 인들이 진심으로 사랑한 말

   실은 첫머리에 소개한 오시라사마 전설도 중국 육조시대의 『수신기搜神記』 등에 그려진 전설이 토대가 된 것으로 추측되고 있다. 『수신기』는 괴담이나 민간설화 등을 기록한 소설집으로 4세기 무렵에 성립하였으며 제350화에 비슷한 이야기가 수록되어 있다. 아버지, 말, 딸이 등장하며 말과 딸의 연애가 화제이고, 양잠의 기원 전설로 이어지는 뽕나무 이야기가 삽입되는 등 소재가 같아 중국 전설이 형태를 바꾸어 일본의 도호쿠 지방에서도 무대를 펼친 것으로 보인다. 다만 『수신기』에서는 아버지의 부재중에 외로워진 딸이 네가 아버지를 모시러 가주면 결혼해주지라는 농담을 계기로 말이 딸을 애타게 사랑하게 되었고, 말이 데리고 돌아온 아버지가 그 사실을 알고는 집안의 수치라며 사살해 가죽을 벗겨버렸다는 줄거리다. 게다가 딸은 그 가죽을 밟으며 축생의 몸으로 인간을 신부로 맞으려 하다니 죽임을 당하고 가죽이 벗겨지는 것도 당연하다며 매도했다. 그러자 말가죽이 돌연 딸을 감싸고 날아가버렸다. 며칠 후 큰 뽕나무 위에 누에가 된 딸과 말가죽이 발견되었다고 한다.

   일본의 오시라사마 전설은 유행遊行 승려가 전하여 무로마치室町 시대에까지 거슬러 올라간다는 설이나 도호쿠의 농촌에 양잠이 보급한 에도 시대부터라는 설이 있어, 시대적으로는 의외로 새로울지도 모른다. 그럼에도 불구하고 어딘가 역사적 시간을 초월한 전설의 진정한 매력을 가진 것은 왜일까.

   도호쿠의 전설이 말하는 딸은 말을 사랑한 끝에 부부가 되었을 뿐만 아니라 같이 신이 되어 마을 사람의 생활을 지켜주기까지 한다. 그 딸이

『수신기』의 말을 만났다면 진심으로 사랑하여 말이 살해당한 뒤에는 그 가죽에 매달려 울었을 것이다. 사람과 동물이 연결되는 이류혼인담異類婚姻譚이지만, 여기에서는 엉뚱한 섹슈얼리티를 상기시키지는 않는다. 그보다 말 목에 매달려 슬퍼하는 딸의 모습이 잔상으로 남게 된다. 어떻게 이런 매직이 가능했던 것일까. 그것은 조몬 시대보다 아득히 먼 태고로부터 도호쿠의 땅에 머무는 산악과 자연의 영기가, 새롭게 열도의 땅을 밟은 말들을 감싸 안아 도호쿠인들과 말들이 같은 영기를 들이마시게 되었기 때문이 아닐까. 친근한 산에 생활을 지켜주는 신으로 말은 보기 좋게 녹아들었다. 아니, 그만큼 도호쿠인들이 이 다정한 생물을 사랑한 것이리라.

오시라사마 전설은 오시라사마 신앙으로서 도호쿠의 땅에 뿌리를 내리고, 무녀인 이타고가 제문을 외며 오시라사마를 불러와 사람들의 고민을 맡긴다. 많은 고택에는 오래된 오시라사마의 신상神像이 전해오고 있다.

2011년 3월 11일 동일본을 덮친 대지진에 즈음해 오시라사마가 예지하여 사람들에게 위기를 알려주었다는 사례는 있었을까. 그런 영험담은 들리지 않는다. 하지만 희생이 된 말과 그 생명이 안타까워 진심으로 눈물 흘린 딸의 전설은 무수한 희생자와 그 유족의 슬픔, 동물들의 괴로움에 대해 결코 불협화음을 일으키는 것은 아닐 것이다.

하마다 요 | 이향숙 옮김

참고 문헌

山中襄太,『語源十二支物語』(大修館書店, 一九七六)

佐藤健一郎·田村善次郎,『小繪馬-いのりとかたち』(淡交社, 一九七八)

加茂儀一,『騎行·車行の歴史』(法政大學出版局, 一九八〇)

根岸競馬記念公苑·馬の博物館,『特別展日本古代の馬文化展』(根岸競馬記念公苑, 一九八一)

根岸競馬記念公苑學藝部編,『馬の博物館特別展古代文化·馬形の謎』(根岸競馬記念公苑, 一九八六)

坂內誠一,『碧い目の見た日本の馬』(聚海書院, 一九八八)

府中市郷土の森博物館,『特別展馬』〔(財)府中市郷土の森事業團, 一九八八〕

司馬遼太郎,「日本馬への魂鎭めの書として」

坂內誠一,『碧い目の見た日本の馬』(聚海書院, 一九八八)

中村禎里,『動物たちの靈力』(築摩書房, 一九八九)

大津市歴史博物館,『企畫展庶民のいのり近江の繪馬』(一九九一)

西中川駿編,『古代遺跡出土骨からみたわが國の牛, 馬の渡來時期とその經路に關する研究』(文部科學省科學研究費補助金·研究成果報告書, 一九九一)

有馬洋太郎他編,『圖說日本の馬と人の生活誌』(原書房, 一九九三)

林英夫編,『近世馬と日本史3』(馬の文化叢書4, 馬事文化財團, 一九九三)

根岸競馬記念公苑,『神奈川の街道と馬』(馬事文化財團, 一九九三)

栗東歷史民俗博物館,『町製四〇周年記念展近江と馬の文化』(一九九四)

吉野裕子,『十二支易・五行と日本の民俗』(人文書院, 一九九四)

巖井宏實,『民俗馬の文化史』(馬の文化叢書6, 馬事文化財團, 一九九五)

高橋富雄編,『古代馬と日本史1』(馬の文化叢書2, 馬事文化財團, 一九九五)

柳田國男,「板繪沈革」

巖井宏,『民俗馬の文化史』(馬の文化叢書6, 馬事文化財團, 一九九五)

福永光司,『'馬'の文化と'船'の文化-古代日本と中國文化-』(人文書院, 一九九六)

增田精一,『日本馬事文化の源流』(芙蓉書房出版, 一九九六)

彥根城博物館,『馬-鞍・鐙から描かれた姿まで-』(彥根市教育委員會, 一九九七)

馬事文化財團・馬の博物館編,『鎌倉の武士と馬』(名着出版, 一九九九)

巖手縣立博物館,『北の馬文化』〔(財)巖手縣文化振興事業團博物館, 二〇〇〇)

西中川駿編,『古代遺跡出土骨からみたわが國の牛, 馬の渡來時期とその經路に關する研究』

奈良縣立橿原考古學研究所附屬博物館編,『春季特別展馬と馬具の考古學古墳時代の馬との出會い』(二〇〇三)

鄭高詠,『中國の十二支動物誌』(白帝社, 二〇〇五)

伊藤亞人監譯,『韓國文化シンボル事典』(平凡社, 二〇〇六)

李燕,「蠶神說話に關する中日比較研究-'蠶女'言動を中心に-」『駿河

台大學論叢』(第31號, 二〇〇六)

張允禎, 『古代馬具からみた韓半島と日本』(同成社, 二〇〇八)

中澤克昭編, 『人と動物の日本史2歷史のなかの動物たち』(吉川弘文館, 二〇〇九)

십이지 말의
신화·전설

전쟁 말war horse, 새 우주를 열다

동서 6352킬로로 뻗은 만리장성은 녹색 주변 환경과 어울리게 잘 복원되고 있다. 한때 중국 정부가 '엄청난 바보짓'이라고 비판했던 만리장성이다. 세계문화유산으로 등재되면서 변화가 일어났다. 백성을 강제 동원하고도 실패한 부정적인 토목공사는 중국 문화의 자랑스러운 상징으로 바뀐 것이다.

북방 기마족의 통로를 막으려던 남북 가르기 계획은 형태를 채 갖추기 전에 뚫리기 시작했다. 남쪽의 농경 정착 사회는 당대 최강의 무기 체제인 '날아다니는' 말을 가진 기마민족의 반격을 과소평가한 것이다. 남북 통로의 정체는 역설적으로 동서 교역에 편리한 길을 서둘러 열게 했다.

실크로드의 출현이다.

변방에서 실크로드 일부를 장악하고 나면 동아시아의 심장부인 중원을 넘나드는 길을 열기는 쉬웠다. 실크로드를 끼고 성장한 기마민족의 여러 나라, 특히 "말이 불어넣은 숨을 쉬고 생명을 얻었다"는 동명왕의 고구려를 비롯하여 수隋, 선비, 돌궐 등 중원을 노리는 정치 세력은 예외 없이 말을 전력화하는 기술이 한족보다 뛰어났다. 기마 전투에 약한 한족은 당의 이세민처럼 처음부터 오랑캐와 제휴, 호한융합집단胡漢融合集團을 만들어 나라를 세워야만 했다. 만리장성의 일종의 심리적 북방 한계선인 정주민족은 서역에서 독자적으로 돌궐 말, 한혈마 같은 좋은 말을 구하는 데 국력을 쏟아부었다. 동아시아 정치권력의 상징인 병마의 말馬이라는 단어는 양마의 산지로 유명한 중앙아시아에서 어원을 찾는다. 기마민족이 중심을 형성한 여러 무력 집단은 다투어 마상무예馬上武藝를 연마하고 활용 범위가 점차 커지는 말馬의 잠재력을 쉴 새 없이 개발했다. 원거리의 말 위에서 활을 정확히 쏘며 달려오다가 갑자기 사라지는 속도전, 대 집단 기동력 운영은 기마민족이 롤 모델이었다. 농경 정착 사회의 한족에게는 언제나 따라가기 버거운 상대일 수밖에 없었다.

공급과잉이 되도록 비단을 팔아서 한족이 사들인 서역 말들은 한마디로 무자경無字經[10]에 만족하는 '오랑캐'들로부터 중국 문명의 근간인 유자경有字經을 지켜온 한족의 정체성 방어 수단이었다. 승려 현장은 유자경의 정확한 뜻풀이를 위해 국법을 어기면서까지 원전original text을 찾아 인도로 떠나야 했다. 유목민은 전통적으로 신앙의 방식이 달라서 그처럼 글자에 집착하지 않고 살았다. 번거로운 글귀를 모르는 티베트, 몽골의 말몰이꾼들은 룽따(풍마風馬, 기도하는 깃발)가 바람에 나부끼면 그것이 바로 정토다. 가볍게 손으로 돌리는 마니차와 제바람에 펄럭이는 룽따는 서로 다를 것이 없다. 유자경을 대할 때마다 (방점 하나에도) 시위를 당기는 살기를 느끼게 하던 인간의 눈이 나부끼는 '무자경' 앞에서는 티베트의 신성한 호수 빛을 닮아간다는 것이다.

희생마 1—다목적 마제 인도의 아슈바메다

신라승 혜초는 불교 발상지 인도에서 국왕이 보유한 말이 코끼리와 함께 국력의 척도가 되고 있음을 관찰하고 있다. 일찍이 힘과 속력의 신화적인 이미지를 통하여 제왕의 고귀한 재산 목록이 된 말, 특히 백마는 군왕의 권위를 드높이고 국운을 거는 제사asvamedha의 주역이 되곤 했다. '초현실적인 방향감각을 지닌' 말은 하늘로 올라가는 비밀 통로를 아는 유일한 영물이라고 믿었다. 동아시아 종교와 말의 밀접한 관계를 살피다 보면 가장 규모가 큰 인도의 마제를 주목하게 된다. 태양의 아들인 '말이 곧 한 해年'라는 고대 인도 사상에 따라 봄에 시작되는 아슈바메다는 다음과 같은 순서로 진행되었다.

1. 제일 값지고 잘생긴 젊은 수말을 골라 '네눈박이 개를 잡아서 집어

---

10 문자 기록 중심의 유자경은 현교, 개인의 무자경은 밀교로 분류할 수 있으나 석가모니의 말씀直說을 무자경, 후세의 기록을 유자경이라고도 한다. "有字的是人經, 無字的是佛經." 『서유기』에서 험난한 과업을 완수한 말, 원숭이, 돼지, 사오정에게 무자경을 주니까 유자경을 달라고 했다. 티베트 불교의 위경 『새들의 불교Bya chos ring chen phren pa』는 뻐꾸기로 변신한 관음보살이 진심으로 제 목소리를 내도록 숲 속의 새들에게 성불의 길을 가르친다. 새들과 물고기에게 설교한 성 프란시스코를 방불케 한다. 원효의 염불같이 소리에 의존하는, 그러나 생존한 석가모니불의 재현할 길이 없는 말이 진경眞經이라는 뜻인데, 결국 새처럼 저마다 참다운 자기 목소리를 찾아낼 수밖에 없다.

넣은' 물로 목욕시키고 초원에 풀어놓는다. 암말과 접촉하거나 물속에 다시 들어가지 못하게 한다.

2. 큰 제단을 차리고 14일 간격으로 피워놓은 불 속에 버터, 우유, 쌀, 보리를 태우고 왕은 근신금욕의 율법을 지킨다.

3. 마제가 절정에 이르는 것은 마지막 3일, 두 번째 날 왕은 희생마와 함께 세 마리 말이 끄는 전차를 타고 나타난다. 갈기와 꼬리에 왕비 셋이 진주를 장식해놓은 희생마가 달려들어 오다가 암말을 발견한다. 수말이 지르는 우렁찬 소리에 암말이 화답하면 기다리던 사제는 "브라흐마에게 경의를! 우주 가득한 사랑의 열기tapas에 경의를! 침묵에 경의를!" 하고 외친다.

4. 3대 제물인 희생마와 뿔 없는 수양, 염소와 함께 수백 마리 제물이 제단에 오르지만 희생마의 목에만 줄이 감긴다. 나머지 생물은 모두 풀어놓게 된다.

5. "당신은 우주요, 안내자요, 보호자입니다" 하고 읊은 제사장이 말에게 귓속말로 "해가 있는 길을 따라가소" 하고 말한다. 『리그베다』는 말의 영혼이 "새처럼 날아올랐다"고 했다. 우주 순환의 비밀을 아는 사제들은 먼저 희생당한 신들이 말로 환생했다고 믿었기 때문에 결코 희생마를 함부로 다루지 못한다. 그리고 목을 조여 질식한 말 곁에 준비를 마친 왕의 제일 부인이 나란히 누우면 흰 장막으로 둘을 덮었다. 왕비는 주신主神의 씨를 받아 임신하는 고대 이집트 왕비처럼 태양신의 아바타인 말과의 의식을 리얼하게 행한다. 귀부인이 말과 관계하면 신의 능력을 갖춘 쌍둥이를 낳는다는 신화가 있다. 그 신화를 재현한 현장에 몰려든 구경꾼들은 일제히 소란스럽고 음란한 야유를 퍼부었다.

마지막 임무를 마치고 해체된 말은 뇌를 따로 삶아서 기다리는 왕에게 냄새를 맡게 했다. 왕의 죄를 씻어주고 정화하는 향기였다. 왕은 백성의 미래를 위한 마제를 착오 없이 집행한 사제들에게 후한 상을 내린다. 의식이 진행된 1년 동안 왕의 권력을 사제에게 위탁했던 것이다. 희생마가 정확히 태양을 향하여 전진하도록 유도하고 젊은 말이 행여 금기 사항인 뒷걸음질 치는 사고가 없도록 이끈 것은 늙고 거세한 말을 탄 4백 명의 경호 병력이었다.

고대 인도어로 '앞'은 곧 '동쪽'이다. 희생마가 밟은 땅은 모두 왕의 영토가 된다고 했다. 하지만 성대한 마제를 지낸 왕의 영토가 오히려 줄어들었다는 기록도 있다. 그러나 통 큰 희생을 치르는 헌납(제사)과 속죄 없이는 인간의 번영은 물론 진정한 깨달음도 얻을 수 없다는 것이 힌두교와 근본불교, 대승불교를 관통하는 인식의 접점이었다. 힌두교에 의하면 반신반마半神半馬의 간다르바는 새 생명의 탄생에 결정적인 역할을 맡는다. 불교에서는 삶과 죽음의 중간에 있는 일종의 연결 고리라고 한다.

희생마 2-1인을 위한 마장지馬葬趾

싸움터에서 승패를 가름하는 말이 필수적이던 춘추전국시대 제齊나라의 경공景公은 군비 확장을 위해 중세重稅, 중형重刑 정책을 썼다. 고대의 사마병법에 군령軍令 의전을 강조한 양저병서를 첨부할 만큼 전투력보다는 가문을 빛내줄 권력의 상징으로써 말을 좋아한 군주다. 기원전 5세기 사장선마射將先馬(장수를 제압하려면 병마부터 없애라)라는 선군先軍 사상이 팽배한 시대에 그는 가장 소중한 재산을 하늘에 바치기로 한다. 비싼 말들을 자신의 사기死期에 맞춰 모조리 희생하는 생애 최대의 포트래치potlatch 의식이었다. 진시황이 수천 점의 모조품을 만들어 사후에 대비한 병마용을 조성하기 3백 년 전의 일이다. 경공의 묘역에는 순장마殉葬馬 228마리의 뼈가 묻혀 있다. 태양의 길을 찾아줄 말의 초자연적인 능력에 1인 환생의 마지막 카드를 건 셈이다.

하야그리바(힌두교)에서 마두관음(불교)으로

무력이 국제 관계를 결정하던 시대에 강력한 전쟁 무기인 서역의 명마를 손에 넣는다는 것은 이국풍의 미녀를 약탈해 오는 것만큼 군왕의 위엄을 과시했다. 강자의 경제학이었다. 빼앗아 온 것을 나눠주는 군왕의 특권은 자동적으로 명마를 물려받은 신하들을 채무자로 바꿔놓는다b. lincoln, death, war and sacrifice. 싸움터에서 세운 공로를 비석에 새기고도 아깝지 않을 군마를 주로 수입에 의존해온 중국인이 선정한 8대 명마는 21세기 초음속기 못지않게 화려한 이름들이다. 이름 하나하나에 끊임없는 명마 콤플렉스의 꿈이 실려 있다.

1. 절지絶地 (발이 땅에 닿지 않는다)

2. 번우翻羽 (새보다 빠르다)

3. 분소奔宵 (만리를 하룻밤에 달린다)

4. 초영超影 (해를 따라잡는다)

5. 유휘逾輝 (털이 빛난다)

6. 초광超光 (달리면 그림자가 열 개)

7. 등무騰霧 (구름을 탄다)

8. 협익挾翼 (천마처럼 하늘을 날고)

수 세기에 걸친 상상력이 채색해놓은 이들 고공 비행체는 마馬가 아닌 용龍이라고 불렀다. 『삼국지』의 조조가 탄 말은 절영絶影, 1과 4의 성능을 합성한 이름인데 장숙 토벌전에서 치명상을 입는다.

동래에도 절영이라는 말 목장이 하나 있었다. 후백제의 견훤이 백마 한 필을 고려 태조에게 선물했다가 그걸 남에게 주면 나라가 망한다는 소문에 당장 되돌려 받았다고 한다. 일제 강점기 백마를 탄 꿈을 점쟁이에게 물으면 대체로 발병發病, 發兵?이라는 점괘가 나왔다. 독일, 영국의 전통적인 점괘는 더 고약했다. 바로 '죽음'이었다. 말은 태생적으로 죽음의 지하에서 태어나 하늘을 지향하는 동물이다. 개성 박연폭포 아래 용궁에는 하늘로 오르내리는 날개 달린 말이 있었다(김시습의 「용궁부연록」). 말은 폭풍이 일면 끝없이 달려오는 백마처럼 일제히 거품을 무는 바다가 되었고, "밤이 폐쇄해놓은 문들을 부수며" "이성이 설정한 생과 사, 물과 불, 선과 악의 차단벽"을 넘는다(펭귄 상징사전). 그래서 『우파니샤드』는 말을 '우주의 상징Brihadaranyaka'이라고 했다.

마두관음은 신화학의 '트릭스터' 비슈누가 권화權化한 하야그리바(말)다. 우주의 균형을 잡고 시간을 초월한 비슈누 신이 백마를 타고 나오면 황금의 새 시대가 열린다고 한다. 석가모니 부처가 출가할 때 탄 말, 삼장법사가 탄 『서유기』의 말, 그리스도, 이슬람의 예언자, 그리고 관음보살이 타는 말은 모두 전신이 흰빛을 하고 있다. 한결같이 저주가 걸린 세속의 갈등을 풀고 태양 에너지를 공급하는 선순환의 '백마'들이다. 동부 독일에서 동해까지 인류사상 최대의 영토를 최단 시일에 평정하고 팍스 몽골리아pax mongolia를 건설한 칭기즈칸을 유럽에서는 '황색 재앙'이라고 불렀다. 13세기 동서 '문명의 규범'을 파괴한 장본인이다. 간결한 관리 체제와 능률, 안전지상주의 이동 정부를 세운 칭기즈칸의 기병단은 전술, 전략에 있어서 유라시아 대륙에 맞설 상대가 없었다. 몽골군에게 항복하지 않는 도성은 철저한 파괴를 면하지 못했다. 그러나 진압 후는 영토 안의 다양한 인종, 문화, 경교를 포함한 모든 종교, 종파에게 신앙의 자유를 주었고 실크로드에 처음 평화를 가져왔다. 오랫동안 몽골의 지배를 받은 러시아에서 칭기즈칸은 백마를 타고 나타난 최초의 전쟁신이었다.

칭기즈칸이 세운 원元나라는 티베트 불교에서 분노하는 얼굴의 마두관음을 받아들인다. 광활한 초원에서 어릴 때부터 말을 기르고 부리는 데 탁월한 전통을 가진 몽골 유목민에게 마두관음은 지금도 제일 인기 있는 세계 수호신이다. 마두관음의 탱화를 보면 몸통 위에 돌출한 세 얼굴이 말 머리라고 한다. 왼쪽은 순결을 의미하는 흰 얼굴, 중앙은 방어 전투 수호신의 붉은 얼굴, 오른쪽은 평화, 행복을 상징하는 녹색 얼굴이다. 몽골인은 말 울음소리에서 힘을 얻는다. 벼락같은 말 울음소리가 사방의 악귀를 쫓아낸다고 믿어왔다. 슬프면 눈물을 흘리는 말들은 주인에게 닥칠 위험을 미리 알려준다고 한다. 트로이 전쟁에 나간 아킬레스의 말 쿠산토스는 갈기를 땅에 드리우고 다가올 주인의 죽음을 예언하는가 하면 주인이 저지른 죄를 대신 짊어진 제주도 말은 지옥에 가서도 자기 변론을 펼 수 있다. 이 백마는 다섯 번의 씻김굿 끝에 사람으로 환생했다고 한다(서대석, 『한국의 신화』). 인도에서 하야그리바가 밀교 언어(주문)의 영역을 티베트로 확장한 데 이어 일본에서는 교토京都의 대보은사(1224), 큐슈의 관세음사에 문화재급 마두관음 입상이 들어섰다. 이 관음은 일체의 악을 강력한 힘으로 쳐부순다는 험악한 표정이다. 짐을 실은 말들이 힘들어 하는 험한 고갯길에도 말을 지키는 마두관음을 배치했다. 말 신앙 전통이 있는 일본 신사에는 가미神의 말을 알아듣는 백마를 모셨고 살아 있는 말을 봉헌하기 어려우면 목마를 대신 바쳤다. 신사의 말 그림, 에마 繪馬를 사서 가족의 건강, 사업 번창, 학교 합격 등 소원을 비는 것도 약식 말 신앙의 일종일 것이다. 한국 불교에서는 오랫동안 성화의 이미지를 구하기가 어려웠기 때문인지 마두관음의 역할은 미미했다. 강원도 낙산 사 보타전에 마두관음 조각상이 첫 모습을 보인 것은 최근의 일이다.

3억3천의 신들이 살고 있다는 인도에서 중국으로 건너간 비슈누계 신 인 마두관음이 왜 분노의 마스크를 쓰게 되었는지 이유를 밝힌 기록은 없다. 마스크 제공자로 혜초의 스승이며 『다라니집경』을 한문으로 번역 한 인도승 불공不空을 지목하기도 한다. 그런데 분노하는 마스크는 비슈 누 세력과 천 년 싸움을 벌인 하야그리바의 성격을 드러낸 민얼굴이었 다. 마침내 비슈누 신의 이름을 나눠 갖는 23번째 신이 되고 나서도 성격 은 바뀌지 않은 것이다. 고대 그리스어로 민얼굴을 의미하는 '프로소폰' 은 마스크다.

환경이 바뀌면 신들의 생태계에도 큰 변화의 바람이 불곤 했다. 인도 부처(석가모니), 마니교 부처, 경교景敎 부처, 회교 부처가 4파전을 벌이던 시절 실크로드에서 미트라를 비롯한 다른 종교의 좋은 점을 받아들인 대 승불교 소속의 신 하나가 급성장한다. 후일 한중일 세 문화권을 한데 아 우르는 무한 관용의 신 관음보살이다. 히말라야를 넘으면서 마두관음을 제외한 관음계 보살들은 가슴이 열대지방의 남성보다 겨울옷을 입어야 하는 북방 여성에 가까워진다. 국경을 넘어 공포를 확산시킨 신도 있긴 했으나 이주移住에 성공한 대부분의 신에게는 '관용과 용서'가 공통하는 덕목이요 장수 비결이었다. 인류의 종교 본능을 자극한 대표적인 유적지 실크로드의 막고굴에 가면 자기 이름도 잊은 무수한 신들이 장엄한 언어(설교)의 가설假設 공간에서 이 민족의 말들과 함께 춤추고 놀다가 사라진 천5백 년의 역사를 읽을 수 있다. 힌두교에서 가장 큰 신들의 왕 인드라는 불교로 귀화하면서 극소형 사이즈의 환인 제석천이 된다. 그러나 '무자경'이 앞선 티베트·몽골 역사 기행과는 달리 막고굴이 압도하는 것은 한족의 '유자경' 중심 사상이다. 막고굴은 인류 역사에 손꼽히는 기록의 보고였다. 19세기 열강의 파괴적 약탈이 그것을 증명한다. 흥망성쇠를 거듭한 주변의 기마민족들과는 다르게 한족의 문자는 종교를 조직화하는 데 그치지 않고 인간의 능력을 극대화하는 통치 방법을 개선하는 틀이 된다. 전투에는 강했지만 자체 분열을 일삼고 외압에 약한 부족 조직체 중심인 기마민족들이 그런 정치적 관리 체제를 모방했다.

결어結語

타는 말을 사랑한 시인 실비아 플라스Plath는 한마디 말에 두 말을 묶는 한국인의 직관에 감탄했다고 한다. "천 리를 달리는 발 없는 말言이 신God의 권위와 함께 후퇴를 거듭하는 이 세상에 왜 하필이면 네발의 폭발적인 힘이 전혀 쇠퇴하지 않는 말馬과 소리값의 이미지와 울림이 닮았다고 보는가?" 일찍이 서양의 말Word과 동양 말馬의 긴장 관계를 예측한 하야그리바 우파니샤드(108)는 이런 판단을 내렸다.

"모든 언어 신들 위에 살아 숨 쉬는 대왕 말이 있네."

그러나 말을 신성시한 것은 그 힘hp 못지않게 인간이 알 수 없는 생명력의 큰 축인 말의 방향감각, '미래의 길을 밝히는 초자연적인 지혜' 였을 것이다.

별도 기사

안록산의 반란을 진압한 위구르 기마병에게 현종의 부하 장수는 3일간 낙양성 약탈을 허락한다. 놀라운 댄스 스텝을 자랑해온 현종의 말들은 쓸모없었다. 낙양성 문밖에는 처음 불경을 싣고 온 말을 기리는 백마사가 있다. 성문을 열자 비극은 벌어졌다. 낙양은 시공을 넘어 피카소의 울부짖는 말 그림으로 유명한 게르니카 시市로 변한다. 인마가 뒤엉켜 절규하는 지옥이 따로 없었다. 그런데 인간의 취향은 묘했다. 전쟁터에서 말을 타고 쓰러지는 순간 카메라에도 잡힐까 말까 한 여인의 표정이 가장 아름답다는 것이다. 트로이 전쟁 때 아마존의 여왕 펜테실레이아는 트로이군에 가담했다. 그리스군 아킬레스의 칼에 오른쪽 가슴을 다쳤다. 단숨에 남자를 제압해오던 아마존 여전사의 머리 다발에 가린 얼굴이 쓰러지는 순간 아킬레스를 강타했다. 그리스를 대표하는 군인이 처음 겪는 공포를 사랑이라고 했다. 기원전 5세기 항아리에 그 장면을 그린 화가는 아마존의 최후를 좁은 화면에 그려 넣기가 어려웠던지 말을 뺐다. 다른 곳의 모자이크와 그림에서는 기마민족의 장수답게 말달리는 펜테실레이아의 모습을 볼 수 있지만, 말에서 추락하는 순간 출렁이듯 한쪽으로 쏠린 아킬레스의 혼을 빼앗은 얼굴은 사라졌다. 그런데 이마 한쪽을 가릴

듯 말 듯 흔들리는 헤어스타일은 낯설지가 않다. 요즘 텔레비전 화면에 비슷한 머리매무새가 늘어났기 때문이다. 연기자들은 이 헤어스타일의 근원을 아는지? '공포 미학'을 검은 머리에 응용한 헤어스타일의 원조는 아마도 '추락하는 말 위에서 흐트러진 머리매무새'라는 의미의 타마墮馬 계일지 모른다. 고대 그리스의 무서운 여전사 머리를 요염한 침실 스타일로 바꿔놓은 펜테실레이아 산발散髮을 중국의 삼국시대에 보급한 여인은 후한의 정치가 양기梁冀의 아내다. 이 헤어스타일을 보기만 하면 남편은 고양이 앞에 쥐였다고 전한다.

박석기

제
2
부

회화 속의 말

총론: 한중일 삼국의 말 그림 이원복

한국의 말 그림 이원복

중국의 말 그림 이원복

일본 미술에서의 말 이나가 시게미

총론:
한중일 삼국의 말 그림

희망과 꿈을 실어 나르는 동물 — 생활과 예술, 과거에서 미래까지

> 다시 천고千古의 뒤에
> 백마白馬 타고 오는 초인超人이 있어
> 이 광야廣野에서 목 놓아 부르게 하리라
> − 이육사李陸史의 「광야廣野」에서

　프랑스와 스페인 영역에서 발견된 후기 구석기 인류가 남긴 동굴벽화 내 동물상에 등장한 말은 오랜 역사를 증명한다. 말을 타고 치달리는 모습과 말이 모는 수레, 이집트와 아시리아의 부조浮彫로 된 기병騎兵은 기원전 12세기 이전으로 소급된다. 아시리아의 투쿨티-니눌타 왕(BC

1242~BC 1208) 때 만든 도장圖章의 부조에서 살필 수 있듯 태양신이 타고 다니는 마차를 끄는 말은 날개를 달고 있는 페가수스의 형태이다. 이 도상은 고대 오리엔트에서 지중해 연안에 이어 유라시아 전역에 이르는 넓은 범위에 걸쳐 있음을 살필 수 있다.

상형문자인 한자의 경우 갑골문자甲骨文字에서 살필 수 있는 '마馬' 자 역시 기원전 12세기까지 거슬러 오른다. 무기인 동과銅戈에 새겨진 말은 기원전 11세기에 제작된 것이다. 몽골의 카라스크기와 청동기시대를 비롯한 중앙아시아와 남시베리아 전역에서 살필 수 있는 암각화岩刻畵는 아시아의 조형미술에 나타난 말 그림의 역사 또한 매우 오래되었음을 알려준다. 기원 전후 우리나라의 초기 철기시대 유적인 어은동에서 출토된 마형대구馬形帶鉤와 말 조각처럼 중국은 상商(BC 13~BC 11세기)에서 제작한 칼 손잡이 장식에서 살필 수 있다. 전국시대戰國時代(BC 4~BC 3세기) 청동거울의 은상감銀象嵌으로, 칠기 문양에서 살필 수 있다.

박력迫力과 생동감生動感의 대명사인 말은 날래며 용맹하고 씩씩하고 힘차다. 용맹스럽되 거만하지 않고 오히려 조심스럽다. 자유분방하며 야성적이며 무리 지어 살며, 전혀 공격적이지 않고 위험이 닥치면 도망가니 방어적이다. 열두 띠(십이지)의 일곱 번째로, 부정적인 이미지라곤 전혀 없는 동물이다. 신마神馬·천마天馬·기린마麒麟馬 등의 용어가 암시하듯 성스러운 지위를 획득했으며, 좀처럼 눕는 법이 없는 서서 자는 동물이기도 하다. 학계에선 가장 먼저 말의 가축화家畜化가 이루어진 지역으로 중앙아시아를 꼽는다.

말 위에 올라타고 경사진 산을 향해 돌진하려는 강한 의지가 돋보이는

「나폴레옹」(부분, 다비드, 캔버스에 오일,
271x232cm)

얼굴로 우리들 뇌리 속에 각인된 나폴레옹 그림이 우선 떠오른다. 희디흰 백마白馬를 타고 붉은 망토를 휘날리며, 오른손으로 넘어야 할 고지를 가리키는 측면으로 등장한 늠름한 말과 인물의 자세는 여운이 길다. 교과서에도 게재된 우리들이 기억하는 말을 소재로 한 명화名畵이며, 도자기를 비롯한 공예와 조각 등 훌륭한 예술품을 모은 화집畵集인 방대한 저술이 출간되기도 했다. 동·서양 구별 없이 말은 가시적인 조형미술의 소재로 큰 역할은 단연 주인공이다.

중학교 시절 여러 차례 읽었던 소설 『삼국지』의 관우關羽(160~219)의 적토마赤兔馬도 기억 주변을 맴돈다. 시대의 인물인 동탁·여포呂布·조조曹操를 거쳐 관우에게 왔으나 더 이상은 주인이 바뀌지 않았으니 관우가 손권孫權의 계략으로 타계하자 이 말은 주인을 따라 굶어 죽는다. 과천에 위치한 마사박물관을 가던 중 지하철역과 경마장이나 그 주변에서 만난 눈빛이 좀 다른, 무언가 들떠 상기된 표정들이 내게는 꽤나 의외의 일로 생각난다. 아울러 『춘향전』과 더불어 암행어사 이몽룡의 마패馬牌도 연상된다.

무엇보다도 1973년 경주 고분에서 발굴된 장니障泥에 그려진 '천마도天馬圖'가 있다. 자작나무 껍질白樺樹皮에 그린 이 유물이 출토되어 '천마총天馬塚'이란 명칭을 얻기도 했다. 천마가 아닌 기린麒麟이란 설도 발표되었으나 드문 신라 그림이다. 우리나라 고대 회화의 수준과 위상을 알

말 그림(몽골 현대, 종이에 채색, 13.4x24cm, 개인 소장)

려주기도 하는데, 1976년 평안남도 대안시 덕흥리德興里 고구려 벽화고
분에서 닮은 형태의 '천마지상天馬之像'의 묵서명이 있는 말 그림 '천마
도'가 새롭게 알려져 양국의 교류를 짐작하게 한다.

  이즈음도 몽골에선 일종의 민속화民俗畵 범주에서 그들의 전통 건축인
파오와 초원을 배경으로 인물과 함께 등장한 세필細筆로 그린 '말 그림'
소품이 즐겨 그려진다. 마치 이집트의 파피루스에 그린 그림들이나 멕시
코 호텔과 그 주변에서 파는 우리 민화民畵와 닮은 화조화가 있듯 일종의
관광 상품으로 여전히 그려지는 게 아닌가 하는 생각이 든다.

  천마天馬여, 천마天馬여, / 처음 네가 서라벌 캄캄한 공중空中에서
  네 굽을 놓았을 때 / 너는 흰 눈부신 빛이었다.

겨레의 꿈, 삼국 통일이 이루어지자 / 너는 자취를 감추고 말더니,

천년千年도 일순간인가, 홀연히 나타나다! / 무덤을 헤치고 어둠을 뚫고.

지금도 여전히 네 굽을 놓은 채, / 내뿜는 숨결마다 백금白金의 불길이 되고

나부끼는 말갈기, 높이 쳐들린 말꼬리에도

불이 붙어 있네, 불멸의 불이. / 오오 분단된 국토國土의 희망이여,

너 또다시 통일의 영광을 몰고 오라.

    – 박희진朴喜璡,「천마송天馬頌」

인간과 말의 친밀親密－실용성實用性과 예술

말은 곁에 두고 보면, 그리고 어떠한 곳이건 생활공간에 함께 있으면 듬직하다. 때론 충직한 부하이거나 친한 벗 같아 누구에게나 호감이 드는 동물을 꼽으라면 사람마다 각자의 체험에 의해 여러 종류의 동물을 열거할 수 있겠으나, 그래도 단연 말이다. 말은 우리 인류에게 충견忠犬이란 용어처럼 어린이와 노인들에겐 친구가 되며 눈이 먼 사람들을 인도하는 개에 뒤지지 않는 존재감을 지닌다. 하지만 개와는 구별되는 늠름함과 위엄으로 품위마저 갖춰 기대고 싶은 든든함 등 친근미親近美로 다가오는 동물이다.

운송運送의 교통수단, 전쟁에서의 기동력機動力, 그리고 수렵 등 실리적

인 측면에서뿐 아니라 호쾌豪快한 기상과 깨끗하고 준수俊秀한 외모, 주인을 알아보는 인지력 등으로 동·서양을 막론하고 인류로부터 오랜 세월 변함없는 사랑을 받아온 동물이다. 고고학의 연구 성과로 인류가 청동기 시대부터 기르기 시작한 것으로 사료되는 말은 우리나라에서 늦어도 초기 철기시대에는 가축家畜이 된 것으로 알려져 있다. 오늘날 '승마乘馬'와 '경마競馬' 같은 스포츠로도 각광을 받는다.

가축으로 말은 개나 소보다는 나중에 길들여진 동물이다. 오늘날 말은 동물원이나 경마장에서 볼 수 있는 동물이다. 그러나 사진만 보아도 그 매력적인 아름다움에 빠져들지 않을 수 없다. 다양한 종류, 동작과 취한 자세, 얼굴 표정 등 초원을 질주하던, 바닷가를 달리던 넘치는 활기와 생동감은 물론 초원이나 나무 그늘에서 한가로이 쉬며 풀 뜯는 모습마저도 꽤나 호감이 든다. 전체 모습뿐 아니라 머리며 늘씬한 다리와 갈기 등 몸의 어느 부분에 시선을 두어도 아름답기에 그림으로 오랜 세월 즐겨 그려진 이유를 짐작하게 한다. 말 한 가지만이 아닌 수렵, 전투 장면, 장엄한 행렬, 방목放牧 등 사람과 함께 그려진다. 제왕을 비롯한 상류층 자제 등 귀인과 무인武人만이 아닌 미인美人과 마부도 함께 그려진다.

말에 얽힌 일화며 고사며 설화와 전설은 나라별, 민족별로 무수히 많다. 우리나라도 예외는 아니다. 말과 인류와의 각별한 친밀함은 말을 소재로 한 무수한 시문詩文 등 문학 외에 민족을 초월해 선사시대 미술품부터 오늘날까지 전해진 가시적인 조형미술을 통해 엿볼 수 있다. 오랜 세월 변함없이 줄기차게 사랑받았음이 쉽게 확인된다. 이미 후기 구석기의 조각 및 그림으로 그려진 예술품들이 현존한다. 인간의 손끝에서 일찍 탄생된, 그래서 범세계적으로 말을 소재로 한 각종 조형미술이 현존한다. 선사시대는 물론 고대에서 현대에 이르기까지 회화, 조각 등의 소재로 그 어떤 동물보다도 눈에 띈다.

동서양 조형미술 속의 말—인류 모두 그 첫 페이지를 장식

우리 인류가 남긴 미술에 있어 말은 그 첫 페이지를 장식하니 달리는 말의 우아한 곡선미가 돋보이는 '말 조각'은 일반 서양미술사 개설서의 서두에 등장한다. 남서 독일 포겔헤르트 동굴에서 출토된 3만 년 전 후기 구석기시대에 제작된 것으로 비정된다. 손바닥 안에 들어가는 불과 6.4 센티미터 길이의 자그마한 크기이다. 매머드 상아象牙로 만들어졌으며 다리의 일부가 잘려 나갔으나 유려한 곡선으로 된 몸매이다. 매우 이른 시기임에도 불구하고 형태 묘사나 표현 솜씨에 경탄을 금할 수 없다. 비록 감상을 위한 미술품은 아니나 말 몸체에 창槍 또는 상처로 간주되는 긁힌 선이 있고, 다리가 부러진 것은 동굴벽화와 시차는 크나 같은 목적에서 제작된 것으로 주술적呪術的인 용도로 실제 의식에 사용된 것으로 본다.

현존하는 최고의 회화로 간주되는 동굴벽화에서도 말을 찾아볼 수 있다. 마치 파스텔 그림을 보는 듯 형체를 표현한 짙은 윤곽선 아래로 번짐이 멋진 소와 말이 무리로 등장한 스페인의 알타미라나 반복된 점무늬 말이 함께 그려진 프랑스 라스코 동굴벽화에서도 무리를 이룬 동물 속에서 말이 빈번하게 등장한다. 후기 구석기에 속하는 기원전 15000~10000

년경에 그린 것으로 학계에 보고된 프
랑스 도르도뉴 지방의 라스코 동굴벽화
는 들소 · 사슴 · 말이 달리는 동감 넘치
는 모습들로 검은 선과 그 내부를 칠한
황토색 등 오늘날도 선명한 빛을 발한
다. 묘사력에 있어서도 뛰어난 필력筆力
을 확인할 수 있다.

'말 조각' (포겔헤르트 동굴 출토, 기원전 28000
년경, 매머드 상아, 길이 6.4cm, 개인 소장)

이집트 미술품 중에서도 기원전 14
세기 건립된 피라미드에서 출토된 금공
金工 중에 말을 도안한 문양을 살필 수
있다. 기원전 1325년경 제작된 사카라

'중국 말' (라스코 동굴벽화, 기원전 15000~
10000년경, 프랑스 도르도뉴)

에 있는 하르 엠 헤프의 묘에서 출토된 '들보를 나르는 일꾼들' 은 부조浮
彫로서 말 탄 인물과 그 뒤의 들보를 나르는 인물들이 사실감 넘치게 잘
성형되어 있다. 또한 기원전 1340년경으로 사료되는 투탕카멘 왕의 묘
에서 출토된 관의 장식 그림엔 말이 끄는 수레를 타고 사냥하는 장면이
박진감 넘치게 전개되고 있다.

지중해의 크레타 섬에서 기원전 1500년경 그려진 벽화壁畵 중 크레타
헤라클리온 미술관에 소장된 '투우사의 벽화' 에는 중앙의 황금색 말을
중심으로 좌우에 인물을 배치하고 말 위에는 마치 곡예曲藝하는 양 보이
는 인물이 등장하고 있다. 아마도 오른쪽 인물이 공을 던지는 것 같은 데
일종의 마상재馬上才로 사료되어 흥미를 끄는 그림이다. 점차 시대가 내
려오면서 전차戰車를 끄는 장면 등 복잡한 구성 속에서 본격적인 조형미

술 가운데 말을 살펴볼 수 있다. 이와 같은 양상은 중국의 화상석畫像石에서도 마찬가지이다.

유럽의 지중해 로마 미술로는 81년 건립된 티투스의 개선문 대리석에 등장한 '티투스 황제의 개선'이 있다. 전차를 타는 황제와 이를 끄는 네 필의 말이 등장한다. 마찬가지로 부조로 된 런던 소재 영국박물관에 있는 기원전 440년경으로 추정되는 '말 탄 인물'은 작지만 주목되는 조각이다. 측면과 오른쪽 얼굴을 드러낸 두 말 탄 인물을 주제로 한 것으로 파르테논 신전 서쪽 프리즈 중에 속한 것이다. 서양에 있어선 중세 성화 등 종교미술 외에 16~19세기에 걸친 풍경화에서도 말을 살필 수 있다.

인도 미술에 있어선 불교와 연관된 유물, 유적 등에서 두루 살필 수 있다. 도솔천 강림에서 탄생, 입멸入滅까지 부처 일생의 중요 사항을 8폭에 담은 '팔상도八相圖' 중 네 번째가 백마白馬를 타고 궁을 벗어나는 출가 장면으로 줄기차게 그려졌다. 인도에서는 불상 탄생 이전 무불상 시대無佛像時代인 기원전 3세기 인도를 통일한 아쇼카 대왕이 부처의 성스러운 자취가 깃든 곳에 백 미터 내외의 거대한 석제 기념주를 세운다. 이는 페르시아의 영향이나 인도 샤르나드 고고박물관 소장 '아쇼카 왕 기념주 사자 기둥머리'에 그야말로 네 마리의 사자가 사방을 향해 외치는 사자후獅子吼를 담은 조각으로 그 아래 기단부에 성스러운 동물인 코끼리·사자·소와 더불어 달리는 말이 등장한다.

중국도 말에 대한 조형미술의 역사는 오래다. 회화 쪽에서만 살펴보아도 2세기 후반에서 3세기 초 건축된 내몽골 화림격리花林格爾 고분을 필두로 8세기 당唐 고분벽화에 행렬行列, 수렵 등 다양한 형태를 찾아볼 수 있다. 동물화의 주된 소재의 하나가 되어 특히 말 한 가지 분야에 전념하

여 당의 한간韓幹(8세기), 송의 이공린李公麟(1049~1106), 근대의 서비홍徐
悲鴻(1895~1953) 등이 명화를 다수 남기고 있는데, 이들이 중국 역대 '3
대 화마대사畵馬大師'로 지칭되고 있음은 잘 알려진 사실이다.

몽골 · 인도 · 일본의 고대 말 그림-벽화와 세밀화

몽골의 마차馬車가 보이는 청동기시대 암각화는 익히 잘 알려져 있다.
우리나라 암각화를 살피는 데 있어 외형적인 유사성과 더불어 그 기원의
문제와 영향 등 상관관계에 대해 여러 가지를 생각하게 한다. 최초의 대
제국大帝國 탄생 2220년 기념으
로 2011년 기획한 '흉누匈奴의
보물'은 한국 등 여러 국가가
참여한 몽골 전역에 걸친 최근
의 발굴 성과를 통해 역사와 유
적지와 유물을 망라한 의미 있
는 전시였다. 이 중에는 직조織
造 천으로 '말 탄 인물'이 있는
잔결 편이 발굴되기도 했다.

붉은색 그림에서 시작된 인
도의 세밀화細密畵는 16세기 무
갈 왕조의 탄생과 더불어 크게

'말 탄 인물'(몽골, 기원전 1세기, 카펫, 노연 울 6호분)

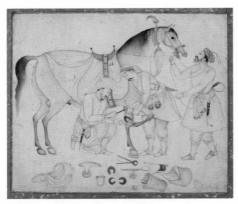

'말 징 박기'(인디아, 1600년경, 무갈파)

발달했다. 오늘날 작고 섬세한 그림을 지칭하는데 페르시아의 영향에서 시작되어 시대의 흐름에 따라 다양한 이민족의 사상과 기법을 두루 망라해 독특한 장르를 형성했다. 이들 그림은 책의 삽화, 왕과 왕후를 비롯한 귀족의 초상, 화조, 전쟁, 수렵 등

다양한 내용을 적은 화면에 섬세한 필치와 각종 화려한 천연 안료를 사용해 그렸다. 이 중에 전쟁과 수렵에는 말이 빠질 수 없으며, '말 징 박기'와 말을 탄 인물이 한 손에 매를 지닌 '매사냥'도 보인다.

일본의 경우도 선사시대 고구려의 영향이 감지되는 흔치 않은 고분벽화에서, 그리고 한반도 영향이 선명한 마면馬面을 비롯한 마구馬具 등 고분 출토품에서 적지 않은 말과 관계 있는 조형물을 살필 수 있다. 철도鐵刀에 은 상감으로 된 말, 마형대구, 마식금동관馬飾金銅冠, 5세기 하니와 말상埴輪馬, 6~7세기 장식 스에키装飾須惠器에 부착된 말 등 각종 공예에서 말을 살필 수 있다. 주로 규슈九州 지역 내 장식고분에 선각線刻과 채색 두 형식으로 등장한 말 그림이 보인다. 말과 기마상, 말 타고 활 쏘는 모습, 배에 실린 말, 수렵 등 다양한 형태들로 특히 6세기 이래 말에 채색이 돋보이는 오랑산고분五郎山古墳, 왕총王塚, 죽원고분竹原古墳 등이 잘 알려져 있다. 특히 죽원고분의 '견마도牽馬圖'는 말을 끄는 등장인물의 머리에 쓴

모자 등 여러 측면에서 한반도의 영향을 읽게 된다.

일본의 경우 오늘날 전하는 적잖은 화적 중에 말이 등장한 그림 또한 적지 않다. 무인 정치가 오래 지속된 일본의 경우 비록 그린 화가는 밝혀져 있지 않으나 무로마치 시대 14세기에 그려진 「기마무사도騎馬武士圖」는 일본 중세 기마 인물상의 한 정형을 보여주는 그림의 예가 된다. 2002년 월드컵 공동 개최를 기념하는 전시로 국내에서 열린 '일본 미술 명품전' (2002. 5. 14~7. 14)에 출품되어 국내에서 세밀히 살필 수 있었다.

배경 없이 말 위에 갑옷으로 전장한 장군을 등장시켰는데, 세부의 사실적인 묘사와 화려한 채색에 초상 기법으로 선명하게 그린 인물이 잘 나타나 있다. 이

'매사냥' (인디아, 1725경)

'견마도' (고분 시대, 6세기, 복강현福岡縣 약궁정若宮町 죽원竹原 고분벽화)

「기마무사도」(무로마치 시대, 견본 채색, 100.3x53.3cm,
교토 국립박물관)

그림의 주인공을 아시카가足利의 초대 장군인 다카우지尊氏 (1305~1358)로 보기도 했으나 오늘날엔 무로마치 시대에 그에 버금가는 장군의 출진 장면으로 봄이 일반적이다. 화면 상단에 아들인 2대 장군 요시아키라義詮의 수결이 있고, 전해오는 신체적 특징이 달라 그는 아니나 조선에서 1748년 김희겸金喜謙(1710~?)이 전일상田日祥(1700~1753)의 한가로운 생활 장면을 그린 것으로 누각 위에선 매를 휴대하고 기녀들에게 가락을 잡힌 주인공이, 그리고 물가에선 우락부락한 인물이 말을 씻기는 모습洗馬을 담은 「석천공한유도石泉公閑遊圖」와도 좋은 대조가 된다.

제왕帝王과 말 - 임금과 이름을 함께한 명마名馬

힘은 산을 뽑을 만하고, 기운은 세상을 덮을 만한데
오추마가 달리지 않으니, 이를 어찌할 것인가
때가 불리하여, 오추마는 나아가지 않는구나
우희야, 우희야, 이를 어찌한단 말이냐?

力拔山兮氣蓋世 時不利兮騅不逝 騅不逝兮可奈何 虞兮虞兮奈若何

　－ 항우項羽의「해하가垓下歌」

　기원전 1300년경 중국 상商에서 만든 10센티미터 정도의 청동靑銅으로 된 하부가 붙은 한 쌍이나 전국시대 청동으로 제작된 서로 독립된 한 쌍의 말 조각이 알려져 있다. 점차 사실감이 분명해짐을 통해 시대에 따른 세련성이 확인된다. 또한 동경銅鏡의 문양에서 말을 찾아볼 수 있다. 중국은 끈질긴 유목 민족과의 대립 및 전투로 인해 이른 시기부터 날래고 힘센 말에 대한 기대가 컸다. 특히 흉노와 대적하기 위해 기병騎兵의 요구가 절실했다. 잘 알려진 실크로드의 개척도 비단이나 도자기 무역에 앞서 이와 같이 말의 필요성에서 그 서단이 열렸다고 봄이 사가史家의 일반적인 견해이기도 하다. 이를 알려주는 유물 또한 적지 않다.

　지난 1973년부터 발굴이 시작된 기원전 3세기 축조된 진시황릉秦始皇陵에서 출토된 실물 크기의 도용陶俑 중에는 인물상과 더불어 상당량의 마상馬像이 출토되었다. 이들을 병마용으로 함께 통칭해 부르기도 한다. 곽거병藿去病 묘소 앞에 석마石馬며 감숙성에서 출토된 동한東漢의 청동마상靑銅馬像인 '마답비연馬踏飛燕'은 제비를 발굽으로 누른 날랜 동작을 보인다. 이들 외에도 재질을 달리해 옥마상玉馬像들도 열거할 수 있다. 한漢 (BC 206~AD 220)은 적극적인 서북부의 개척과 함께 사서史書에서도 좋은 말을 구하려는 기사를 여기저기서 찾아볼 수 있다. 대원국大苑國에 한혈마汗血馬를 구하여 흉노匈奴 정벌을 꾀하거나 좋은 말良馬를 구한 뒤 이를 그리게 한 기록 등도 있다. 이를 읊은 무제의「천마가天馬歌」나 호마를

'마답비연'(동한, 2세기, 감숙성 뇌대 출토)

노래한 두보杜甫(712~770)의 「방병조호마房兵曹胡馬」는 한마디로 서역 말에 대한 극찬이다. 무덤 내 벽화나 화상석畵像石과 화상전畵像塼 및 청동상 등 여러 조형미술에는 수레, 행렬, 사냥 장면 등이 주류를 이룬다.

또한 중국에선 역대 제왕들이 말을 사랑하여 이들과 함께 이름을 남기고 있다. 이를테면 주목왕周穆王의 팔준八駿, 진시황秦始皇의 칠명마七名馬, 항우項羽의 오추烏騅, 당태종唐太宗의 육준六駿 등을 열거할 수 있다. 앞에 소개한 「해하가」는 사마천司馬遷의 『사기史記』 「항우본기」에 실린 서초패왕 항우項羽(BC 232~BC 202)가 타계 직전 남긴 절명시絶命詩이다. 조선왕조에서도 제왕과 관련된 말을 살펴볼 수 있다. 조선왕조를 이룩한 태조 이성계李成桂(1335~1408)에게도 그의 대사를 도운 여덟 마리의 준마八駿의 이름이 알려져 있다. 횡운골橫雲鶻, 유린청遊麟靑, 추풍오追風烏, 발전자發電赭, 용등자龍騰紫, 응상백凝霜白, 사자황獅子黃, 현표玄豹로 이름 자체에 형태에 대한 암시를 가능하게 한다.

삼국시대부터 남북조에 이르면 바야흐로 감상화로 화면에 말이 등장하게 되며, 말 그림에 이름을 남기는 본격적인 화가들이 출현하게 된다. 이 이후로 이들 말을 잘 그린 화가들은 그 수를 모두 열거하기 어려운 실정이다. 중국 전 시대를 통해 특히 이 분야에 뛰어난 인물들로 '화마대사

畵馬大師'로 지칭되는 화가들이 있다.

이들 중국의 말 그림은 말만을 그리거나 한 무리가 말을 타고 길을 떠나는 행렬 장면, 사냥 장면 등으로 크게 구분된다. 조그마한 소폭 편화片畵, 타원형의 부채꼴, 이외에 긴 두루마리에 이어진 것, 또한 족자로 산수를 배경으로 한 큰 그림들도 있다. 이와 같은 중국의 말 그림은 우리나라에 영향을 미친 것으로 사료된다. 중국에서 들어온 화본畵本을 통해 말 그림을 그렸기 때문으로 사료되지만, 화가에 따라서는 실제 말을 앞에 놓고 보면서 사생했음도 간과해서는 안 된다.

불교와 말 — 불화佛畵에 등장한 말

중국에서 불교가 전래되기 전부터 많은 말 조각이 만들어졌다. 이를 바탕으로 불교 조형물의 하나로서도 말이 선뜻 등장하게 된다. 후한後漢 명제明帝(재위 5~75) 때 불교가 서역으로부터 중국에 전래된다. 백마 등에 실려 불전佛典이 오게 되자 이를 기념해 백마사白馬寺를 건립했고, 제법 큰 규모의 돌로 '백마상白馬像'을 조각했다. 하남성 낙양현 동쪽에 위치한 옛 사찰, 보호각保護閣 안에 안치된 백마상은 오늘날도 긴 생명을 유지하며 의연한 모습을 보여주고 있다.

중국에 있어선 불전을 싣고 온 점에서 말의 공덕이 인정되어 석마가 만들어진 이래 불교미술품 중에서 그림을 살필 때도 말이 결코 희귀한 소재가 아님은 어렵지 않게 확인된다. 물론 원시불교와는 거리가 있고, 전해오는 여정에 여러 민속적인 요소들과 습합 과정을 거치면서 다양한 변모를 거친 것들임은 새삼스러운 것이 아니다.

　중앙아시아 벽화는 불교미술의 보고寶庫이며, 우리나라 불화의 연원을 살필 수 있다. 불화 중 고려 말 조선 초『묘법연화경妙法蓮華經』내 '변상도變相圖'에서 말을 살필 수 있다. 동양 삼국 불교미술 중 불화에서 부처의 일생을 담은 '팔상도八相圖' 외에 '지장시왕도地藏十王圖', 지옥에 빠진 중생을 극락으로 인도하는 장면을 나타낸 '감로왕도甘露王圖'와 '명부사자도冥府使者圖' 등에서 그림에 따라 크기의 차이는 있으나 말을 찾아볼 수 있다.

　팔상도八相圖는 부처님의 일생을 태어나서 열반涅槃하기까지의 기념비적인 중요한 장면들을 8폭에 담아 팔상전에 모셨다. 조선 후기 일반 회화에 있어 괄목할 발전이 이루어진 시기의 첫머리 격인 18세기 초에 그려진 우수한 팔상도가 여럿 전래되고 있다. 조선 시대에 있어 비교적 큰 그림들로 경북 예천 용문사龍門寺(1709), 경남 하동 쌍계사雙磎寺(1728), 전

'사문유관상'과 '유성출가상' (조선 1780년, 각 비단에 채색, 154.1x130.6cm, 선암사)

남 승주 송광사松廣寺(1725) 등이 대표적이다. 셋 모두 구도에서 차이를 보이며 그린 이가 다르지만, 그림의 주제가 같기에 무엇보다도 내용 전달이 선명함에 줄거리를 찾으면서 살피게 된다.

이들 그림에서도 조금씩 묘사가 다르나 성장한 석가모니께서 사문 밖으로 나가 세상의 고통과 인생무상을 깨닫는 '사문유관상四門遊觀相', 바야흐로 성을 넘어 출가하는 장면인 '유성출가상喩城出家相', 설산에서 여러 스승을 찾아 수행할 때 모습인 '설산수상雪山修道相'에서 말을 발견할 수 있다. 이 밖의 탄생과 열반 등에선 말이 등장하지 않는다.

'직부사자' (18세기 조선, 삼베에 채색, 142.3×85.5cm, 국립중앙박물관)

'감재사자' (18세기 조선, 삼베에 채색, 133×86.5cm, 국립중앙박물관)

저승인 유명계幽冥界를 가리키는 사찰 건물 중의 하나인 명부전冥府殿은 죽은 사람의 명복을 비는 재를 올리는 곳이다. 심판관審判官인 시왕十王을 모시기에 시왕전十王殿이라고도 불리며 지장보살을 주불로 받들어 지장전地藏殿으로도 지칭된다. 지장은 모든 인류가 구원될 때까지 부처가 되기를 보류한 존재로, 머리를 스님과 같은 형태로 하거나 두건을 쓰고 있어 쉽게 알 수 있다. 고려 시대에는 독존獨尊으로 십대의 맑고 깨끗한 모습의 미소년美少年 형상도 있다.

시왕은 바로 사람이 죽은 뒤 평생의 공과를 사후 일주일마다 7회, 백일, 1년, 3년 등 모두 10회에 걸쳐 살피는 열 분의 심판관으로 염라대왕閻羅大王은 이 중 다섯 번째다. 시왕은 신장神將의 형태를 보이는 것에서 점차 문관文官과 유사한 복장의 심판관 모습으로 바뀐다. 즉 상단 중앙에 큼직하게 등장하며, 하단에는 판관, 사자, 옥졸, 신중 등이 그려지고, 그 아래는 고통 받는 인간들을 작게 나타낸다. 명부전은 대웅전을 향해 우측에 위치하고 있다. 지장보살도가 중앙에 크게 모셔지고, 이보다는 작은 시왕도 10폭에 이어 시왕 좌우에 명부사자로 같은 크기의 죽은 자亡者의 죄를 적은 장부를 저승 세계의 왕에게 전달하는 '직부사자直符使者'와 죽은 자의 집에 파견되어 망자를 살피고 감시하는 '감재사자監齋使者'가 배치된다. '감재사자'가 백마인데 대해 '직부사자'는 갈색 말이다.

'직부사자'는 두 가지直府. 直符로 표기되는데, 이 불화에는 좌상단에 붉은 칠을 하고 검은 묵선을 두른 직사각형 안에 명칭이 적혀 있어 쉽게 알 수 있다. 별도의 배경 없이 말과 사자 또는 신장神將이 함께 등장하는 매우 단순한 구성이다. 인물과 말이 등가로서 등장하고 있다. 말이 여타의 불화에 있어 한 모퉁이의 부분도로 등장되는 것과는 사뭇 다른 어엿한 주인공으로서의 몫이 선뜻 간취된다.

말 그림의 특징-국제성과 민족적 독자성

첫째, 인류 미술 흐름과 변천의 제 과정을 살필 때 서양과 동양 공히 작품 소재로 말은 그 어떤 동물보다도 생명이 긴 점을 우선 들게 된다. 아울러 동물 그림에 있어 독립된 소재로 즐겨 그려진 사실도 주목된다. 이는 모름지기 말이 다른 어떤 동물보다 외모며 행동거지 면에서 우리 인류에게 좋은 인상, 즉 호감好感을 주며 사뭇 가까움을 의미한다. 생활에서의 유익함과 종교미술에 등장한 말에 대한 좋은 상징성 등에서 기인된 것이다. 또한 평상시 취한 자세며 행동거지 등 말이 지닌 시각적인 아름다움과도 관계가 있다. 예술, 특히 그림에서 주된 소재가 된 것은 한자 문화권에 있어 먹과 붓을 써서 순간적이고 역동적인 힘찬 기상을 나타내기에 적합한 점도 빠트릴 수 없다. 대상 표현에 있어 수묵水墨 중심의 용필用筆과 용묵用墨, 두 기법의 문제도 한 요인으로 제시될 수 있다.

둘째, 화면에 등장한 말은 인류와의 친밀을 증명하듯 단순히 말만이 아닌 인물과 함께 등장하는데, 때로는 주연과 조연을 구별하기 힘든 같은 비중의 등가等價로 표현되는 점을 들게 된다. 주인이나 마부 등 사람들의 일상사日常事와 연결되어 동반자同伴者 내지 조연으로 인물과 함께 등장하니 도석인물이나 고사 인물, 나아가 풍속화 범주의 것들이 그러하다. 수렵, 행렬, 마구간, 세마洗馬 등 풍속화 범주에 드는 것들은 기원전 한漢 고분벽화에서 오늘날에 이르기까지 지속된 주제이다. 아울러 당시唐詩 등 문학적인 정서가 밴 서정성이 강한 것들을 살필 수 있다. 다만 인물의 등장이 있다 하더라도 단순한 기마상騎馬像이나 서정적인 분위기가 아닌 마부 등 말 주변에 시립한 형태는 본격적인 말 그림 범주에 속할 것이다.

셋째, 그림의 내용을 살필 때 흥미로운 것의 하나로 주제와 내용의 공통점을 들게 된다. 이는 일반 생활에서 말의 역할이나 기능의 공통점에서 연유된 것으로 생각된다. 전술한 수렵의 경우도 말 위에서 직접 활을 겨누는 것 외에 기마 자세에 매를 휴대한 매사냥과 무리 지어 사냥하는 모습 및 전투 장면, 나아가 말 징 박기 등이 그 예가 된다.

넷째, 한자 문화권에서 본격적이며 전통적인 분류로는 영모翎毛, 즉 동물화 범주에서 크기 유무에 구애됨 없이 그려졌다. 양식과 형식에서 보편성을 드러내 국제적이라 지칭될 수 있는 정형定型을 이룬 점을 들게 된다. 크고 작은 화면에 한 필의 말만 나타낼 것, 세 마리 또는 여덟 마리로 '삼준도'나 '팔준도'로 이들을 한 마리씩 그린 화첩이나 두루마리 외에 한 폭의 큰 화면에 담은 대작의 '군마도' 등이 있다. 말 그림들은 버드나무에 매인 모습과 여러 마리가 한 화폭에 등장하더라도 한가롭게 노니는 정경과 말 특유의 치달리는 호쾌한 기상으로 양분된다. 동양 삼국 모두 이 양 측면이 보이나 조선왕조의 경우 전자는 시대가 올라가는 식자층인 문인 화가들이, 후자는 조선 말기 장승업 등이 보여주듯 화원들에게서 살펴볼 수 있다. 크면 큰 대로 웅장한 맛이, 그림 감상에 있어 소품은 나름대로 단아한 아름다움을 읽게 된다.

다섯째, 기록과 별개로 본격적인 감상화로 말 그림은 한자 문화권에서 이른 시기부터 근대를 지나 오늘날에 이르기까지 문인 화가와 전문적인 직업 화가들 모두가 즐겨 그린 소재이다. 이를 증명하듯 중국에는 역대 화마대사畵馬大師가 존재하며 우리나라 조선 시대도 마찬가지로 양자 모두가 각기 명품들을 남기고 있다. 동아시아 한자 문화권에 있어 회화의 평가를 가능하는 두 잣대인 이른바 직업 화가의 기능적인 성취도인 기량技倆과 문인 화가의 덕목인 격조格調라는 두 잣대를 모두 만족시키는 소재가 다름 아닌 말이기도 하다. 어쩌면 화가의 위상과 자리매김은 말을 제대로 그릴 수 있는가 여부로 판가름이 가능하리란 생각도 들게 한다. 전문 화가이건 문인 화가이건 말을 잘 그린 이들이 일급一級 화가들이란 사실도 이를 대변한다 하겠다.

이원복

참고 문헌

John Baskett, 『The Hores In Art』(Yail university press, 2006)

Joe Fargis 외, 『The Horse From Cave Paintins to Mordern Art』 (abbeville press publishers, 2008)

『스키타이 황금』(국립중앙박물관, 1991)

『알타이 문명전』(국립중앙박물관, 1995)

『고대의 말, 神性과 實用』(국립제주박물관, 2002)

黃龍渾, 『동북아시아의 岩刻畵』(민음사, 1987)

장석호, 『몽골의 바위 그림』(혜안, 1995)

金貞培 외, 『몽골의 岩刻畵』(열화당, 1998)

홍선표, 『고대 동아시아의 말 그림』(한국마사회 마사박물관, 2001)

이원복, 『한국의 말 그림』(한국마사회 마사박물관, 2006)

『三國時代 馬具』(국립청주박물관, 1990)

『고대의 말, 神性과 實用』(국립제주박물관, 2002)

한국의
말 그림

　선사시대부터 우리 인류가 남긴 조형미술에는 일찍부터 말이 등장한
다. 청동기시대 마형대구馬形帶鉤 등 공예를 비롯해 우리나라도 예외가 아
니다. 고대의 회화를 대변하는 고구려 고분벽화, 고려 말기 원 화풍과의
교류를 시사하는 몽골풍 복색의 인물이 등장한 이제현과 공민왕 전칭작
등의 '수렵도' 잔결, 조선 중기의 이경윤과 후기의 윤두서를 비롯한 사대
부 화가들, 화원으로 후기의 김홍도와 말기의 장승업 등 시대를 대표하
는 직업 화가에 이르기까지 거장巨匠들이 말 그림에 손을 대었다. 아울러
민화와 근대에 이어 오늘날도 말을 즐겨 그리는 화가들이 엄존한다.

고구려 고분벽화의 말—일찍부터 그려진 소재

현존하는 삼국시대 회화로 감상용 그림은 찾아보기 매우 힘들다. 다만 4세기에서 7세기 초에 걸쳐 축조된 고구려 고분 중에 벽화가 남아 있어 당시 그림의 수준이나 화풍에 대한 이해가 어느 정도 가능하다. 고분의 구조가 다른 백제나 신라에선 벽화고분 예가 몹시 희귀하나 1970년대 발굴을 통해 신라 고도 경주의 황남대총皇南大塚에서 우마牛馬가 그려진 칠기편漆器片이나, 토기 표면에 음각으로 시문한 마문 및 진흙이나 흙탕물이 튀는 것을 방지하고 장식적인 기능까지 하는 말다래障泥에 그려진 백마白馬인 '천마도天馬圖'가 알려졌다.

사서史書에 언급된 적잖은 말 관계 기록을 살필 때 우리 민족에 있어서도 말은 상서로움의 상징이자 큰 인물의 탄생이나 기쁜 소식을 알리고,

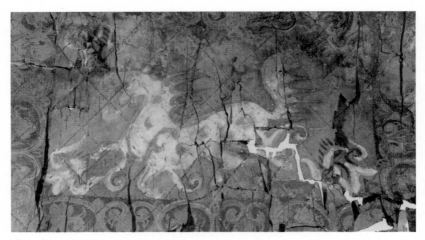

'천마도'(신라, 천마총 출토, 자작나무 껍질에 채색, 53x75cm, 국립중앙박물관)

신의 사자使者, 천상계天上界와의 연결이 가능한 동물로 간주되는 신성함을 지닌 것으로 의식된다. 청동으로 만든 말 머리나 기원을 전후한 시기의 마형대구 등과 고분 시대의 마형토기馬形土器 등은 문헌상의 기록과 연결되는 것들이다. 고구려 고분벽화 외에 삼국에선 일반 회화로서도 그렸음은 추측이 가능하다 하겠다.

357년의 간기로 현존된 벽화고분 중 가장 시대가 올라가는 황해도 소재의 안악安岳 3호분에선 행렬, 마구간 등 군마群馬를 살필 수 있는데 묵선으로 윤곽을 두르고 그 내부에 설채를 한 것들로 상당히 세련된 필치임을 알 수 있다. 이보다는 시대가 뒤진 안악 1호분에선 양쪽에 날개가 달린 갈색 천마가 독상獨像으로 등장된다. 408년에 축조된 덕흥리德興里 고분에선 전실 북측 천장에 '천마지상天馬之像'이 등장하니 신라의 천마도와 유사한 말이 등장된다. 그 좌측에 '천마지상天馬之像'이란 묵서로 명칭이 있는 검고 짙은 갈색이 섞인 윤곽선으로 그리되 백토白土 바탕색을 그대로 보여줘 신라와 같은 백마로 여겨진다. 벌린 다리, 형태 등의 갈기, 꼬리의 묘사 등 친연성이 매우 커 신라에 끼친 고구려의 영향을 설득력 있게 전해준다.

이들 고분벽화에 등장된 말을 내용별, 주제별로 세분하면, 첫째, 당시 생활 풍속을 알려주는 것, 둘째, 장송이나 상서로운 상징에서 이들과 달리 말만을 별도로 독립해 나타낸 천마로 구분된다. 전자

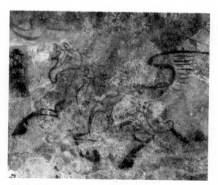

'천마지상' (고구려, 덕흥리 고분 출토)

는 의식적인 행렬도, 고구려 젊은 무인의 모습을 살릴 수 있는 기마인물도騎馬人物圖로 달리거나 정지한 모습, 말과 사람 모두 무장한 전투 장면, 마구간에 매어 있는 사실적인 말, 산야에 떼 지어 말 타고 벌이는 수렵, 달리면서 표적 맞히기 시합을 하는 유적마流鏑馬 등을 들 수 있다. 비록 감상용으로 그려진 것은 아니나 인물, 동물 모두를 찾아볼 수 있기에 당시 인물화 및 영모화의 수준을 전해주며 특히 빈번하게 등장된 말 그림의 시원을 엿볼 수 있다 하겠다.

고려 수렵도의 잔결―소품의 사냥 장면 그림狩獵圖

고려 시대 그림은 불화를 제외하곤 말기에 활동한 공민왕恭愍王 (1330~1374)이나 이제현李齊賢(1287~1367)의 수렵도 몇 폭이 알려져 있을 뿐이다. 그러나 고려와 송·원의 관계를 고려해보거나 문헌에 의할 때 중국에 뒤지지 않는 고격의 일반 감상화도 적지 않게 그려졌을 가능성이 크다.

공예 문양 중에서도 말을 찾아볼 수 있으니 네모나 원형의 거울 뒷면에 둘이나 셋 또는 네 마리가 등장된다. 충북 중원 미륵사지彌勒寺址에서 출토된 기와 뒷면에 음각으로 그림을 그린 와편瓦片이 있다. 수습된 기와 중에 '명창明昌' 3년(1192)의 명문이 있는 것이 있어 대체로 12세기 말이란 연대가 추정된다. 사슴을 향한 호랑이가 새겨진 것과 한 필의 말만 등장한 이들 두 기와 조각에는 화가 아닌 와공瓦工이 그린 것이나 선각 묘사에서 회화적 재능을 다분히 갖춘 인물로 보인다. 인물 없이 말안장을 갖춘 말은 경쾌한 모습은 아닌 다소 힘에 겨운 지친 표정이나 말의 특징을 잘 담고 있다.

고려 회화의 현존 예가 드물어서 더욱 잘 알려진 이제현 전칭의 '기마도강도騎馬渡江圖'와 공민왕의 전칭작들도 수렵도 계열이다. 당시 원과의 관계를 생각할 때 비록 고려 회화가 아니라 할지라도 이와 같이 중국풍의 국제성이 강한 그림들이 국내에서도 그려졌을 가능성이 크다. 서로 다른 색깔의 말 다섯 필에 올라탄 인물들의 복식뿐 아니라 말에 있어서 서로 구별되는 색채를 사용하고 있어 장식성이 다분히 담겨 있음을 엿볼 수 있다.

공민왕의 수렵도 잔결은 알려진 것이 4점인데 이 중 3점은 국립중앙박

'기마도강도'(전 이제현, 비단에 채색 28.8x44cm, 국립중앙박물관)

물관에 있고, 이들과 화풍상 차이를 보이는 또 하나는 규장각에 소장되어 있다. 처음 세 폭에 대해선 인물화의 측면에서 다뤄진 바 있다. 이들 공민왕의 수렵도가 '천산대렵도天山大獵圖'나 '음산대렵도陰山大獵圖' 등으로 불리는 것은, 전자는 허목許穆(1595~1682)의 『기언記言』에, 후자는 이하곤李夏坤(1677~1724)의 그림 별지에 부착된 제발에서 연유된 명칭들이다. 각기 30센티미터가 안 되는 이들 그림은 대폭의 한 그림에서 산락된 것이거나 조금씩 화면 일부가 잘려 나간 그림으로도 여겨진다. 국립중앙박물관 소장 『화원별집畫苑別集』에는 '엽기도獵騎圖'란 명칭으로 게재되어 있다.

화면에서 말이나 인물의 크기뿐 아니라 무엇보다도 필치筆致가 같아 동일인의 작품임은 움직일 수 없는 사실이다. 두 기마 인물만이 등장한 것, 그리고 이들과 달리 인물 없이 고개를 숙여 지면을 향하는 등 비교적 한가로운 정경으로 4필의 말만을 그린 것 등이다. 이들 세 폭은 세필로 윤곽선을 그리고 복색服色에서도 구별되게 나타내고 있다. 비록 잔결들이긴 하지만 공민왕의 기량을 십분 짐작할 수 있는 명품들이다. 지금까지 알려진 이들 몇 폭은 영모화 범주의 말 그림보다는 수렵도 범주이다.

문헌 자료에 의하면 동물 소재로서는 말, 용, 잉어, 백로, 매 등이 산견되는데, 이 중에서도 말이 가장 많음을

'엽기도'(전 공민왕, 비단에 채색, 24.5x22cm, 국립중앙박물관)

알 수 있다. 그림의 국적은 분명히 밝혀져 있지 않으나 당태종唐太宗의 '육기도六驥圖' 등의 언급으로 미루어 고려 시대에 중국의 말 그림들도 적지 않게 들어왔을 것으로 생각된다. 또한 수렵도가 아닌, 인물을 함께 그린 '쌍마도'에 이규보李奎報(1168~1241)가 제시題詩를 남기고 있다.

문헌상의 기록 및 공민왕, 이제현의 전래작 등으로 미루어, 또한 원元의 요청에 의해서 양마養馬를 대대적으로 실시하는 등의 요인과 원에서 말 그림을 즐겨 그린 화가들과 고려인과의 잦은 교류 등에 비추어 고려 후기에 적지 않은 말 그림들이 그려졌을 것으로 생각된다.

> 추풍오여 오랑캐 땅에서 들어오니 나라의 보배며 천하에 짝이 없네.
> 바람 타고 해를 쫓아 허공에 오르니 단번에 임금 사랑을 얻었구나.
> 험난한 곳을 사람과 드나들어 신무를 도와 나라를 평정했네.
> 소릉昭陵 백제白帝의 공이 서로 비슷하니 추풍오여!
> 도참圖讖에 응해냈구나.

조선 시대 전반前半의 말 그림－동물 그림翎毛畵의 주된 소재

조선 초기(1392~1550) 화단은 '조선 3대 화가'에 속하며, 그 처음을 장식하는 안견安堅(15세기)의 경우도 「몽유도원도夢遊桃源圖」를 제외하면 전칭작傳稱作 등 소품 몇 점이 알려져 있을 뿐 전래된 그림이 드물다. 마찬가지로 이 시기에 그려진 것으로 전해진 작품이 몹시 희귀하여 그 실상을 알기 어렵다. 다만 문헌상에 언급된 그림에 부친 제시 등에 의해 고려 후반에 이어 조선 초에도 적지 않게 그려졌음을 짐작할 따름이다. 안견도 문헌에 의하면 해를 달리하여 두 번 '팔준도八駿圖'를 그렸으며, 이를 조선 후기에 이르러 1703년 한 화원에 의해 이모移摹한 『팔준도첩』이 현존되어 이 중 한 폭인 '추풍오秋風烏'가 보여주듯 초기 안견의 말 그림에 대해 어느 정도 짐작이 가능하다. 작가명은 언급되어 있지 않아 중국 그림일 가능성도 있으나 서거정徐居正(1420~1488)이 말 그림에 제한 '십이준도十二駿圖', '화마畫馬', '준마도駿馬圖', '총마도總馬圖' 등이 그의 문집에서 산견되어 15세기에도 말만을 소재로 한 그림이 적지 않았음을 짐작케 한다.

신잠申潛 전칭「탐매探梅」와 동일 주제로 화풍상의 친연성 또한 큰 그림인 일본 야마토분가간大和文華館 소장의 「패교심매도」에서는 나귀가 아닌 백마로 이를 탄 인물이 등장하고 있어 산수인물화의 범주에서 찾아볼 수 있는 희귀한 예이다. 16세기 전반으로 추정된다. 비록 말은 아니나 이상

'추풍오'(작자 미상, 1703년, 안견의 『팔준도첩』 모작, 비단에 담채, 42x35cm, 국립중앙박물관)

좌李上佐 전칭인 「기려도騎驢圖」 소폭을 통해서도 당시 그려졌을 말에 대해 시사케 하는 점도 없지 않다. 또한 불화 중에서 현존된 고려의 변상도에선 찾아볼 수 없었으나 조선 초에 제작된 『묘법연화경妙法蓮華經』의 변상도에 감지에 이금泥金으로 그린 세밀화에 있어 말을 살필 수 있다.

조선 중기 화단에는 이경윤李慶胤

(1545~1611), 이영윤李英胤(1561~1610), 이징李澄(1581~1674 이후), 김식金埴(1579~1662) 등 문인 화가들이 그린 것으로 전해지는 것들과 작가명은 알려져 있지 않으나 화풍상 중기적인 요소라 간주되어지는 소품들 중에서 말을 살필 수 있다. 이경윤 전칭 화첩에 속한 「유하기마柳下騎馬」는 격은 높지 않으나 소탈한 필치를 보이는 것으로 화면 구성이나 필치에 있어 동시대성 및 상관성을 분명히 보여준다. 이경윤의 「수마도瘦馬圖」와 「비마도肥馬圖」는 『사준사우도첩四駿四牛圖帖』에 속한 것으로 배경 없이 말한 마리씩 그린 것으로 필치가 섬세하면서도 몰골기법으로 선염渲染이 뛰어난 소품이나 묘사력이 두드러짐과 만만치 않은 격조를 함께 엿볼 수 있다. 이징 또한 부친이나 숙부와 기법상 아주 유사한 가전화의 말 그림들을 남기고 있다. 「유하준마柳下駿馬」와 같은 화면 구도에 나무 종류만 버드나무가 아닌 잎이 성근 활엽수를 등장시키고 있다. 일본에 있는 「쌍마도」도 같은 구도에 한 마리 말을 더 등장시키고 있을 뿐이다.

중기에는 『사준사우도첩』처럼 말과 소만으로 화첩을 꾸미거나 수금水禽을 포함시켜 화첩을 만들거나 조류만으로 화첩을 만든 예가 여럿 알려져 있다. 대부분 소폭으로 수묵이 위주이나 설채한 예도 있다. 이들 그림은 대체로 문인 작품으로 보인다. 이 외에 17세기경 영모첩류에서 산견되는 말 그림은 여럿에 이른다. 김씨 가문의 소 그림과 비견되는 현상으로 이경윤 가문에 있어 말 그림은 주목된다. 치달리거나 기상이 고조된 힘찬 자세가 아닌 사뭇 정적이면서 틀 잡힌 형태들이고 소품들이긴 하지만, 이들 그림에서도 소박, 담백, 간결하며 과장 없는 순후한 문인 취향이 짙게 밴 화경들로서 한 양식적 특징을 보여주고 있다.

다만 중기 화원들 중에선 이렇다 할 화가를 열거할 수 없어서 외견상이나마 문인들이 이 소재를 주로 그렸던 것으로 생각되기도 한다. 다만 이들이 이 분야에만 전념한 것이 아니라 상대적으로 산수, 산수 인물 등에 관심이 지배적이어서 아쉬움을 남기고 있다. 이 한계는 윤두서에 이르러서야 비로소 극복된다.

> 무릇 인물과 동식물을 그릴 때 윤두서는 반드시 하루 종일 눈이 뚫어져라 살피고서 그 참모습을 똑바로 본 뒤에 그렸다. 홍득구洪得龜(1653~?)가 그의 용龍과 말 그림을 보고서 이르기를 공민왕 이후에는 이런 작품은 없었다.
> – 이긍익李肯翊(1736~1806)의 『연려실기술練藜室記述』 '별집別集' 에서

윤두서와 후기 문인 화가의 말 그림–본격적인 말 그림 전문 화가

조선조 전체를 통해 말을 가장 즐겨 그려 수작을 많이 남긴 사대부 화가로는 단연 윤두서를 꼽게 된다. 말 그림에 있어선 최고의 선비 화가로 지칭되는데, 남종화南宗畵의 적극적인 이해와 풍속화의 선구를 보였으며 뛰어난 자화상까지 남기고 있는바 회화사에 분명한 위치를 점하고 있다.

말 그림에 있어 우선 첫째로 다작과 더불어 말만을 주인공으로 한 본격적인 말 그림을 남기고 있는 점을 간과할 수 없는데, 말 그림 전문 화가로 지칭됨 직하다. 먼저 간송미술관 소장 「군마群馬」는 배경 없이 세 마리 말을 그린 것이며, 각기 여덟 필의 소와 말을 긴 두루마리에 그린 국립중앙박물관 소장 「우마도권牛馬圖卷」은 비록 전칭작으로 간주되기도 하지만 깔끔한 화면 구성에 완숙한 필치가 돋보이는 명품들이다. 그의 말 그림

에서도 간혹 화본풍도 보이나
이 경우도 단순한 임모臨摹와는
구별되는 면을 감지된다.

「군마」(윤두서, 종이에 담채, 35.5x30.8cm, 간송미술관)

둘째로 말만이 아닌 인물을
함께 나타낸 기마인물도에 있
어서도 말과 인물은 동가同價로
다뤄지고 있는 점이 주목된다.
말이 부차적인 요소가 아님은
그림의 내용을 통해서도 십분
이해된다. 1미터를 웃도는 대
작으로 발이 가늘고 고른 값진
비단에 세필의 설채가 돋보이
는 「마상처사馬上處士」와 같은
전칭작이나 해남의 윤씨 종가
에 보관된 「송하처사松下處士」
및 국립박물관에 소장된 「출렵
出獵」 등 인물과 함께 한 말의
아름다움을 읽을 수 있다.

「유하백마」(윤두서, 비단에 담채, 34.3x44.3cm, 녹우당)

셋째로 등장된 말의 여러 자세를 통해 말에 대한 남다른 애정과 더불어
다양한 시도를 엿보게 된다. 화본풍에 드는 「유하백마柳下白馬」에 있어선
나무에 매여 쉬는 자세이되 배경의 버드나무 잔가지의 율동감 넘치는 묘
사를 통해 단순히 고정된 말이 아닌 살아 숨 쉬는 말임을 잘 드러내고 있

다. 새끼에게 젖을 빠는 뼈가 드러난 야윈 어미 말, 세마洗馬, 사냥에 동원된 말, 미완성인 채로 데생을 보여주는 편화, 같은 화면에서도 같은 동작이나 반복적인 모습이 아닌 다양한 형태를 의도적으로 잘 표현하고 있다.

   말에 관한 한 단연 전문이며, 이는 단순히 화본만으로는 불가능한 일이며, 그가 양마養馬 한 사실과 실제 물상을 앞에 두고 사생함으로써 그와 같이 확연한 자기 세계를 이룬 것으로 생각된다. 풍속화나 초상에 능한 사실이 이를 분명하게 하는 증좌가 되며, 여하튼 화원 뺨치는 묘사력과 기량이 이와 같은 사생 과정을 통해 비로소 이룩된 것으로 이해된다. 사생과 사의성寫意性을 동시에 갖춘 그윽한 그의 화경은 단순한 한 동물 소재를 문인화의 운치 있는 경지로 올려 격조를 사뭇 높였다 하겠다.

   부친의 그림에서와 같은 다양한 자세의 말들은 전래된 게 없고 기량이

「마상부인」(윤덕희, 1736년, 종이에 담채, 84.5x70cm, 국립중앙박물관)

나 격조에서 한 수 뒤지나 가전 화풍을 견지한 윤덕희의 말 그림은 주로 대작들인 점이 한 특징이라 하겠다. 1742년 그의 나이 58세 때 그린 「송하마도松下馬圖」는 노송 아래 지친 듯한 자세로 고개를 수그린 말을 소재로 한 것으로 화면 상단에는 산봉우리도 보인다. 이와 같이 노송과 바위를 배경으로 함은 그의 공

통된 특징의 하나로도 생각되는데, 창을 비껴 든 무골武骨의 인물을 함께 한「선객仙客」에서 말 또한 점박이로 신비감이 짙은 일각수一角獸로 묘사했다.「양마養馬」나「마상부인馬上婦人」등도 도석인물의 범주에 넣을 수 있는 인물상이다. 이들 그림에서도 예외 없이 관서가 있으며 이미 언급했듯이 그의 말 그림에선 소품이 드문 것이 눈에 띈다. 그의 말 그림도 도석인물화에 등장된 것이 주류인 셈이다.

이와 같이 윤두서에 의해 그림 소재로 크게 고양된 말은 동시대와 그 이후 문인 화가나 화원들에게 직·간접적으로 영향을 끼쳤다. 비록 부친에 미치기는 역부족이나 아들 윤덕희尹德熙(1685~1766)에게 이어졌으며 조영석趙榮祐(1686~1761)과 심사정沈師正(1707~1769) 등에도 영향을 끼

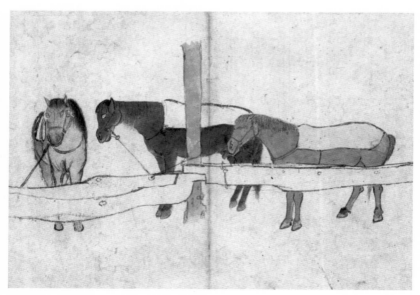

「마구간」(조영석, 종이에 담채, 22.5×40.5cm, 개인 소장)

쳐 말 그림의 고찰에 있어 간과할 수 없는 문인 화가들이다.

말과 관련되어 조영석을 주목케 된 것은 극히 최근의 일로써 1984년 겨울 개인 화랑인 동산방에서 비록 미완성 스케치첩에 불과하나 『사제첩麝臍帖』이 공개되고부터이다. 평상시 주변에서 쉽게 살필 수 있는 정경을 화폭에 담은 것으로 주변에서 보기 쉬운 동식물을 다룬 것과 풍속화 범주에 드는 그림들이 있다. 「작두질」과 「마동」이 이에 속하며 말 그림의 측면에서 주목하게 되며, 「마구간」은 인물 등장 없이 세 필의 말이 등장하고 있다. 데생력에 대한 녹록하지 않은 필력이 보인다. 윤두서의 그림에서처럼 다양한 형태는 아니며 동적인 자세의 날랜 말이 아닌 사뭇 정적이며 마구간에 매인 말들로서 화가의 말에의 애정과 따뜻한 시선도 잘 드러난다.

심사정의 말 그림 대작은 이렇다 할 알려진 작품은 없으나 간송미술관 소장의 「유하준마柳下駿馬」나 「세마洗馬」 등 버드나무 아래의 화본풍의 소폭 마도가 알려져 있고 수렵도류에서 역시 편화로 말이 등장되고 있다. 남종산수의 국풍화에 기여한 회화사적 의의와 별개로 화조나 초충 등에서도 독특한 경지를 지닌 그에 있어서 비록 소폭들이나 말 그림에 있어서도 사의성과 더불어 격조를 엿볼 수 있다.

화원들의 말 그림-단원과 오원

조선 후기를 풍미한 풍속화에 있어서도 말이 주인공은 아니나 부수적인 소재로서 화면 내에서 자주 찾아볼 수 있다. 조영석에 있어서도 언급한 것 외에 「말 징 박기」 등이 있고, 김희겸金喜謙의 「석천한유石泉閑遊」에서는 그림 속의 주인공이 전일상田日祥(1700~1753)이란 실존 인물이며 마부 또한 알려진 인물이다. 화면 내에서 말이 크게 다뤄지고 있으며 세마 중이어서 일견 화본풍으로도 보이나 얼룩무늬가 있는 백마가 사실적으로 잘 나타나 있다. 김홍도金弘道(1745~?)의 잘 알려진 풍속화첩에선 「말 징 박기」 외에도 「장터길」과 「신행」 등과 대폭의 「행려풍속」 병풍, 그리고 각종 기록적 성격의 풍속도인 이른바 '행렬도'에서도 쉽게 찾아볼 수 있다.

신윤복申潤福의 대표적인 풍속화첩 『혜원전신첩蕙園傳神帖』내 「연소답청年少踏靑」에선 진달래가 만개한 봄날 기녀를 대동하고 봄나들이를 나선 도심의 나이 어린 한량들이 등장한다. 그들은 걷고 기녀들은 세 명 모두 말 위에 태우고 있는데, 완보나 정지한 자세들로서 사실적인 표현이 두드러진 것들로 솜씨가 자못 뛰어났음을

「석천한유」(김희겸, 1748년, 비단에 채색, 119.5x82.5cm, 담양 전씨 문중)

「연소답청」(신윤복, 종이에 채색, 35.6x28.2cm, 간송미술관)

알 수 있다.

　몽골 복색을 한 도식화된 수렵도를 제외하더라도 사냥 장면을 그린 김
홍도 등의 풍속화에서도 말을 쉽게 찾아볼 수 있는데, 멀리 고구려 고분
벽화 이래 참으로 오래된, 생명이 긴 주제이기도 하다. 통신사 관계의 그
림 중에는 조선통신사 수행원으로 말을 타고 갖가지 묘기를 보이는 마기
馬技의 능수, 즉 마상재馬上才가 두 명 끼었는데, 일본에는 이 관계의 그림
과 판화들이 전래되어 공개된 바 있다.

　말 특유의 날쌔고 힘찬 기상은 아니나 김홍도의 「지장기마知章騎馬」나
「마상청앵馬上聽鶯」 등에서 시적 분위기와 서정성을 읽을 수 있다. 장승업

은 잘 알려져 있듯이 조선 말을 마지막으로 장식한 화원인데, 타인의 추종을 불허하는 출중한 기량으로 다방면에 걸쳐 수작을 남겼고 말 그림에 있어서도 명품들이 다수 전해지고 있다. 도석인물의 범주에서 중국풍의 인물과 함께 말을 동가로 등장시켰고 말만을 다룬 본격적인 말 그림 수작도 적지 않다.

일견 송 이공린李公麟의 「면주도兎冑圖」에서와 통하는 백묘白描로 그린 장승업의 「군마도」는 화면의 일부가 잘렸으나 화첩의 한 폭으로 그림의 규모는 작지만 정확한 표현과 말이 취한 자연스럽고 다양한 자세 등에서 이 분

「마상청앵」(김홍도, 종이에 담채, 117.2x52m, 간송미술관)

야 대표작의 하나로 손꼽게 된다. 중기의 문인 화가들의 그림에서처럼 한두 마리 말만을 조촐하게 등장시킨 것과는 달리 인물과 말이 한 무더기로 엉켜서 등장되었다. 그럼에도 불구하고 이들 각각의 무리 없는 연결이나 취한 동작들이 어색함 없이 잘 표현되고 있다. 병풍이나 대련으로 된 대작들에서 진면목을 엿보게 되는데 최근 일본 「삼준도三駿圖」는 무르익은 필치로 버드나무 아래 힘센 세 마리의 말을 상하로 포치시킨 것이다. 빠른 필속과 완숙한 필치를 잘 구사하여 말 본연의 기상이 잘 드러

「군마도」(장승업, 종이에 수묵, 15x21.7cm, 개인 소장)

난다. 잎이 성근 스산한 버드나무 잔가지는 말의 역동적인 면을 고양시키는 요소로 분방하게 나타나 있다. 결코 망설이거나 주춤하지 않은 선과 획으로 사뭇 약화된 필선이나 설채로 이를 보완하여 말의 당차고 힘찬 모습을 성공적으로 부각시키고 있다.

　말의 다양한 자세를 네 폭의 세로 긴 화면에 두 마리씩 등장시킨 간송미술관 소장 「팔준도八駿圖」는 화폭에 따라선 인물도 등장하지만 단연 말이 주인공으로, 이 넷을 함께 연결하여 한 작품으로 살피면 더욱 웅혼한 대작임을 느끼게 하는 좋은 작품이다. 독립적으로 매 폭마다 완성된 그림이면서도 병풍을 의식하고 그린 듯 연폭으로도 이어지는 명품이다. 이외에 한 폭의 족자 군마에 인물을 중앙에 넣고 필착시켜 나타낸 것들도 알려져 있다.

단순한 기마도가 아닌 말에 둘러싸이거나 말과의 뜨거운 정을 느끼게 하는 정경, 그리고 세마 등 여러 다양한 주제를 고루 보여주고 있는 장승업은 조선 중기 선비들의 여기 화가와는 구별되는 또 다른 뚜렷한 자기 영역을 구축하고 있다. 중국 그림이나 선배 화가 김홍도의 영향도 엿볼 수 있다. 말기 안건영安健榮(1841~1876) 등과 같은 화원으로서 세필로 그린 말과는 분명히 구별된다. 비록 정교한 그림이긴 하지만 안건영의 전래작들은 화본의 철저한 임모이기 때문이다. 말 그림에 있어 중국의 고전적인 여러 화가들의 여운을 느끼게 하면서도 이들과 뚜렷이 구별되는 장승업의 이 분야 그림들은 말의 다양한 여러 형태, 말의 순간적인 정확한 묘사, 화면

「삼준도」(장승업, 종이에 담채 137x55cm, 개인 소장)

구성의 묘와 변화, 필치의 완숙함 등 모두 두드러져 독보적이다.

그는 조선 3대 화가에 꼽히는 움직일 수 없는 회화사의 위치를 획득하고 있는데, 말 그림에 있어서도 사인 윤두서와 비견될 수 있는 유일한 화원으로 조선 전체를 통해서도 오직 둘이 병칭될 말 그림의 명수이기도 하다. 다만 배경이 갖는 시적 분위기와 서정성은 윤두서 등에 뒤지나 특히 말 특유의 넘치는 기상과 활력, 다채로운 형태를 구현한 시각적 효과

는 그보다 진일한 면을 창출하고 있다.

근대로 접어들면서 말이 작품 소재로서의 매력이 약화된 때문인지 화가들의 관심이 희석되면서 이 분야의 명품을 대하기 몹시 힘들어진다. 물론 시대의 변화와 추이에 따른 당연한 귀결로 간주될 수도 있겠으나 이른바 한국화가 당면한 현상의 한 국면이 말 그림에서도 예외 없이 드러난다. 그러나 한편 말이란 소재만큼 화가의 기량을 요구하는 것도 드문 것인바 작가들의 필력 부족도 제외될 수 없는 요인 중의 하나이다.

장승업의 여맥은 조석진趙錫晉(1853~1920)의 「팔준도」나 김규진金圭鎭(1868~1933)의 「백마도白馬圖」에서 찾아볼 수 있다. 전자는 좀 더 고답적이며 전통성이 강한데 대해 후자는 이미 배경 표현이나 색감, 그리고 말 그림의 화면 구성 측면에 있어서 과도기를 넘어 새로운 요소를 드러내고 있다. 아울러 김기창金基昶(1914~2001)의 1963년 작인 「군마群馬」는 여섯 마리 말의 힘찬 약동을 기른 호쾌한 그림이다.

이원복

참고 문헌

崔完秀, 「朝鮮時代 翎毛畵」『澗松文華』(제17호, 韓國民族美術硏究所, 1979)

姜寬植, 「眞景時代의 花卉翎毛」『澗松文華』(제61호, 2001)

鄭炳模, 「國立中央博物館所藏 '八駿圖'」『美術史學硏究』(제189호, 韓國美術史學會, 1991)

洪善杓,「韓國의 翎毛畵」『國寶10 繪畵』(예경, 1985)

중국의
말 그림

조형미술 속의 말-말 그림 3천 년

날래고 빠른, 썩 잘 달리는 말을 칭하는 명사로 준마駿馬, 준족駿足, 비마飛馬, 상마上馬, 철제鐵蹄 등이 있다. 여기서 연유한 준족은 말만이 아닌 발이 빠르며 잘 달리는 사람, 나아가 몸담은 공간에서 최선을 다해 자신의 몫과 역할을 성실하게 수행하는 인물을 지칭하기도 한다. 기차를 가리키는 철마鐵馬도 빠른 속도에서 이 같은 이름을 얻었다. 말과 우리 인류는 오랜 기간 함께했으며, 교통수단으로 문화 발전과 전파와 적지 아니한 영향을 끼친 동물이기도 하다. 특히 중국은 대제국의 통일이란 명분과 함께 전투용 말에 대한 기대와 수요가 요구되었고, 이에 따른 일화도 적지 않다.

그림에 앞서 이른 시기 공예 문양에서도 말을 찾을 수 있다. 전국시대 戰國時代 고분인 호북성湖北省 형문荊門 포산包山 2호분(BC 316 이전) 출토 '출행도칠협出行圖漆筐'에선 흰옷을 입은 관리가 마차를 타고 출행하는 모습으로 등장하는데, 회화성이 짙은 도안이다. 진秦 유적으로 섬서성陝西省 함양군咸陽宮 궁지宮趾 유적의 궁전 벽화에 네 마리 말이 끄는 7대 마차의 행렬을 담은 '거마도車馬圖'(BC 3세기 말엽)를 살필 수 있다. 전한前漢 벽화고분을 비롯해 1970년대부터 발굴한 한漢 고분벽화부터 당唐과 요遼에 이르기까지 모든 유적에서 잘 드러난다.

1972년 발굴된 내몽골 자치구 내 화림격이和林格爾는 후한 현지에 파견

'목마'

된 고급 관리의 무덤으로 쌍관雙關, 무성武城, 거용관居庸關, 현령관시縣令官寺 등 실제 장소와 악무백희樂舞百戲 장면, 농경, 창고倉庫, 목마牧馬, 목양牧羊, 목우牧牛, 장원莊園 정경까지 등장한다. 섬서성 건현에서 같은 해 발굴한 장회태자章懷太子 이현李賢 (654~684)은 711년 건립된 71 미터 길이에 이르는 대형 고분으로 묘도 서벽의 말 타고 공놀이하는 '타마희打馬戲' 등 벽화의 회화성은 8세기 중엽 감상화와 마찬가지로 앞선 시기에 이 소

'타마희'

재 그림의 발전과 뛰어남을 엿보게 한다. 고구려 고분벽화도 같은 양상으로 마구간이며 목마牧馬, 출행出行, 수렵 등 다양한 내용으로 전개된다.

중국은 과거 한자 문화권의 종주국宗主國답게 그림에 있어서도 세기별로 수많은 대화가大畵家의 출현과 더불어 이웃 한국과 일본에도 큰 영향을 끼쳤다. 1977년 미국 예일 대학에서 '중국 문화와 문명의 총서'로『중국 회화사 3천 년Three Thousand Years of Chinese Painting』을 간행했다. 3천 년에 걸친 중국화의 긴 역사를 중국과 미국 양국 학계에서 활동이 활발한 리처드 반하트, 제임스 캐일, 무홍巫鴻, 섭숭정聶崇正, 양신楊新, 낭소군郎紹君 등 회화사 연구학자 6인이 공동 집필했으며, 런던과 북경에 영어와 중국어로 동시 발간했다. 이 저술은 1999년 저작권자와 계약에 의해 국내에서도 번역서가 출간되었다.

나중 물이 앞 물을 치며 끊임없이 유유하게 흐르는 장강長江처럼 긴 역사의 흐름 속에 대가들이 다수 출현해 개인의 화풍이 시대의 화풍畵風으로 뚜렷한 정형定型을 탄생시켰고, 이에 따른 전통과 혁신이 이어지며 시대별, 장르별로 특징과 특색을 담은 화풍들이 찬란하게 빛났다. 소재로 말에 대한 각별한 선호와 문화사적인 의의로 말 그림은 일찍부터 즐겨 그려져 전해오는 명화들이 한둘이 아니다.

한자漢字는 그림에서 시작된 상형문자이고, 글씨가 일찍부터 나라별로 서법書法, 서예書藝, 서도書道라 지칭되며 예술의 어엿한 분야로 자리 잡고 서화書畵란 복합어가 이루어졌다. 그림과 시, 그리고 글씨가 어우러진 이른바 시서화詩書畵 일치一致로 대변되는 문학과 철학, 그리고 미술의 융합에 의한 서정적이고 독자적인 예술 세계를 이룩했다. 그림 장르 중에선 동물이 앞서 발전하고 이어 인물에 이어 산수화나 서구의 풍경화가 늦게 발전한다. 말 그림 또한 예외 없이 우리 인류의 보편성을 보여주듯 같은 양상이다.

중국의 말은 고대 벽화로부터 일반 감상화에 이르기까지 즐겨 그린 동물 소재의 하나이다. 송 휘종徽宗이 소장한 그림 목록인 『선화화보宣和花譜』 10문門 중 여덟 번째가 축수문畜獸門으로 진晉 사도석史道碩의 '삼마도'와 '팔준도'에서 당唐에 이르는 화가들의 각종 말 그림 명칭이 명기되어 있다. 이를 통해 북송北宋까지 말을 잘 그려 이름을 남긴 화가이며 선호 정도 나아가 말 그림 형식에 대한 짐작도 가능케 한다.

당 한간韓幹(715~781 이후), 송 이공린李公麟(1049~1106), 근대 서비홍徐悲鴻(1895~1953) 등 역대 '화마대사畵馬大師' 존재가 보여주듯 이 소재에 뛰어나 이름을 남긴 화가는 이들 외에도 상당수 이른다. 이들이 말 그림에서 취득한 그들의 명성을 대변하듯 그들의 이름에 가탁된 또는 임모한 전칭작들도 적지 않다. 제왕의 창업과 관련된 역사상 이야기를 남긴 말이며, 말이 취한 날쌔고 늠름한 각종 자태를 잘 표현한 여러 명품들이 오늘날도 전해온다.

한간韓幹 – 최초의 화마대사畵馬大師

한간은 미천한 신분일 때 왕유王維(701~761)에게 그림 재주가 발견되어 그의 가르침을 얻어 대성한 화가이다. 말 그림에 있어 최초로 이름을 남긴, 당 제1의 안마화가鞍馬畵家이다. 장언원張彦遠의 『역대명화기歷代名畵

「목마도」(당, 한간, 비단에 채색, 27.5x34.1cm, 타이베이 국립고궁박물원)

記』에 의할 때 주변국에서 해마다 말을 바쳐 현종玄宗의 애마愛馬가 40만 필에 이르렀다고 전한다. 그는 이를 사생하며 기량을 키웠다. 앞선 선배로 임금의 명에 의해 어마御馬와 공신을 그린 조패曹霸(8세기 중엽)에게서도 말 그림을 배운 것으로 전해진다.

그의 유작으로 타이베이 고궁박물원에는 송 휘종의 묵서가 있는 소폭 「목마도牧馬圖」는 비록 소품이나 그의 화격과 기량을 알려준다. 백마에 탄 인물과 검은 말을 함께 나타낸 것으로 표현의 적확성과 취한 자세의 자연스러움 및 섬세한 묘사 등이 돋보인다. 이 외 전칭작으로는 송대宋代에 그려진 대작으로 죽석과 나무를 배경으로 해 상부에는 세 마리 원숭이를 하단에는 흑백의 말 한 쌍을 등장시킨 「원마도猿馬圖」가 알려져 있다.

아울러 비교적 잘 알려진 소품으로 미국 메트로폴리탄 미술관 소장 「조야백도照夜白圖」는 발문과 많은 도장이 있는 점에서도 주목된다. 화면 상 '한간조야백韓幹照夜白'이란 묵서는 남당南唐의 황제 이욱李煜(937~978)이 쓴 것이다. 궁정 화가들은 왕실의 명에 의해 말 그림을 많이 그리게 되었는데, 당의 말 그림은 다양한 형태로 그렸다. 조야백은 현종의 애마 중 하나로 쇠기둥에 묶여 뒷다리에 힘이 들어가 입을 벌리고 용쓰는 형태로 강렬한 기세가 잘 드러나 있다. 당시 그린 필자 미상의 「유

기도游騎圖」와「백마도」두루마
리 등도 전해온다.

당唐 그림으로 화가명은 밝
혀져 있지 않으나 배경은「원마
도」와 배경의 묘사에서 유사한
공간구성을 보인 산수 표현인
「춘교유기도春郊遊騎圖」가 알려
져 있다. 복색으로 보아 상류층
귀한 인물들이 무리 지어 말을
타고 봄나들이를 떠나는 모습
인 오대 조암趙巖(10세기)의「팔
달춘유八達春遊」로 이어지며, 조
선 후기 풍속화의 대가 신윤복
申潤福(1758~1813 이후)의 잘 알
려진「연소답청年少踏靑」도 동일
주제이다.

「조야백도」(한간, 종이에 수묵, 30.8x34cm, 메트로폴리탄 미
술관)

「출렵도」(오대 후당, 호괴, 비단에 채색, 32.9x44.3cm, 타이베
이 국립고궁박물원)

오대 후당後唐의 이찬화李贊華(10세기)는「사기도射騎圖」를, 호괴胡瑰(10
세기)는「출렵도出獵圖」를 남겼는데, 화면 내에 말과 인물의 비중이 동가
를 이루며 모두 변발辮髮을 한 유목민 복색이다. 후대 수렵도의 형식에
선구적인 모습을 보인다 하겠다.

이공린李公麟과 원대 말 그림 – 인물과 함께 등장한 말

이공린은 서화 골동을 다수 소장한 명문 가문에서 태어나 이른 시기부터 서화를 익혔다. 안장을 얹은 말인 안마鞍馬에 있어선 오히려 한간을 능가하며 도석인물엔 오도자吳道子와 산수에선 남북종론南北宗論의 개조로 꼽히는 왕유와 이사훈李思訓(651~716)에 버금가는 등 다방면의 그림에 두루 걸출한 인물이다. 20대 초에 벼슬에 나아가 30년을 넘기고 52세 때 치사致仕로 관계를 물러나 용면산龍眠山에 은거해 용면이란 호를 썼다. 말그림 중 철종哲宗의 애마를 그린 「오마도」는 2차 세계대전 때 사라져 사진만이 전한다. 그는 백묘白描의 인물화에도 능했고 말년에는 「나한도」를 즐겨 그렸다.

그의 말 그림 대표작으론 청 황궁皇宮 구장으로 4미터가 넘는 두루마리로 청 건륭乾隆의 제시가 한 수 있는 「임위언방목도臨韋偃放牧圖」를 들게 된다. 당 한간에 필적하는 것으로 지칭되기도 하는 안마鞍馬와 기린 그림에 뛰어난 위언의 그림을 옮긴 것으로 1200여 필의 말과 140여 명의 인물이 등장한다. 백묘로 그린 「면주도免冑圖」와 채색을 사용한 「여인행麗人行」두루마리를 들게 된다. 이들은 말 탄 인물들로 각기 곽자의郭子儀(697~781)와 괵국부인虢國夫人을 주제로 한 고사인물화 범주에 드는 그림들이다.

「여인행」은 성당盛唐 때 활동한 궁정 화가로 한간과 동시대에 활동한 주방周昉(8세기 중후반)보다 조금 앞선 장훤張萱(8세기 초중반)의 「괵국부인유춘도虢國夫人遊春圖」를 옮겨 그린 것이다. 양귀비의 동생으로 역시 미

「여인행」(부분, 송, 이공린, 비단에 채색, 33.4x112.6cm, 타이베이 국립고궁박물원)

모가 뛰어난 괵국부인 등이 8필의 말을 타고 봄나들이를 떠나는 장면이다. 현재 송 휘종의 이모본이 요령성박물관에 소장되어 있다. 당시 귀족 부인들의 모습이 잘 나타나 있으며 엄밀한 의미로 영모화의 범주에서 말만을 그린 것은 아니나 말 그림에 대해 시사하는 바가 크다.

여원 말을 잘 그린 문인 화가 공개龔開(1222~1307?)는 송 멸망 후 관계를 떠나 마치 송 왕조처럼 바짝 야윈 말인 수마瘦馬를 그렸다. 송설체松雪體를 창안해 고려 및 조선 전기 서단에 큰 영향을 준 조맹부趙孟頫(1254~1322)는 송 태조의 후손이다. 그는 원 조정에서도 벼슬을 했으며 시서화 삼절三絶로 유학자이자 예원藝苑의 종장宗匠으로 산수, 인물, 화조, 묵난, 묵죽, 말 그림에도 독자적인 경지를 이루다. 부인 관도승管道昇(1262~1319)과 아우 및 아들과 손자에 이르기까지 서화에 두루 능했다. 조맹부는 수묵만으로 그린 소품이나 문인화의 격조를 잘 보여주는 「조양도調良圖」와 배경 없이 등장한 말 탄 인물로 말은 수묵 위주이되 붉은색 장포를 입은 인물인 1296년 제작 연대가 있는 「인기도人騎圖」, 「추교음마도秋郊飮馬圖」와 「욕마도浴馬圖」 등 두루마리 명품들을 남겼다.

원대 임인발任仁發(1254~1327)은 글씨와 말 그림에 이름을 얻은 문인

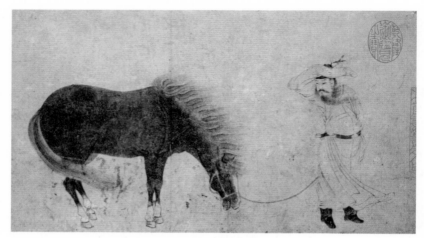

「조양도」(원, 조맹부, 종이에 수묵, 22.7x49cm, 타이베이 국립고궁박물원)

「인기도」(조맹부, 비단에 채색, 33x52cm, 淸宮舊藏)

화가로 황제의 명에 의해「악와천마도渥窪天馬圖」를 그렸고, 두루마리로
네 마리 말과 마부를 그린「출어도出圉圖」,「이마도二馬圖」,「인마도人馬圖」
등 명품이 현존한다. 명대 문징명文徵明(1470~1559), 심주沈周
(1427~1509), 당인唐寅(1470~1523)과 함께 '명나라 4대 화가'에 드는 구
영仇英(1509~1559)은 산수, 인물, 사녀, 번마番馬를 잘 그렸으며 고화를
많이 임모하며 선배 대가들의 화경을 추체험했다. 그의「쌍준도雙駿圖」는
간략한 필치에 옅은 설채로 경쾌하며 산뜻한 경지를 잘 보이는 그림이
다. 상부에는 1540년 문징명이 쓴 천마부天馬賦가 있다. 화가 이름은 미
상이나「출경도出驚圖」는 제왕을 비롯해 문부백관이 등장한 26미터가 넘
는 두루마리로 화원이 정밀하게 그린 것으로 제왕을 비롯해 말 탄 인물
이 많이 등장한다.

새로운 시도 – 낭세영과 서비홍

그림에 있어 본격적인 동서의 만남인 서양인이 중국에 도래해 나름대
로의 그림 세계를 구축한 낭세영郎世寧(1688~1766)이나 사왕四王의 한 사
람인 왕휘王徽와 동갑으로 가톨릭에 입교한 오역吳歷(1632~1718) 등의 그
림에 대해 긍정적이지 못한 견해도 있다. 그 예로『중화예술사강中華藝術
史綱』내 장상엄莊尙嚴의 '명·청 회화'를 들게 된다. 서양화가의 동래東來
가 끼친 영향은 형型이 오랫동안 고착된 늙고 쇠잔한 민족에게 한 대의
강심제强心劑 주사나 포도당 주사같이 한 번은 충분히 흥분할 수 있는 다
른 생활 문화 배경을 지닌 예술가이길 희망했으나 사실상 그렇지 못했다

「출어도」(부분, 원, 임인발, 비단에 채색, 34.2x201.9cm, 淸宮舊藏)

「쌍준도」(명, 구영, 109.5x50.4cm, 타이베이 국립고궁박물원)

「출경도」(부분, 명, 필자 미상, 92.1x2601.3cm, 타이베이 국립고궁박물원)

는 것이다.

낭세영은 이탈리아 출신으로 예수회 신부로 청 조정 관리가 되어 서양화 기법으로 중국화를 그렸다. 그의 영향은 초병정焦秉貞의 제자로 사녀仕女에 능하고 계화界畵처럼 세밀한 그림을 남긴 냉매冷枚, 왕원기王原祁(1642~1715), 문하생인 당대唐岱(1673~1752?), 애계몽艾啓蒙(1708~1780), 조선계 화가인 최혜崔鏸 등에게서 감지된다. 낭세영은 '운금정재雲錦呈才'라 제한 「팔준도」, 「십준도十駿圖」, 「십이준도」,

「팔준도」(낭세영, 비단에 채색, 59×35.4cm, 타이베이 국립고궁박물원)

「백준도」 등 족자와 두루마리로 무리를 이루거나 한 마리씩, 풍경과 더불어 또는 배경 없이 말만을 나타내는 등 매우 사실적이며 섬세한 말 그림을 다수 남겼다.

현대의 화마대사로 지칭되는 서비홍은 말만 그린 것은 아니나 그의 대표작으론 말이 거론된다. 어린 시절 화가였던 부친徐達章에게서 그림을 배웠고, 1917년 23세 때 일본 유학 후 베이징 대학에서 잠시 적을 두었으며, 1920년에 '중국화개량론中國畵改良論'을 통해 전통의 계승과 더불어 부족한 것은 보충하며 서양화에서 취할 만한 것은 받아들여야 한다고 주장했다. 바로 그해 26세 때 프랑스 유학을 통해 서양미술을 익혔다.

「분마」(서비홍, 종이에 수묵, 61x56cm, 개인 소장)

1927년 귀국한 후에는 난징 중앙대학교에서 후학을 지도했다. 전한田漢, 구양여천歐陽予倩 등과 함께 현실주의운동을 주창했으며, 프랑스, 벨기에, 독일, 이탈리아, 소련 등에서 중국 미술 전람회를 개최했다. 타고르(1861~1941)의 요청으로 인도에서 강의와 전시회를 열었다.

1946년 중국 미술 교육의 최고봉인 중앙미술학원 탄생에 관여해 초대 교장을 맡았다. 문화혁명 당시 그의 부인이 작품 대부분을 국가에 기증했다. 1953년 타계한 해에 서비홍기념회가 설립되어 유작 전람회가 개최되었고, 그 이듬해 북경에 기념관이 건립되었다.

그의 그림 세계는 창조성을 바탕으로 민족의 전통 계승과 서양 예술의 장점 흡수를 통해 동서 화법의 융화融和를 꾀했다. 사실 중시와 조화 추구로 '정밀함을 다하여 광대함에 이른다'는 주장처럼 객관적 대상의 미세한 변화를 깊이 관찰하고 다듬고 개괄하여 전체적 통일을 추구한 것으로 평가된다.

말 그림을 즐겨 그려 적지 아니한 작품이 유존된다. 「사마도四馬圖」나 2011년 홍콩 옥션에 나온 것이나 국내 전시를 통해 공개된 「회두입마回頭立馬」, 「분마奔馬」 등 한 마리나 군마나 정지했건 치달리건 이들 모두에서 먹을 적게 쓴 갈필渴筆과 운필運筆의 원용, 선염의 조화로 호방하고 대담

한 필묵으로 박력 있고 빠른 필치로 힘찬 말 그림을 남겼다.

이원복

참고 문헌

『歷代畵馬特展』(國立故宮博物院, 1978)

余輝編, 『國立故宮博物院藏文物珍品大系 元代繪社』(上海科學技術出版社, 2005)

박해훈, 「淸代 郎世寧의 말 그림에 관한 고찰」『마사박물관지』(한국마사회 마사박물관, 2000)

일본 미술에서의
말

말의 도상圖像과 관련된 문화의 차이

클로드 레비스트로스Claude Levi-Strauss(1908~2009)는 『달의 반대편 L'Autre face de la lune』(2011)에 실린 '이성을 길들인다apprivoiser l'tranget'에서 일본의 하니와埴輪에 주목하여 다음과 같이 적고 있다. 이미 6세기부터 일본에서 말은 우측에서 타는 습관이 있었다는 것을 출토된 하니와로부터 확인할 수 있는데, 이는 서양에서의 습관뿐만 아니라 대륙에서의 습관과는 반대라고. 16세기 말에 일본에 체재한 루이스 프로이스Luis Frois(1532~1597)로부터 19세기 말에 일본의 개국을 지켜본 천문학자 퍼시벌 로웰Percival Lowell(1855~1916)이나 박언학자博言學者(언어학의 옛말) 배질 홀 체임벌린Basil Hall Chamberlain에 이르기까지 서양의 관찰자들은

일본 열도의 문화에서 자국의 문화와는 전
후좌우가 반대인 '모순의 경계さかしまの境'
를 찾아냈다.

하니와마埴輪馬(6세기 후반, 시바야마 하니
와 박물관芝山埴輪博物館)

  20세기를 살아온 문화인류학자 레비스
트로스는 이러한 선인에 이어 일본과 그
이외의 문화권과의 경계는 오히려 열도와
한반도와의 경계에 설정해야 한다고 제창하고 있다. 이는 상세한 검증을
필요로 할 것이다. 일찍이 에가미나미오江上波夫(1906~2002)는 일본 열
도가 기마민족에 의해 정복되었다고 하는 가설을 제창했다. 하지만 말의
취급이나 거세 기술 등이 대륙에서 전파되었다고 하더라도 그것들은 열
도의 문화사에서 변질을 겪었다. 여기에는 어떤 취사선택이라는 역학이
움직였는지 그 궤적을 확인해보고자 한다.

  나라奈良의 호류지法隆寺에 보존되고 있
는 국보 「시키시시카리몬킨四騎獅子狩文錦」
은 사산조 페르시아(226~651) 원산의 기마
수렵 도안을 오늘에 전한다. 실크로드를
경유하여 극동의 섬나라까지 초래된 유품
이다. 말을 타고 등 뒤의 사자에게 화살을
쏘는 기술 자체는 일본에 전승되지 않았
다. 7세기 당나라에서 짜인 것으로 추정되
고 있지만 이러한 이국이 원산인 작품을

하니와마(6세기 후반, 시바야마 하니와 박
물관)

「헤이지모노가타리에마키」(13세기 전반, 보스턴 미술관)

국보로서 진중하는 일본의 박래품舶來品 등급 매김格付け 태도는 중국이나 한국에서의 국보나 문화재 의식에서 보면 독특할 것이다.

군마를 취급한 에마키, 즉 그림 두루마리는 많다. 외국에 유출한 명품으로는 보스턴 미술관 소장의 「헤이지모노가타리에마키平治物語繪卷」가 특필할 만하다. 서기 1159년에 발생한 쿠데타를 화제로 13세기 전반에 그려진 작품이다. 그 좌단에는 칼을 뽑아 든 병사에 이어 한 필의 기마무사騎馬武者가 보인다. 야시로유키오矢代幸雄(1890~1975)가 전하기로는 1936년에 하버드 대학의 강사로 일본 미술사를 강의하고 있던 그에게 어느 노령의 미학 교수가 방문했다고 한다. 교수가 말하기를 자신은 오랫동안 이 장면이 에마키 전체의 시작이며, 그것은 마치 베토벤의 제5교향곡의 첫머리의 운명이 문을 두드린다는 그 유명한 동기motif에 필적한다고 재삼 학생에게 설명해왔다.

하지만 야시로 선생님의 설명을 듣고 자신의 치명적인 실수를 알게 되었다. 지금까지 이 이야기의 첫머리로 믿고 있던 장면은 실은 오른쪽에서 왼쪽으로 전개되는 에마키에서는 마지막 장면이었던 것이다. 선두魁(사키가케)와 후미殿(신가리). 여기에는 양洋의 동서東西에서의 독화讀畵 습관의 차이로 해서 동일한 말이 정반대의 역할을 맡게 되는 이異문화 간 오독의 전형

오가타코린尾形光琳, 「佐野の渡し」

적인 예로 들고 있다. 2011년에 프랑스는 노르망디의 미술관에서 이 헤이지모노가타리에마키平治物語繪卷를 'Norman Conquest'를 그린 바이유Bayeux의 태피스트리와 늘어놓고 전시하는 시도가 이루어졌다고 한다. 한편은 왼쪽에서 오른쪽으로 또 한편은 오른쪽에서 왼쪽으로 군마의 무리가 흘러간다. 과연 관람객은 전시회장에서의 동선을 어디에서 전환한 것일까.

「말을 멈추어 소매를 털어낼 만한 그늘도 없는 사노佐野 나루의 눈 내리는 황혼駒とめて袖打ち拂ふ影もなし佐野の渡りの雪の夕暮れ」은 후지와라노테이카藤原定家(1162~1241)의 너무나 유명한 와카和歌지만, 여기에는 말을 탄 헤이안 귀족을 그린 도안이 자리 잡고 있다. 주위를 둘러봐도 아무것도 보이지 않는다는 정경을 노래한 와카에는 일본 특유의 무상감이 감도는 중세 미학이 현저하게 투영되어 있다. 하지만 아무것도 보이지 않아서는 그림이 되지 않는다. 말 등의 귀족 시인이라는 취향은 화가의 고육지책이지 않았을까. 혹은 초기의 시 중심의 설화문학, 우타모노가타리歌物語로서 유명한 아리와라노나리히라在原業平의 아즈마구다리東下り(교토

에서 동쪽 지방으로 가는 것)를 그린 「이세 모노가타리伊勢物語」의 여로의 풍경도가 전용된 사례였을지도 모른다.

「아시카가타카우지상足利尊氏像」(전)

　말 등의 귀인은 전란의 세상과 함께 기마무사騎馬武者로 바뀐다. 기마무사의 모습으로 일본에서 널리 사랑받아온 도상에는 아시카가足利 바쿠후幕府를 일으킨 아시카가타카우지足利尊氏 (1305~1358)의 초상으로 알려진 작품이 있다. 역사상의 패자覇者를 요로이鎧를 걸친 말을 탄 인물로서 그리는 것은 양의 동서를 막론하고 하나의 정형이다. 그런데 일본에서 의무교육을 받아온 국민이라면 누구라도 기억하고 있던 이 도상은 근년에 들어 그 신빙성에 물음표가 붙었다. 어쩌면 그의 얼굴이 아닐 가능성이 부상함으로써 이 너무나도 유명한 기마상은 최신 검정 교과서에서 삭제되었다.

일본식 변용 : 중세에서 근세로

　중세의 에마키나 근세 초기에 이르는 병풍에는 무수한 말이 등장한다. 말의 다양한 자태를 총람한 연작도 알려져 있지만 그것들을 나열하는 것은 여기에서는 피하고자 한다. 이하에서 시도하는 것은 박래舶來의 설화적 화제나 도안이 어떻게 일본식으로 변용되었는지를 말의 도상으로부터 추적하는 기획이다. 편의상 근세 이후의 도상으로 한정하려고 한다.

다색 인쇄 목판화, 이른바 '니시키
에錦繪'를 창시한 스즈키하루노부鈴
木春信(1725~1770)는「見立て黄石
公張良」가 알려져 있다. 화제는 중
국의 고전이며 황석공이 일부러 떨
어뜨린 신을, 위험을 무릅쓰고 주운

스즈키하루노부, 「見立て黄石公張良」(다색목판화, ca. 1764~650)

장량에게 포상으로 병법의 오의奧義 두루마리를 하사하는 장면. 노가쿠能
樂 '장량'에서도 채용된 일화로 스즈키하루노부는 이를 당세풍의 젊은이
와 미인으로 한다. 원작의 용은 죽세공의 돌망태蛇籠로 바뀌고 용 뿔은 대
나무 보를 세우는 말뚝으로 변한다. 원래의 신은 연문를 써넣은 부채로
변모했다. 이러한 치환은 통칭「미타테見立て」로 불리는 취향으로 그는 세
련된 시적 기상奇想의 명수로서 알려져 있었다. 화면의 표층 아래에 다른
의미 작용의 심층이 비쳐 이중으로 보이
는 구조다.「미타테」는 수수께끼의 일종인
「한지모노判じ物」이기도 하여 숨겨진 의미
를 읽어낼 수 있느냐 없느냐에 따라 향수
자享受者의 문학적 소양을 시험받는다.

하루노부春信의 제자로서 하루시게春重
를 자칭했을 뿐만 아니라 하루노부의 급
사 후에는 하루노부 명銘의 위작 같은 작
품마저 남긴 양洋학자로 시바고칸司馬江漢
(1747~1818)이 있다. 그는 부식 동판화를

시바코칸, 「네덜란드 말 그림」

일본에서 처음으로 '창생創生' 했을 뿐만 아니라 유채의 양풍화의 선구로
서도 알려져 있다. 「네덜란드 말 그림オランダ馬の圖」은 리딩거 등의 말 동
판화를 원화로 하여 유채에 옮겨놓은 작품이다. 배후에 나뭇가지가 그려
져 있지만 이는 원화에는 보이지 않는다. 고칸江漢은 구도상에서도 고안
을 거듭하여 박래의 풍물을 일본화하고 있다. 카노파狩野派 등의 후스마
에襖繪(맹장지에 그린 그림) 전통에 있는 거목이 응용된 것이겠지만, 동시
에 그것이 서양식의 투시도법의 원근감을 과장하기 위한 갖춤새로도 사
용되고 있다. 실제로 네덜란드에서 건너온 'perspective' 는 일본에 있어
'원근의 리遠近の理' 로 의역되고 재해석되어 계승된다.

그 전형이 『명소에도백경名所江戶百景』에 실린 우타가와히로시게歌川廣重
(1797~1856)의 『요츠야나이토신주쿠四谷內藤新宿』(ca. 1858)일 것이다. 여
기서는 숙소의 말이 전경에 극단적으로 줌업 되어 다리와 말만이 화면에
보인다. 그 말 다리 너머 신주쿠新宿의 역참, 슈쿠바宿場의 정경이 원경에

우타가와히로시게, 「요츠야나이토신
주쿠」(ca. 1858) 『명소에도백경』

작게 선투시법을 의식하여 묘사되고 있다.
바로 원근의 대비를 과장하는 것이 당시의
화가들이 서양에서 배운 신기법이었던 것이
다. 히로시게廣重는 의도적으로 시바고칸의
원도를 몇 개인가 표절하고 있는 것으로 알
려져 있다.

이 히로시게와 동시대에는 우타하와구니
요시歌川國芳(1798~1861)가 알려져 있다. 쿠

니요시도 또한 서양 박래의
이미지에 매료된 화가였지
만, 말을 그린 걸작으로서는
「近江の國の勇婦・於兼」
가 손꼽힌다. 한 여성이 고삐
를 발로 밟고 보기 좋게 난폭
한 말을 제어하고 있다. 음영

프랑스어판 『이솝 이야기』 삽화 「라이언과 말」

법 등으로 보아도 양물洋物이 원천인 존재로 추정되고 있었지만 카츠모
리노리코勝森典子 씨가 박래의 프랑스어판 『이솝 이야기』의 삽화 「라이언
과 말」에서 모델을 발견했다. 양자를 비교하면 쿠니요시의 창의에 놀라
지 않을 수 없다. 에도 말기의 화가는 사자 대신에 '용부勇婦'를 두고 사
자의 발톱 대신에 오카네於兼의 나막신을 배치했다. 그리고 원작에는 존
재하지 않았던 고삐를 추가로 그려 넣었다. 화면을 대각선으로 달리는
직선은 구도의 역선을 가시화해 극적일 만큼 화면의 긴장감을 높이고 있
다. 이렇게 해서 화가는 분마奔馬의 움직임을 보기 좋게 화면 안에 가두는
데 성공했다. 원작의 말은 업신여기는 듯 시선을 사자에 던지고 있지만,

쿠니요시는 그 말의 얼굴을
조금 비스듬하게 기울여 말
이 고삐에 저항하는 모양을
교묘하게 표현하고 있다. 무
대 장치의 구름이나 기괴한
산악도 다른 박래 동판화에
유래한다. 쿠니요시는 기원

우타가와쿠니요시, 「近江の國の勇婦・於兼」

을 달리하는 요소를 조합하고, 토착의 화제에 신규 의상을 입혔다.

근대 예술 속의 말

양풍洋風의 묘사법을 도입하는 노력은 메이지 유신明治維新(1868) 후에는 미술 교육에 유채 기법이 받아들여지면서 한층 더 본격화한다. 하지만 이들 일본인에 의한 유채화 작품의 상당수는 본고장의 파리 등에서 전시되면 그야말로 조형력이 부족하여 한심할 정도로 빈약하고 존재감이 약하다. 그중에서 거의 유일하게 예외라고 할 수 있는 존재감을 보여준 화가로 사카모토한지로坂本繁二郎(1882~1969)가 있다. 제6회 문부성 전람회(1912)에 출품된 「うすれ日」는 문호 나쓰메 소세키가 '이 소는 뭔가를 생각하고 있다'고 평한 것으로 저명하지만, 한지로는 「水よりあがる馬」 등 방목된 말을 많이 그리고 있다. 내세울 만큼 탄탄한 데생의 골격을 보이는 것도 아닌 사카모토의 화필은 어찌하여 존재감 있는 유채 화면을 실현하여 보는 이로 하여금 신비로운 몽상으로 이끄는 걸까.

사카모토한지로, 「放牧三馬」(1932, 이시바시 미술관石橋美術館)

일본화의 영역에서는 거의 동시대 사람인 하시모토칸세츠橋本關雪(1883~1945)를 다루어보고자 한다. 그는 신 남화南畵를 표방하고 메이지 이래의 일본화의 쇄신을 중국의 전통에 연결시키

려고 노력한 화가로서 알려지지만, 제9
회 제국미술전(1928)에 출품된 「意馬心
猿」은 당시부터 화제를 불러일으켰다.
화제畵題는 중국의 숙어에서 유래한 번뇌
나 망념으로 마음이 안정되지 않는 모습
을 의미한다. 화면에서는 허둥대는 말을
나뭇가지 위에서 원숭이가 차가운 시선
으로 내려다보고 있는데, 이것은 같은 교
토 화단에서 권세를 자랑한 다케우치세
이호우竹內栖鳳(1864~1942)를 말에 빗대
고, 그것을 야유하는 칸세츠를 원숭이로
그린 것이 아닐까라는 소문이 돌았다.

하시모토칸세츠, 「意馬心猿」(1928)

카노산라쿠, 「繫馬」(묘호인妙法院)

이상으로 말의 도안을 통해 일본식 문화 변용에 시선을 주었더니 지면
이 다했다. 민속에 관련되는 말의 도상으로서는 카노산라쿠狩野山樂
(1559~1635) 『繫馬』 외, 신사에 봉납하는 말 그림 액자, 에마繪馬를 빼놓
을 수 없지만 이는 다른 집필자의 손에 맡기고자 한다.

이나가 시게미 | 이향숙 옮김

문학 속의 말 이야기와 서사 구조

총론:
한중일 말 이야기의 서사 구조

한국의 말 이야기

한·중·일 삼국의 민담은 유사한 것이 많다. 삼국이 농경문화를 배경으로 하고 있으며, 그 밖에 한자 문화권이고 역사적으로 인간을 통하여 문물의 교류가 있어온 탓이다. 그러나 여기서는 삼국의 민담 가운데서도 특히 말馬이 등장하는 민담 하나를 골라 비교해보면서 서사 구조를 살펴보고자 한다.

우리나라 민담 가운데 '원수를 갚아준 젊은이' 라는 것이 있다. 필자의 유형으로는 동물 민담의 53번에 해당하며, 일본은 이나다고오지稻田浩二의 유형 번호 572번의 '말과 개와 고양이와 닭의 여행' 이란 것이 있고, 중국에서는 정내통丁乃通의 유형 번호 210번의 '수탉과 암탉과 오리, 그

146

리고 바늘들의 여행'이란 민담이 여기에 해당한다. 이 민담은 세계적으로 분포되어 있으며 톰슨의 ATU 번호 210번의 '수탉, 암탉, 오리, 그리고 바늘의 여행'과 130번의 '브레멘 타운의 음악대'와 공통점이 많다.

그러면 먼저 우리나라의 '원수를 갚아준 젊은이'의 내용을 살펴보기로 한다.

원수를 갚아준 젊은이

아주 오래전에 한 젊은이가 말을 타고 여행을 떠났다. 얼마 안 가서 풍뎅이 한 마리가 그 젊은이에게 날아왔다. "안녕하세요, 어르신! 어르신을 따라가도 될까요?" 하고 풍뎅이는 그에게 다가서서 말했다. "물론이지, 그럼 나를 따라라" 하고 젊은이는 대답했다. 그래서 풍뎅이는 말 위에 날아 앉아 젊은이와 함께 말을 타고 갔다. 그 후 알 한 개가 길가를 따라 굴러서 그들에게 다가왔다. "안녕하세요, 어르신. 어르신을 따라가도 될까요?" 하고 알이 말했다. "물론이지, 그럼 나를 따라오너라" 하고 젊은이는 대답했다. 그래서 그 알도 말 위에 올랐다. 젊은이와 풍뎅이와 알은 말을 타고 여행을 했다. 그때 게 한 마리가 옆에 다가와서 말하기를 "안녕하세요, 어르신. 저도 어르신을 따라가도 되나요?" 하자 "물론, 좋고말고. 나를 따라오너라" 하고 게를 말 위에 태웠다.

젊은이와 풍뎅이와 알, 그리고 게는 말을 타고 여행을 계속했다. 그때 밥주걱이 길을 따라와 외치기를 "안녕하세요, 어르신. 저도 따라가도 되나요?" 하고 물었다. 젊은이는 "좋고말고" 하고 대답했다. 그래서 밥주걱도 말 위에 올라탔다. 이제 젊은이 풍뎅이, 알, 게, 그리고 밥주걱이 말을 타고 여행을 계속했다. 그때 바늘이 길을 따라 껑충 뛰어와서 말하기를

"안녕하세요, 어르신. 저도 어르신을 따라갈 수 있나요?" 그러자 "암 좋고말고" 하고 젊은이는 대답했다. 그래서 바늘도 말 위에 올라탔다.

젊은이, 풍뎅이, 알, 게, 밥주걱, 그리고 바늘은 말을 타고 여행을 계속했다. 그때 절구가 길 따라 떼굴떼굴 굴러 다가왔다. "안녕하세요, 어르신. 저도 어르신을 따라갈 수 있나요?" 하고 절구는 말했다. "암, 따라오너라" 하고 젊은이는 대답했다. 그리하여 절구도 말 위에 올라탔다. 젊은이, 풍뎅이, 알, 게, 밥주걱, 바늘, 그리고 절구가 말을 타고 여행을 계속했다. 그때 멍석이 길을 따라 또르르 말려 따라왔다. "안녕하세요, 어르신. 저도 따라가도 될까요?" "암 좋고말고." 젊은이는 대답했다. 멍석도 그리하여 말 위에 올라탔다. 젊은이, 풍뎅이, 알, 게, 밥주걱, 바늘, 절구 그리고 멍석은 말을 타고 여행을 계속했다. 그때 나무 지게가 길 따라 어정어정 걸어왔다. "안녕하세요, 어르신. 저도 어르신을 따라갈 수 있나요?" 하고 지게는 외쳤다. 젊은이는 대답하기를 "물론이지, 나를 따라오라" 했다. 그리하여 지게도 말 위에 탔다.

그래서 젊은이, 풍뎅이, 알, 게, 밥주걱, 바늘, 절구, 멍석, 그리고 지게는 모두 함께 말을 타고 여행을 계속했다. 저녁에 그들은 산속에 있는 어느 집에 이르러 대문을 두드렸다. 그 집으로부터 아무런 인기척도 없었다. 그래서 젊은이는 대문을 열고 안으로 들어갔다. 방에서 그는 슬피 울고 있는 어린 소녀를 발견했다. "무슨 일이 생겼소? 왜 울고 있소?" 하고 젊은이가 물었다. 그러자 소녀는 "집 뒤에 있는 산에 호랑이가 있어요. 그 호랑이가 매일 밤 와서 제 아버지, 어머니, 오빠, 언니를 잡아먹었어요. 오늘 밤은 제 차례예요. 그래서 울고 있었어요" 하고 대답했다. 그래서 젊은이는 소녀를 위로했다. "너무 걱정 마오. 내 친구들과 내가 당신을 도울 테니" 하고 젊은이는 풍뎅이가 방구석에서 기다리고 있다가 호랑이가 쳐들어오면 촛불을 끄라고 당부했다. 알은 부엌 아궁이 재에 묻혀 있다가 호랑이가 가까이 오면 그 호랑이의 눈에 튀어 오르라고 젊은이가 말했다. 그러고 나서 게를 부엌 설거지통 옆에 두면서 여기에 숨어 있다가 호랑이의 눈을 할퀴라고 당부했다. 그는 밥주걱을 솥 뒤에 숨겨 놓으며 밥주걱에게 호랑이의 얼굴을 때리라고 일렀다. 그러고 나서 바늘을 소녀의 방문 옆에 있는 마룻바닥 밑에 두며 바늘에게 호랑이의 발을 꿰뚫으라고 말했다. 그는 절구에게 지붕 위로 올라가서 호랑이가 박살나도록 호랑이 몸 위로 떨어지라고 당부했다. 그는 멍석과 지게에게 창고에 숨어 있다가 일이 다 끝나면 호랑이 시체를 멀리 가져다 버리라고 명했다.

그들 모두를 각자의 위치로 보냈을 때 소녀는 자기 방에 들어가서 촛불을 켰다. 한편 젊은이는 마구간으로 가서 그의 말과 함께 어둠 속에서 기다렸다. 머지않아서 호랑이가 산에서 내려와 그 집으로 들어갔다. 호랑이는 소녀의 방으로 뛰어들어 그녀를 붙잡으려 했다. 그 순간 풍뎅이가 그의 날개를 팔락거려 촛불을 껐다. 그랬더니 호랑이가 말하기를 "귀여운 아가, 불이 꺼졌어. 네가 어디에 있는지 알 수 없구나" 했다. 소녀는 대답하기를 "너는 어둠 속에서 나를 잡아먹을 수는 없다. 부엌으로 가서 아궁이에 남아 있는 숯불을 불어 불을 붙여 오는 게 좋을 거야". 그래서 부엌으로 가서 타다 남은 숯불을 불기 위해 몸을 굽혔다. 그때 알이 터져서 호랑이의 눈 속으로 재를 불어넣었다. "오, 내 눈!" 호랑이는 눈이 따가워 어쩔 줄을 모르며 이리 뛰고 저리 뛰다가 물로 눈을 씻어버리기 위해 부엌 설거지통으로 달려갔다. 그때 게가 튀어나와 발톱으로 호랑이의 눈을 도려내었다. 앞을 볼 수 없는 호랑이는 미친 듯이 부엌을 빠져나왔다. 그런데 호랑이가 솥을 스쳐 지날 때 밥주걱이 뛰어나와 호랑이 얼굴을 사정없이 내리갈겼다. 그때 호랑이는 소녀의 방으로 돌아가려고 했지만 마룻바닥을 딛자 바늘이 그의 발을 꿰뚫었다. 그리하여 호랑이는 집밖으로 뛰쳐나와 땅바닥에 쓰러졌다. 이때 무거운 절구가 지붕으로부터 호랑이 위에 뛰어내려 마침내 호랑이를 압사시켰다. 멍석이 나와서 그 시체를 둘둘 말았고, 지게가 나와서 시체를 강으로 운반하여 강물에 던졌다. 그리하여 호랑이는 퇴치되고 소녀의 목숨이 구조되었다. 젊은이는 그 소녀와 결혼하여 그의 모든 친구들과 함께 그 집에서 잘 살았다고 한다(Zing In-sob, 1952)〔엄용희 번역, 『옛날이야기 꾸러미 1』(집문당, 2003)〕.

이 이야기의 서사 구조를 살펴보면 다음과 같다.

① 젊은이가 말을 타고 여행을 하는 도중 풍뎅이, 알, 게, 밥주걱, 바늘, 절구, 멍석과 지게를 만나 모두 동행하기를 원해 함께 말을 타고 여행한다.
② 어느 산속에 집이 하나 있는데 젊은 아가씨가 울고 있다. 호랑이가 내려와 가족을 차례로 잡아먹고 오늘 밤은 아가씨 차례라고 한다.
③ 풍뎅이는 아가씨 방에 있다가 호랑이가 들어올 때 촛불을 끈다.
④ 알은 잿불 속에 묻혀 있다가 호랑이가 불을 가지러 올 때 그의 눈을 친다.
⑤ 게는 설거지통에 들어 있다가 호랑이가 눈을 씻으러 올 때 눈을 할퀸다.

⑥ 밥주걱은 솥 뒤에 숨었다가 호랑이의 얼굴을 때린다.

⑦ 바늘은 마루 밑에 있다가 호랑이의 발을 찌른다.

⑧ 절구는 지붕 위에 올라가 있다가 호랑이 위로 떨어진다.

⑨ 멍석과 지게는 창고에 숨었다가 죽은 호랑이를 운반해서 갖다 버린다.

⑩ 구원받은 아가씨는 젊은이와 결혼하고 동료들은 모두 그 집에서 행복하게 산다.

위의 각항을 다시 요약하면 다음과 같다.

①은 조력자들의 협동 : 시도

②는 호랑이의 침범 : 결손

③에서 ⑨까지는 퇴치의 강구 : 계략

⑩은 결손의 회복 : 결과

이 민담에서 말의 역할은 언급되지 않으나 말은 운반책으로 모두를 현장까지 무사히 운반하여 협동작전을 돕는다. 이와 비슷한 유형 민담으로 유형 번호 54번의 '나쁜 호랑이 벌주다'가 있다. 내용을 살펴보면 다음과 같다.

심술궂은 호랑이

심술궂은 호랑이 한 마리가 항상 할머니의 무밭을 망치고 있었다. 어느 날 할머니는 호랑이에게 "무 같은 것을 먹지 말고 오늘 밤 우리 집에 초청할 테니 오시오. 팥죽을 대접할 테니. 굉장히 맛있고 몸에도 좋아요"

라고 말하고 집으로 돌아와서는 장독대 위에 숯불을 준비해놓고, 부엌 입구에는 소똥을 잔뜩 깔아놓았다. 한편 마당에는 멍석을 깔아놓고 대문에는 지게를 두었다. 그리고 기다리고 있었다.

그날 밤 과연 호랑이가 찾아왔다. "할마씨 내가 왔다"라고 말했다. "아아, 호랑이 영감. 어서 와요. 자, 들어와요. 오늘 밤은 춥지요. 수고스럽지만 장독대에 있는 화로를 좀 가져와줘요"라고 할머니는 부탁했다. 호랑이는 화로를 발견하고 그 속을 보니까 숯은 있는데 불이 꺼져 있어 "어이, 할마씨. 불이 꺼져 있다"라고 할머니에게 말을 했다. 그러자 할머니는 "그럼 불이 일게 후후 불어주게"라고 말했다. 호랑이는 할머니가 말하는 대로 불었더니 재가 날라 눈이 보이지 않게 되었다. 눈을 비비자 더욱 아팠다. "어, 할마씨. 큰일이야. 재가 눈 속에 들어갔어." 그러자 할머니는 "그렇다면 부엌에 가서 물통의 무로 눈을 씻으세요"라고 말했다. 그대로 하니까 고춧가루가 눈에 들어가 참을 수 없게 되었다. 호랑이는 "할마씨, 점점 더 눈이 아프다. 어떻게 빨리 해줘"라고 말했다. 호랑이의 말을 듣고 할머니는 "불쌍하게도, 수건으로 닦기나 하게" 하고 수건을 주었다. 수건에는 바늘을 뿌려놓았던 것이다. 호랑이는 수건의 바늘이 눈을 찔러 미칠 것 같았다. 호랑이는 그제야 속은 줄 알고 도망치려고 했다. 그렇지만 부엌 앞에 깔아놓은 쇠똥에 미끄러져 넘어졌다. 그러자 멍석이 와서 호랑이를 둘둘 말아 대문 쪽으로 가니 기다리고 있던 지게가 호랑이를 지고 바닷속 깊이 사라져버리고 말았다(손진태, 1930)(최인학 번역).

이 민담은 말馬이 등장하지 않는다. 그러나 우리나라에서는 이 민담이 더욱 많이 보급되고 있다. 내용을 정리하면 다음과 같다.

① 나쁜 호랑이가 늘 노파의 무밭을 해친다. 어느 날 그녀는 호랑이를 초
　대한다.

② 호랑이가 도착하기 전에 노파는 호랑이를 죽일 모든 준비를 갖춘다.

③ 호랑이가 화로의 숯불을 불었더니 재가 눈 속에 들어간다.

④ 물통에 있는 물로 눈을 씻을 때 물통 안에 준비해두었던 고춧가루가
　호랑이의 눈 속으로 들어간다.

⑤ 수건으로 그의 눈을 닦을 때 수건에 박혀 있던 바늘이 눈을 찌른다.

⑥ 호랑이는 속은 것을 알아차리고 도망가려다 소똥을 밟아 미끄러져 넘
　어진다.

⑦ 이때 멍석이 호랑이를 돌돌 말고 지게는 그것을 실어다가 깊은 바다
　에 던진다.

　민담의 내용을 보면 보조자들은 각자 자기의 특징을 살려 공격하지만
할머니가 스스로 협조자를 얻어 공격을 꾀하는 것으로 되어 있다. 이 계
통의 이야기 가운데 노파가 도움을 받기 위한 수단으로 울기를 하는 미
담도 따로 있다.

⑧ 호랑이가 돌아올 시간이 되자 노파는 울었다. 그곳에 게란, 자라, 개
　똥, 바늘, 멍석, 절구, 지게 등이 노파를 도와주기로 하고 작전을 꾀한
　다. 성공한 뒤 노파는 협력자들에게 팥죽을 끓여 대접했다.

　일본의 이와 유사한 민담을 살펴보기로 한다.

일본의 말 이야기

말과 개와 고양이와 닭의 여행

옛날에 어느 곳에 마음 좋은 사람이 있었다. 그의 집에는 말과 개와 고양이와 닭이 있었다. 그런데 주인집이 점점 가난해지더니 급기야 집을 팔지 않고서는 안 될 처지에 놓였다. 그래서 어느 날 밤, 집안사람들이 모여 집을 팔려고 상의를 하고 있었다. 그것을 고양이가 듣고, "이거 큰일이다!"라고 생각하며 말에게 달려갔다.

"말이여, 주인집 사람들에게 큰 소동이 일어났어, 집을 팔아 어디론가 간대."

"그래? 그것 큰일이다. 개와 닭도 불러오너라."

이래서 모두 모여 상의를 했다.

"우리가 주인님에게 여태껏 신세를 졌는데 이번 기회에 은혜를 갚는 게 도리가 아니냐?"

"우리가 여행을 나가 어떻게 하든지 돈을 벌어보자."

그날 밤으로 넷은 여행을 떠났다. 산길을 점점 가자니까 산마루에 이르렀다. 그곳에 사당이 있고 누군가가 안에서 떠들고 있다. 말이 살짝 엿보니까 산적 서너 명이 돈을 꺼내 들고 도박을 하고 있었다. 말이,

"저 산적들, 한번 혼내주자. 내 등에 개가 올라타고 그 위에 고양이가 타고 그 위에 닭이 타서 요괴가 되어 각자가 한 번씩 울어젖혀!"

라고 제안했다.

이렇게 하여 달이 뜨는 것을 기다렸다가 말 등에 개가 올라타고 그 위에 고양이가 타고 또 그 위에 닭이 탔다. 그리하여 마치 그 그림자가 요괴처

럼 보이도록 하고서, 사당에 그림자가 비쳤다. 그러고는 소리를 질렀다.

"히힝히힝, 멍멍, 야옹야옹, 꼬끼요, 꼬끼요!"

라고 울어댔다. 산적들은 갑작스럽게 요괴가 나타나자,

"보라, 요괴가 나타났다!"

하면서 돈을 몽땅 둔 채 달아나버렸다. 동물들은 그 돈을 몽땅 가져와 주인에게 드렸다. 이렇게 하여 주인도 집을 팔지 않아도 되고 전처럼 살게 되었다. 동물들도 더 사이가 좋아져서 그 집에 살게 되었다〔長岡市成願寺, 『日本昔話通觀10』(同朋社, 1984)〕.

이 민담의 서사 구조는 다음과 같다.

    ① 주인집이 가난해져서 집을 팔아야 한다는 것을 동물들이 알고 상의하여 은혜를 입었으니 보답해야 한다고 하여 돕는 방법을 꾀한다.

    ② 도움들은 말 위에 타고 여행을 떠난다.

    ③ 도중에 야숙을 하다 도둑들이 돈을 걸고 도박하는 것을 목격한다.

    ④ 말 위에 개가 타고 개 위에 고양이가 타고 고양이 위에 닭이 올라타고 마치 그 그림자를 요괴처럼 보이게 하여 산적들을 놀라게 하기 위하여 각자 울음을 터뜨린다.

    ⑤ 산적들은 요괴가 나타났다고 하여 돈을 몽땅 버려둔 채 도망쳤다.

    ⑥ 주인은 동물들 덕택에 전과 같이 살게 되고 동무들도 그 집에서 무사히 살게 된다.

위의 서사 구조를 다시 요약하면 다음과 같다.

① 주인집의 몰락과 가축들의 계략 : 결손

②와 ③은 목적을 위해 여행 : 결손과 개선

④는 작전을 수행 : 계략

⑤와 ⑥은 원상회복 : 결과

다음으로 중국의 민담 가운데 서사 구조가 엇비슷한 민담을 살펴본다.

중국의 말 이야기

원숭이와 할머니

옛날 어느 곳에 할머니가 살고 있었다. 집에는 아들이 하나 있을 뿐이다. 어느 날 할머니는 장에 가서 무를 한 바구니 사서 왼손으로 그것을 들고 오른손은 나무 지팡이를 짚고 천천히 집으로 돌아오고 있었다. 한참을 가니까 원숭이 떼가 할머니를 보고 달려와 할머니를 둘러싸고 무를 먹게 해달라고 졸랐다. 마음씨 고운 할머니는 원숭이들의 원을 알고는 이내 바구니로부터 무를 반쯤 꺼내 그들에게 나누어주었다.

그러나 원숭이들은 그 수가 너무 많아 나누어준 무로는 차례가 다 가지 않았다. 원숭이들은 나머지 무를 모두 내놓으라고 성화였다. 할머니는 할 수 없이 몇 개를 더 주었다. 할머니가 바구니를 보니 무는 겨우 세 개만 남아 있을 뿐이다.

"이것만으로는 우리가 먹기에도 부족하다"고 나머지 무를 원숭이들에게 더 이상 주려고 하지 않았다.

가지고 있던 지팡이를 휘둘러 원숭이를 쫓고 달아났다.

원숭이들은 노발대발하여 할머니의 뒤를 쫓았다. 원숭이는 쫓아가면서 말했다.

"우리에게 무를 주지 않았구나. 흥, 두고 보라. 오늘 밤 죽일 테다."

할머니는 집으로 돌아왔지만 근심이 되어 견딜 수 없었다. 참다못해 울기 시작했다. 그때 소 치는 사람이 할머니에게 다가와 '왜 우느냐'고 물었다. 그래서 할머니는 오늘 당한 일들을 죄다 말했다.

"원숭이들이 오늘 밤 나를 죽인댔어요. 어찌하면 좋을까요" 하고 슬프게 울었다.

소 치는 사람은 할머니가 불쌍하여 끌고 온 소를 할머니에게 주면서 말했다.

"할머니, 울지 말아요. 나의 이 소는 보통 소와는 다르지요. 오늘 밤, 이것을 빌려줄 테니 사용하세요. 원숭이가 오면 이 녀석이 뿔로 원숭이들을 쫓아낼 거요. 그러니 안심하세요."

할머니는 그 소를 집 안에 끌고 가서 소 치는 사람에게 고맙다고 했다. 그러나 소 치는 사람이 사라지자 다시 울기 시작했다. 바로 그때, 한 사나이가 말을 데리고 지나가려고 했다. 할머니가 우는 것을 보고 그 이유를 물었다.

"할머니 왜 우시는지요."

할머니는 그 이유를 마부에게 말했다. 마부는,

"울지 말아요, 할머니. 내 이 말은 보통 말이 아니오. 오늘 밤, 빌려줄 테니 이놈을 문 입구에 두는 게 좋을 겁니다. 원숭이들이 오면 이놈이 밟아 죽일 거요"라고 말하며 말을 할머니에게 주었다.

할머니는 기쁘게 마부에게 인사를 했다. 그러나 마부가 사라지자 또다시 울기 시작했다.

"게요, 게, 게는 필요 없는가요!"

한 시골 사람이 게를 묶어 축 늘어지게 굴면서 팔러 다닌다. 그는 우는 소리를 듣고 걸음을 멈추고 그 이유를 물었다.

"할머니, 왜 슬피 우나요? 무슨 걱정거리라도 있습니까요."

할머니는 장사꾼을 물끄러미 바라보더니 오늘 밤에 원숭이들이 자기를 죽이러 온다는 이야기를 해주었다. 그 말을 듣자 장사꾼은,

"할머니, 이 게를 두서너 마리 줄 테니 냄비 속에 넣어두세요. 그러다가 원숭이들이 오거든 원숭이들이 손을 씻을 때 이놈들이 원숭이 손을 잘라버릴 거요. 그렇게 되면 할머니를 죽이는 일은 없을 겁니다."

이렇게 말하고 할머니에게 게를 주었다.

할머니는 장사꾼에게 고맙다는 인사를 했다. 그가 사라지자 다시 울기 시작했다.

"계란 사려! 계란이요, 계란!"

계란 장수가 지나가려고 하다가 할머니가 울고 있기 때문에 걸음을 멈추고 그 이유를 물었다. 할머니는 자세히 오늘 밤 일어날 일들을 말해주었다. 계란 장수는 그 말을 듣자,

"할머니 그까짓 것 걱정 말아요. 이 광주리 속의 계란을 반쯤 할머니에게 맡길 테니 이것을 아궁이 재 속에 넣어두는 것이 좋을 거요. 원숭이들이 와서 할머니를 찾으러 부엌에 갔을 때, 계란이 터져 재가 튀어 원숭이들의 눈에 들어갈 겁니다."

이렇게 말하고 광주리 안의 계란을 꺼내 할머니에게 주었다.

할머니는 계란을 받고 몇 번씩이나 고맙다는 인사를 했다. 그러나 계란 장수가 사라지자 할머니는 다시 울기 시작하는 것이었다.

"바늘이요, 바늘, 바늘 사시요!"

한 장사꾼이 바늘통을 들고 걷고 있었다. 할머니가 울고 있는 모습을 보고 물었다.

"할머니 뭐 때문에 그렇게 슬프게 우는 거요?"

할머니는 울음을 그치고 오늘 밤 원숭이가 와서 자기를 죽일 것이라고 말했다. 바늘 장수는 불쌍한 할머니를 위로해주었다.

"할머니, 도와줄 테니 울지 말아요. 자, 이 바늘을 모두 할머니에게 줄 테니 원숭이들이 들어올 입구에 이것을 꽂아두시면 원숭이가 밟자마자 아파 못 들어올 거요" 하며, 바늘을 모두 주었다.

할머니는 바늘 장수에게 고마움을 건넸다. 바늘 장수가 가버리자 할머니는 다시 울기 시작했다. 이번에는 멍석 장수가 지나가다가 할머니에게 물었다.

"할머니 왜 우십니까?"

할머니는 오늘 밤에 일어날 일을 설명했다. 멍석 장수는 다 듣고 나서,

"그렇다면 나도 돕지요. 이 멍석은 부드러워서 잘 말린다오. 이것을 계단에 깔아놓으시오. 그리고 할머니는 2층에 숨어 계세요. 그러면 원숭이들은 2층에 가다가 멍석에 미끄러져 넘어져 2층에 못 올라간단 말이오."

그러면서 멍석 장수는 멍석을 두 장 주고는 사라졌다.

할머니는 두 장의 멍석을 2층으로 올라가는 계단에 깔았다. 그러나 원숭이라는 동물은 꾀 많은 것으로 할머니는 끝내 죽임을 당하지 않을까 걱정이 되어 또 울었다. 바로 그때 한 저울 장수가 다가와서 할머니가 슬

피 우는 모습을 보고 말했다.

"할머니, 걱정하지 마세요. 원숭이란 놈은 굉장한 먹보라서 무엇이든지 먹으려고 하니까 이 저울추를 불에 달궈 빨갛게 되거든 밥상 위에 놓으십시오. 원숭이가 와서 그것을 보고 감자라고 생각하여 서로 가지려고 다투다가 손을 데어 화상을 입으면 재빠른 동작도 둔해지고 할머니를 죽이려는 마음도 없어지고 말 것이오."

할머니는 저울 장수에게 고마운 인사를 했다. 저울 장수가 가버리자 저녁때가 되어 원숭이가 올 때가 되었다. 할머니는 울음을 그치고 급히 준비를 했다. 먼저 소와 말을 문 입구의 구석에 세워두고 바늘을 입구에 꽂았다. 저울추를 붉게 달군 뒤 밥상 위에 두었다. 묶인 게를 풀어 냄비 안에 풀어놓았다. 다음에 계란을 아궁이 재 속에 묻었다. 그리고 2층으로 달려가 멍석을 깔았다.

밤이 되자 사람들이 잠들려고 할 때 과연 원숭이 떼가 몰려왔다. 그들은 문을 들어서자 우선 할머니가 숨어 있지나 않나 문 안쪽을 살폈다. 그러자 탁 하고 소뿔에 부딪쳐 몇 원숭이가 상처를 입었다. 몇 마리는 발에 침이 찔려 피가 흘렀다. 찔리지 않은 원숭이는 누구보다 먼저 달려가 밥상 위에 놓인 것을 집으려다 손바닥이 타고 상처를 입었다. 또 다른 원숭이들은 할머니가 부엌에 숨어 있으리라고 생각하여 목을 빼고 살피다가 계란이 터지는 바람에 재가 날려 눈에 들어가 아무리 해도 볼 수가 없었다. 다른 원숭이들은 손을 뻗쳐 냄비 속을 뒤지다가 게가 무는 바람에 큰 상처를 입었다.

이렇게 하여 원숭이들은 혼이 나서 '캬캬' 거리면서 여기저기로 뛰어다니며 할머니를 찾았지만 어디를 봐도 할머니는 보이지 않았다. 한참을 찾다가 계단을 발견하고 2층에 숨어 있으리라고 생각했다. 그래서 원숭이들은 원기를 내어 2층으로 올라가려고 했다. 그때 멍석이 둘둘 감기는 바람에 원숭이들은 오르다가 미끄러지고 오르다가 미끄러지고 몇 번이나 되풀이하다가 그만 기진맥진해버려 한 마리도 2층에 오를 수 없었다. 원숭이들은 모두 혼이 나서 혼비백산하여 달아났다〔浙江省 蕭山縣, 王忱石, 郭无僧 編, 『民間故事 上・下』(民國30年 重版)〕.

이 민담의 서사 구조는 다음과 같다.

① 할머니가 장에 가서 무를 사가지고 집으로 돌아온다.
② 도중 원숭이 떼가 나타나 무를 빼앗아 먹는다. 할머니는 필사적으로 방어하여 겨우 집으로 돌아온다.
③ 원숭이들은 오늘 밤 할머니를 죽이기로 한다. 할머니는 그 말을 듣고 걱정이 되어 울고 있었다.
④ 그 자리에 소, 말, 게, 바늘, 멍석, 저울 파는 장사꾼이 각각 찾아와 돕기로 하고 가져온 물건들을 맡기고 간다.
⑤ 원숭이 떼가 밤에 밀어닥친다. 조력자들이 각자 자기 소임을 다 하여 원숭이들은 상처를 받고 혼비백산 도망친다.

이 서사 구조를 다시 요약하면 다음과 같다.

①에서 ③까지는 할머니의 피해 : 결손
④ 협조자들의 계략과 시도 : 계략

⑤ 결손의 회복 : 결과

　한·중·일 삼국의 서사 구조는 거의 '결손'→'계략'→'결과' 로 구성되었음을 알 수 있다. 한·중·일 삼국의 서사 구조가 거의 일치한 말馬의 민담은 구조상으로 볼 때 세 나라의 말에 대한 인식과 더불어 동물에 대한 관념이 일치한다는 것을 의미한다. 신화에서는 천마니 용마니 백마니 신이 타는 영물로 인식되었으며 길한 것을 알린다든지 흉조를 알리는 신의 사자로서의 동물임을 입증하고 있다. 그러므로 말에 대한 제단과 아울러 제사도 다양하게 삼국이 공유하고 있다. 따라서 말에 대한 설화도 한·중·일 삼국은 공통 모티프를 공유하고 있으며 모티프가 같다는 것은 의심할 여지가 없다.

　위의 민담들도 그러한 의미에서 보아야 한다. 이 계통의 민담은 원래 사람은 등장하지 않으나 등장한다고 하더라도 별로 역할을 하지 않은 것으로 되어 있다. 동물들이 인간과의 갈등으로 인간을 해치려고 하는 것으로 되어 있으나 한·중·일의 민담은 유교 사상이 민담에 용해되어 동물들이 은혜를 갚기 위하여 인간을 돕는 것으로 되어 있다. 혹 사람이 말을 죽이는 수는 있으나 그것도 알고 보면 사람의 실수로 저지른 것이지 말의 잘못은 아니다.

　말은 묵묵히 주인을 위해 돕는 가축으로 등장한다.

최인학

정지용의
잠자는 말

    아리스토텔레스로부터 지금까지 은유에 대한 많은 연구가 있어왔지만, 그것을 크게 둘로 나누어보면 '낱말로써의 은유론'과 '언술로써의 은유론'으로 요약될 수 있을 것입니다. 말하자면 은유를 낱말처럼 어휘 코드 중 한 기호로 다루고 있는 대치 이론과 그와는 반대로 한 문장의 의미처럼 언술의 단위로 생각하는 긴장 이론이 바로 그것입니다.[11]

---

11 "은유의 수사학은 어語, mot를 지시물의 단위로 한다. 따라서 은유는 한 개의 낱말만으로 언술의 문채文彩 안에 분류되어 유사에 의한 전의轉義 비유trope로서 정의된다. 은유는 문채로서 어의의 이동이나 확장을 구성한다. 이 같은 은유의 설명은 대치 이론代置理論, theéorie de la substitution에 속한다." "언술로써의 은유론과 어로써의 은유론은 다른 것으로는 환원될 수 없는 대립 관계에 놓여진다. 이 이자택일은 에멜 반베니스트로부터 차용한 의미론적인 것 seémantique과 기호론적인 것semiotique과의 구별에 의해 준비된다. 이 의미론적인 것과 기호론적인 것의 구별은 긴장 이론theorie de la tension과 대치 이론이 대응한다."
Paul Ricoeur, 『La Metaphore Vive』(Edition du Seuil, Paris, 1795), p. 8.

정지용

　　대체로 프랑스권에서의 연구는 전자에 해당하고, 영미의 문예비평가들의 그것은 후자에 속하는 것이라고 폴 리쾨르는 말하고 있습니다.[12] 그리고 오늘날 새로운 은유 연구는 대부분이 언술로써의 은유론에 가깝다고 말해도 과언이 아닐 것입니다.

　　그러나 우리가 늘 그래왔던 것처럼 어째서 은유를 고립된 낱말의 층위에서 파악해서는 안 되는지, 그리고 언술의 층위에서 은유를 파악한다는 것은 과연 어떤 의미를 갖는 것인지, 추상적인 이론보다 구체적인 시 읽기를 통해서 밝혀보기로 하겠습니다.

　　그리고 그 읽기의 예로써는 정지용의 「말 1」을 들기로 하겠습니다. 왜냐하면 그 시야말로 직유가 딱 하나밖에 나오지 않으면서도 시 전체가 은유적인 언술로 짜여 있는 본보기가 될 수 있기 때문입니다.

　　1. 말아, 다락 같은 말아,

　　2. 너는 즘잔도 하다마는

　　3. 너는 웨 그리 슬퍼 뵈니?

　　4. 말아, 사람 편인 말아,

　　5. 검정 콩 푸렁 콩을 주마.

　　6. 이 말은 누가 난 줄도 모르고

---

12 앞의 책, pp. 100~127 참조. 프랑스와 다른 I. A. Richards와 Max Black의 영미 이론가들의 이론이 소개되어 있음.

7. 밤이면 먼 데 달을 보며 잔다.

－「말 1」

"다락 같은 말"의 직유적 성격

정지용의 「말 1」은 "말아, 다락 같은 말아"의 직유로부터 그 첫 행을 시작하고 있습니다. 여기의 '다락'은 '다락집'을 일컫는 것으로써 사방을 전망하기 위해 높이 지은 누각을 의미하는 말입니다. 빌딩이 들어선 오늘날에는 죽은 말이 되어버렸지만, 옛날에는 무엇인가 높은 것을 표현하려고 할 때에는 곧잘 '다락 같다'는 비유를 많이 써왔습니다. 그래서 물건 값이 비싼 것을 보고도 사람들은 다락 같다고 말했던 것입니다. 그러나 지용은 이 사유화死喩化된 직유를 말馬에다 씀으로써 새롭고 독특한 은유적 의미로 소생시켰습니다. 다락은 인간이 거주하는 보통 집들보다 높습니다. 그것처럼 말은 보통 짐승들보다 키가 큽니다. 그러므로 "다락 같은 말"이라고 하면 말의 큰 키를 수식하는 비유가 됩니다.

그러나 물가를 수식하는 경우와 달리 "다락 같은 말"이라는 비유 속에는 높다는 의미소 하나만이 있는 것은 아닙니다. 우선 집을 떠받치고 있는 누각의 네 기둥은, 말의 헌칠한 네 다리와 암묵적으로 연결됩니다. 날씬하면서도 육중한 말의 몸집은 누각 용마루의 우아하면서도 중량감 있는 곡선과 어울립니다. 뿐만 아니라 인간에게 있어 누각과 말은 다 같이 '오르다'라는 서술어로(전문용어로는 촉매작용이라고 합니다) 이어질 수 있습니다. 우리가 누각에 오르는 것은 말 잔등에 올라타는 것과 유사한 행위입니다. 누각도 말도 그 위에 오르면 사방을 조망할 수 있는 것입니다.

그러나 이 같은 시각적 유사성이 정반대의 차이성 위에 뿌리를 두고 있다는 사실을 간과해서는 안 될 것입니다. 그것은 동물 중에서도 가장 잘 뛰어다니는 말이, 그와는 정반대로 뛰지도 움직이지도 못하는 무생물과 동일시되어 나타나 있다는 점입니다. 즉 동물이 건축물에 비유된 "다락 같은 말"은 우리에게 관습화된 뛰는 말과는 다른, 움직이지 않는 말, 우두커니 서 있는 말의 모습을 드러나게 합니다.

물가와 비유된 다락이 '높음'을 나타내는 일의적一義的 기호記號라면, 말과 비교된 다락은 높다, 서다, 부동성不動性 등의 여러 가지 의미를 지닌 다의적多義的 기호라 할 수가 있습니다. 그렇기 때문에 이때의 비유는 X를 Y로 대치해놓은 낱말이나 이름의 전용과는 달리 시 전체의 언술 속에서만 비로소 그 정당한 해석과 의미를 창출하게 될 것입니다.

결국 첫 행에 등장한 "다락 같은 말"의 직유는 그것으로써 완결된 닫혀진 비유가 아니라 앞을 향해 열려져 있는 비유이기 때문에, 그것이 무엇을 의미하는 것인지 시 전체의 언술을 참조하지 않고서는 누구도 대답할 수가 없을 것입니다.

틀 짜기 이론 : 체계로서의 은유

벤저민 흐루쇼스키의 틀 짜기 이론[13]이나 핼리의 메타포 공간 이론[14]을 빌려서 설명하자면, 여기의 이 비유는 낱말 차원이 아니라 '말'이라는 동

166

물의 틀($fr1$)과 '다락' 이라는 건축물의 틀($fr2$) 사이에서 빚어지는 것이라고 할 수 있습니다.

그리고 그 비유는 단순한 의미의 내용만이 아니라 그 음성의 층위에서도 상호 연관을 맺고 있습니다. "말아, 다락 같은 말아"의 시행에서 우리는 mARA~dARA~mARA의 반복음을 느끼게 되는데, 그것은 다름 아닌 '말' 과 '다락' 의 두 단어의 음의 유사성에서 기인되고 있는 것입니다.

따라서 비유의 체계는 시를 서술하고 있는 화자의 시점에서도 생겨납

---

13 Benjamin Hrushovski, 『Poetic Metaphor and Frames of Reference』(Poetics Today Vol. 5, No. 1, 1984)

그의 틀 짜기 이론은 언어가 아니라 언어가 지시하는 세계의 의미 범주를 틀frames of reference 로 만들어 메타포의 언술의 단위로 삼는다. 이때 의미 범주의 틀을 'fr' 로 표기하고, 각기 다른 틀을 1, 2의 표시로써 구별한다. 이 논문에서의 부호 역시 같은 방법으로 기술된 것이다.

14 Michael C. Haley, 『Noncete Abstraction: the Linguistic Universe of Metaphor: Linguistic Perspectives on Literature』, pp. 13~154.

핼리 역시 비유를 사물의 범주에 의해서 고찰한다. 그는 비유가 발생하는 의미의 범주를 9등분으로 나누고, 명사와 술어 작용에 의해 구체적으로 그 범주를 차이화하고 있다. 아래 도표를 보면, 정지용의 시는 'animation'에 속해 있는 말을 'shape'의 범주에 속해 있는 단락과 'intellection'의 범주인 인간으로 이동시킨 비유임을 알 수 있다.

Noun Examples	Category	Predicate Examples
truth, beauty	BEING	to be, to seem
space, a point	POSITION	to be here, to be there
light, force	MOTION	to move, to cross
hydrogen, anti-matter	INERTIA	to push, to pull
water, dust	GRAVITATION	to fall, to rise
rock, ball	SHAPE	to break, to strike
tree, flower	LIFE	to grow, to die
horse, fish	ANIMATION	to run, to swim
man, woman	INTELLECTION	to think, to speak

니다. "말아, 다락 같은 말아"는 화자가 말을 부르고 있는 것으로, 그것을 이인칭 시점으로 서술하고 있다는 것을 알 수 있습니다. 원래 부름에 속하는 언술은 문답형의 커뮤니케이션을 전제로 한 것으로, 말을 주고받을 수 있는 인간들 사이에서만 가능한 화법입니다. 그러므로 동물이나 자연물을 돈호법頓呼法이나 이인칭 대명사로 부르게 되면, 그것들은 모두 의인화되는 은유적 성격을 띠게 마련입니다.[15]

그렇기 때문에 "말아, 다락 같은 말아"라고 한 그 첫 행의 시구 속에는, '말은 건축물이다'라는 언술의 체계에 대응하여 '말은 인간이다'라는 의인화의 비유적 틀($fr3$)이 숨겨져 있다는 사실을 알게 됩니다. 즉 이 짧은 첫 행의 시구에는 동물의 틀($fr1$)과 건축의 틀($fr2$), 그리고 인간의 틀($fr3$)의 세 가지 의미론적 영역이 내재되어 있고, 그것을 약호로 표시하여 분석해보면,

말($fr1$)아($fr3$), 다락 같은($fr2$) 말($fr1$)아($fr3$) $\rightarrow fr2$

로 될 것입니다.

'젊잖다'와 '슬프다'의 은유적 구조

첫 행에 나타난 두 비유 체계 $fr2$와 $fr3$은 2행과 3행("너는 즘잔도 하다

---

15 Roman Jakobson, 『Linguistic and Poetics, Selected Writings Ⅲ』(Mouton, 1981), p. 24.

마는 / 너는 웨 그리 슬퍼 뵈니")으로 각기 이어지면서, 점차 그 은유적 의미를 뚜렷하게, 그리고 더욱 깊이 있게 생성해갑니다. 즉 돈호법에 의해 잠재적으로 의인화된 1행의 "말아"는 2행과 3행에서 직접 "너"라는 이인칭 대명사로 불리게 됩니다. 각 행마다 첫머리에 되풀이되는 이인칭 대명사는 화자의 시점을 겉으로 드러내, 말을 더욱더 인간의 틀 안으로 가까이 끌어들이는 작용을 합니다. 그래서 "다락 같은 말"의 외관 묘사 역시 내면화되어 '점잖다', '슬프다' 등의 성격화로 옮겨갑니다.

'점잖다'라는 것은 감정을 억제하는 지적인 힘이며, '슬퍼 뵌다'는 것은 희로애락의 정감의 움직임을 표시하는 요소 중의 하나입니다. 이 같은 지知, 정情의 영역은 모두가 동물과의 차이를 나타내는 인간 고유의 변별성에 속하는 특징입니다. 그러므로 '점잖은 말', '슬픈 말'은 동물의 틀에서 벗어나 인간의 틀로 이동해가는 의인화 과정을 극명하게 반영해주고 있습니다.

그러나 '점잖다', '슬프다'라는 말의 성격화는 의인화 작용만이 아니라 첫 행에서 직유로 제시된 건축의 틀($fr2$)을 지속시키는 역할을 하고 있습니다.

"다락 같은 말"은 달리는 말이 아니라 우두커니 서 있는 말의 부동성을 나타내는 것이라고 했습니다. 이 부동적 특성을 내면화하면 나타내는 것이라고 했습니다. 이 부동적 특성을 내면화하면 바로 '점잖은 말'이 될 수밖에 없습니다. 뛰는 말을 까부는 말이라 한다면, 가만히 서 있는 말은 그 반대의 점잖은 말로 표시되어야 하기 때문입니다. 슬퍼 뵌다는 말 역시 마찬가지입니다. 말이 뛰는 것이 기쁨이라면, 다락처럼 한곳에 서 있는 것은 슬픔입니다. 정지용의 「말 2」의 경우처럼 바다를 가르고 달리는 말, 영웅이라고 불린 말에는 슬퍼 뵌다는 말이 결코 어울리지 않을 것입니다. 우두커니 한자리에 누각처럼 서 있는 말의 정지 상태에서만 비로소 그 '슬프다'는 표현은 의미론적 동위태를 지니게 될 것입니다. 특히 말을 슬프다고 하지 않고 슬퍼 뵌다고 한 것은 인간과 말의 동일과 차이, 즉 같으면서도 같지 않은 갭 필링gap feeling을 보여주는 것이고, 동시에 말을 커뮤니케이션 대상으로 바라보는 화자의 시점을 보여주는 이중적인 기능을 담고 있다는 점을 눈여겨보아야 할 것입니다.

이렇게 밖에서 관찰되었던 1행의 말은 2행에 이르러 내면적인 말로 바뀌게 되고, 건축의 틀과 인간의 틀은 '점잖'과 '슬픔'이란 말로 제각기 그 비유적 특성을 증폭, 발전시켜갑니다. 그래서 다락같이 높이 서 있는 말은 인간처럼 생각하고 느끼는 말이 되고 동시에 점잖은 말, 슬픈 말이 되는 것입니다.

그러므로 2, 3행의 시를 비유 체계로 약술하면 말의 의인화($fr3$)가 겉으로 드러나면서 사물화($fr2$)된 말의 의미와 팽팽한 경합 관계를 벌이고 있는 것을 알 수가 있습니다.

너는($fr3$) 즘잔도 하다마는($fr3$, $fr2$)
너는($fr3$) 웨 그리 슬퍼 뵈니($fr3$, $fr2$)

건축과 인간의 병렬적 구조

4행에서는 지금까지 화자의 시점을 통해 간접적으로 보여주었던 의인화 작용이 "사람 편인 말아"라는 직접적인 언표 행위를 통해서 사람의 틀을 표층으로 노출시킵니다.

특히 4행의 콩을 준다는 5행과 짝을 이루며 1행에서 보여준 건축의 틀 (fr2)을 인간의 틀(fr3)로 바꿔놓습니다. 비유적 언술은 다락에서 사람으로 옮겨진 것입니다. 그러면서도 4행의 시 형태는 1행의 시구와 병렬적 대응 구조를 이루고 있기 때문에, 여전히 두 비유 체계는 메아리처럼 따라다닙니다.

    1. 말아, 다락 같은 말아(fr2)

    4. 말아, 사람 편인 말아(fr3)

이 두 시행은 통사 구문, 자수와 음성적 구조, 그리고 반복의 수사법과 그 비유의 형태 등 뚜렷한 병렬성을 보여주고 있습니다.

"다락 같은 말아"는 "사람 편인 말아"로 대응되어, 그 비유의 두 축을 이루는 다락과 사람이 병립되어 강렬한 대조를 보이고 있음을 간파할 수 있습니다. 즉 "사람 편인 말아"를 "사람 같은 말아"로 옮겨놓으면 그 비유 형태의 유사성까지 뚜렷이 드러나게 됩니다.

그리고 1행의 음운 형태가 mARA~dARA~mARA로 되어 있는데, 4행 역시 mARA~sARA~mARA로 유사한 음의 반복을 보이고 있는 것입니다. 이러한 병렬 구조를 이룬 두 시행을 통해서 우리는 이 시의 패러다그마틱한 비유의 지층을 볼 수 있게 됩니다.

첫째는 이미 앞에서 언급한 대로, 동물의 틀에 속하는 말(fr1)이 건축물(fr2)과 인간(fr3)의 두 범주의 평행 관계에 의해서 빚어지는 비유의 긴장성입니다. 건축의 틀은 말을 외면적으로 그리고 있고, 인간의 틀은 말을 내면화하고 있습니다.

그리고 말이 다락이라는 건축물의 틀 안에 들어오면 그 동물적인 속성을 빼앗겨 사물화로 퇴행해가는 데 비해서, 그것이 바람의 틀 안에 들어오면 반대로 동물적 속성에는 지·정의 인간적 정신이 부가되어 고양된다는 점입니다. 그러므로 이 1~4행의 병렬성은 반대의 두 극으로 진행되고 있는 말의 은유적 긴장을 가장 잘 구조화하고 있는 것이라 볼 수 있습니다.

둘째, "다락 같은 말"은 상사성의 법칙에 의해서 만들어진 비유, 야콥슨의 분류에 의하면 은유(메타포)에 속하게 되는 것이고, "사람 편인 말"은 문자 그대로 인접성에 의해 이루어진 환유(메토니미)에 속하는 비유입니다.

말이 사람과 동일성을 이루는 것은 사람이 말을 타기 때문입니다. 그래서 사람의 몸과 말의 몸이 하나로 밀착되는, 문자 그대로의 인접성을 보여주는 것입니다. 몸만이 아니라 말을 타고 갈 때 사람과 말은 동일한 방향성을 향해 같은 의지로 움직여갑니다. 그러므로 인마人馬는 등가적인 존재물로 이따금 서로 구별 없이 한데 쓰이는 예가 많습니다. 김유신이 자고 있는 동안 그 말이 천관녀의 집으로 향했다는 유명한 일화처럼, 김유신의 말은 김유신의 잠재의식이기도 한 것입니다. 「말 2」에서 정지용은 "내 형제 말님을 찾아갔지"라고 자기의 분신처럼 말하고 있습니다.

1~4의 병렬 시행은 이렇게 서로 대응하는 두 가지 대표적인 비유의 축을 보여주고 있는 것으로써, 이 시가 내용만이 아니라 그 형식에 있어서도 은유와 환유의 총체적 구조로 이루어져 있음을 보여주는 것이라고 할

수 있습니다.

이 병렬 시행이 은유와 환유의 구조로 이어져 있다는 것은 바로 모든 의미를 생성하는 선택과 결합, 상사성과 인접성, 대치와 연쇄, 의미론과 통사론, 그리고 코드와 메시지의 두 체계를 대조적으로 보여주는 것이라고 할 수 있습니다.

셋째로 이러한 병렬법은 1행에서 이미 끝난 비유를 다시 환기시키는 역할을 하여 "다락 같은"을 "사람 편인"과 같은 위치에 놓이도록 합니다. 그러므로 말($fr1$)~다락($fr2$)~사람($fr3$)의 세 가지 다른 범주를 동시적으로 중층화하는 기능을 갖게 합니다. 그래서 인간과 말의 관계처럼 인간과 다락의 관계에도 같은 환유적 효과가 생겨나게 됩니다.

그래서 인간을 축으로 한 말의 인접성과 다락의 인접성 사이에 기묘한 상동 관계가 빚어지고, 그 결과로 "다락 같은 말"은 은유에서 환유적인 비유로 옮겨지는 특이한 변이 현상이 생겨납니다. 즉 누각은 같은 건축물이면서도 인간이 주거하는 일반적인 가옥과는 떨어진 곳에 위치해 있는 경우가 많습니다. 주로 경치를 조망하기 위해 세워진 누각은 자연 영역과 거주 영역(문화)의 경계적 공간에 위치해 있습니다.

그와 마찬가지로 말은 사람과 함께 사는 동물이면서도, 개와 고양이처럼 방 안에서 사는 애완동물과는 다릅니다. 그것은 다락집처럼 집에서 떨어진 경계 공간에 놓여 있는 것입니다. 말은 인간의 영역 안에 있으면서도 끝없이 야성의 밖을 향해 달려가고 있는 가축입니다. 고양이나 개가 인간이 거주하는 집의 공간과 같은 것이라면, 말은 누각처럼 인간이 거주하는 영역 바깥을 향해 있는 것으로 그 인접 거리가 같다고 할 것입니다. 이와 같은 말과 인간의 인접 관계는 5행의 "검정 콩 푸렁 콩을 주마"라는 시행에 의해서 더욱더 분명하게 드러납니다. 인간과 말의 인접성은 콩이라는 곡물에 의해서 보강되고 있기 때문입니다. 콩을 준다는 것은 말이 인간의 편이라는 것을 확인하는 행위입니다(야생마 길들이기를 생각해보십시오). 말에게 콩을 준다는 것은 말이 야생적인 자연으로 돌아가게 할 수 없도록 하는 것입니다. 콩은 풀이나 야생의 열매인 머루, 다래와 대립되는 의미소를 지니고 있는 까닭입니다.

　인간이 먹는 것을 말에게 준다는 것은 말과 인간을 동일시하는 것이면서도 동시에 차이를 강조하는 행위이기도 합니다(아직도 말은 인간의 편이 아닌 데가 있기 때문에, 인간과의 동일성을 위해서는 말먹이 대신 콩을 주어야 하는 것입니다).

두보杜甫의 「한별恨別」: 달을 보며 자는 말

　다락이나 이인칭으로 불리던 말이 둘째 연의 6행에 이르면 갑자기 "이 말은"으로 바뀝니다. 삼인칭의 객관적 시점으로 서술되는 '이 말'은 이미 다락 같은 말도 아니며, 사람같이 의인화된 말도 아닌 것입니다.

　　이 말은 누가 난 줄도 모르고
　　밤이면 먼 데 달을 보며 잔다.

　말은 말 자체로 그려져 있습니다. 1, 2, 3행이 주로 건축적인 틀에 의해서 묘사된 말이라면 4, 5행은 인간의 틀에 의해 그려진 말입니다. 그러나 마지막 6, 7행은 본래의 동물적 틀에 의해 묘출된 말이라고 할 수 있습니다(*fr*2 1, 2, 3 → *fr*3 4, 5 → *fr*1 6, 7).

그러나 그 비유의 틀은 여전히 지속되어 있을 뿐만 아니라 오히려 이 마지막 연에 이르러 건축과 인간의 비유는 하나로 통합되어 완성됩니다. 말이 밤에 달을 보고 자는 하나의 비유적 이벤트figurative event를 통해서 말과 다락, 그리고 말과 인간의 은유적 구조는 하나로 통합되어 은유적인 세계를 현실의 세계로 옮겨놓고 있기 때문입니다.

사람이나 모든 짐승들은 밤이 되어 잠을 잘 때에는 눕습니다. 그러나 말만은 선 채로 잠을 잡니다. "밤이면 먼 데 달을 보며 잔다"는 시구는 바로 말이 서서 자는 동물이라는 특성을 유표화한 것이며, 이 대목에 와서 비로소 왜 말을 다락에 비유했는지 확실히 알 수 있게 됩니다.

누각은 밤이 되어도 낮과 마찬가지로 그 자리에 그대로 서 있습니다. 그러므로 우리는 이따금 달밤에 기둥을 받치고 서 있는 누각을, 서서 자는 말처럼 바라볼 수가 있습니다. 그렇지요. 달밤에 서서 잠들어 있는 말의 모습은 살아 있는 작은 누각이기도 한 것입니다. 첫 행에서 한 번 등장했던 다락의 비유가 끝없이 지속되어오다가, 이렇게 마지막 행에 이르러 달이 등장함으로써 비로소 그 높이와 부동성이 현실의 말로써 매듭을 맺게 되는 것입니다.[16]

그러나 '달'은 건축의 틀에 관련된 비유만을 현실화하고 있는 것이 아

16 1행의 "다락 같은 말"에 내재된 술어 '서다'는 '달리다'에 대응하는 의미를 갖고 있지만, 마지막 행의 "먼 달을 보며 자는 말"과 관련된 술어는 '눕다'에 대립하는 의미의 차이로 보인다.

니라 '인간의 틀(의인화)'에서도 같은 빛을 비추고 있습니다.

즉 6행의 "이 말은 누가 난 줄도 모르고"에서 지금까지 의인화된 말을 말 그 자체로서 돌려보냅니다. 말은 짐승이기 때문에 자기를 낳아준 부모나 자기가 태어난 생지生地를 모르는 까닭입니다.

그러나 이 같은 말의 조건 때문에 지금까지 의인화되었던 말의 속성이 더욱 분명해지는 것입니다. 누가 난 줄도 모르는 말은, 사람으로 치면 천애의 고아 혹은 고향을 모르는 유랑민과도 같은 존재가 될 것입니다. 그런데도 먼 달을 바라보며 선 채로 자기 때문에, 말은 의인화 이상으로 절실한 고독과 그림움을 보여주고 있습니다.

'먼 달을 본다'는 것은 객지에서 고향을 생각하는 망향의 정을 나타내는 정형구입니다. 그렇기 때문에 비유가 아닌 현실적 묘사인데도, 먼 달을 보며 자는 말의 모습은 고향 상실자의 절대 고독의 내면세계를 생생하게 드러냅니다.

왜 말을 슬퍼 뵌다고 했는지 역시 이 마지막 행에 이르러서야 비로소 깨달을 수 있게 됩니다. 그러므로 6행과 7행의 비유 체계는 이렇게 약호화할 수가 있을 것입니다.

6행 $= fr3 \rightarrow fr1$

7행 $= fr2 \rightarrow fr1$

달은 밤의 시간과 실향의 공간(그냥 달이 아니라 여기에서는 먼 달로 되어 있다)을 부여함으로써 말을 개별화합니다. 그래서 말 앞에는 '이'라는 지시대명사가 붙어 '이 말'이 되고, '이 말'로 한정된 말은 다락과 콩을 먹는 사람까지 흡수해 「한별恨別」을 쓴 두보와 맞먹는 시인과 동격이 되고 맙니다.

「한별」이라는 두보의 시를 직접 읽어보십시오. 거기에도 달이 뜨고 고향 집을 생각하며 홀로 밤중에 서 있는 다락 같은 그림자 하나가 나타나 있을 것입니다.

> 고향 집을 생각하며 달을 보고 거닐다가 맑은 밤에 서고
> 아우를 그리워하며 구름을 보며 밝은 대낮에 존다

> 思家步月淸宵立
> 憶弟看雲白日眼

그러나 아무리 집을 그리워하는 시인도, 달을 보며 걸음을 멈추고 설수는 있어도 그것을 보며 선 채로 잠들 수는 없을 것입니다. 그러나 지용은 건축의 틀과 인간의 틀로 비유되어온 말을 하나로 통합시킴으로써 어떤 시인도 흉내 낼 수 없는 고독의 절정을 그려냈습니다.

'서다'는 '눕다'의 대립형을 이루는 것으로써 그것은 인간의 마음을 표징하는 신체 기호라 할 수 있습니다. 그래서 슈트라우스는 "우리가 잠자기 위해서 몸을 눕히고 손발을 뻗는다는 것은 투항을 의미하는 것이다. 말하자면 눕는다는 것은 곧 세계에 대하여 자기 주장을 멈춘다는 것이다"라고 말하고 있습니다.[17]

---

17 Otto Friedich Bollnow, 『Mensch und Raum』(Kohlhammer, 1980), p. 171.

눕는다는 것은 정지한다는 것, 생각도 행동도 중단하고 삶을 향해 눈을 감는다는 것이기도 합니다. 그러나 서 있다는 것은 반대로 끝없이 희구하는 것이며, 싸우는 것이며, '세계와 자기 자신을 형성하는 가능성을 획득'하는 것이라고 할 것입니다.

> 다락 위에 떠 있는 달 —(f3)
>
> 달을 보며 서서 잠자는 말 —(f1)
>
> 달을 보며 고향을 생각하며 서 있는 시인(실향민) —(f3)

정지용의 「말 1」은 이러한 세 가지 언술이 상호작용을 통해 복합적인 비유의 구조를 만들어낸 것입니다. 건축, 동물, 인간의 각기 다른 범주가 달에 의해 서로 경계 침범을 하며 의미의 벽돌을 무너뜨립니다. 급기야 그 달빛은 그 여러 가지 목소리들을 하나로 통합하여 최고 경지를 이루는 지순한 향수의 빛깔을 던져줍니다.

그 그리움이 얼마나 처절하고, 그 희구가 얼마나 절실한 것이기에 잠들 때에도 누울 줄을 모르는가? 슬픔과 그리움이 극에 달했을 때, 우리는 지용처럼 먼 달을 보며 서서 잠드는 말 한 마리를 발견하게 된 것입니다. 다락집이자 시인인 한 마리의 말.

그리고 동시에 은유란 낱말이 아니라 언술 자체를 바꾸는 행위이고, 현실 세계를 재기술하는 의미의 창조 행위라는 것을 깨닫게 될 것입니다.

이어령

한국의 말 이야기의
서사 구조

정치적 통제의 수단 : 조공 물품과 공물로써의 말

　중세 봉건사회에서 말은 중요한 조공 물품이나 공물 중의 하나였다. 『조선왕조실록』에 의하면, 조선 태조 1년(1392) 8월에 판예빈시사判禮賓 寺事 정자위丁子偉를 보내 진헌마進獻馬 1천 필을 명나라에 바친 것을 필두로 하여 1410년 2월까지 약 10099필의 말을 상납했다고 한다. 물론 그 이후에도 조선은 계속해서 명나라에 말을 상납하였는데, 말이 갖는 중요성 때문에 진헌마는 조정의 논란거리가 되지 않을 수 없었다.

　다음은 태종 9년 11월 14일에 사간원에서 태종에 올린 시무책時務策 이다.

"나라에 중한 것은 군사이고, 군사에 중한 것은 말입니다. 그러므로 주周나라 제도에 군사를 맡은 관원을 '사병司兵'이라 하지 않고 '사마司馬'라 하였으니, 말이 나라에 쓰임이 중한 것입니다. 우리 국가가 땅덩이가 작고 말도 또한 한도가 있는데, 고황제高皇帝(명나라 제1대 태조 주원장朱元璋, 1368~1398, 연호는 홍무洪武) 때부터 건문建文(명나라의 제2대 황제 혜제惠帝 때의 연호, 1399~1402)에 이르기까지 그 바친 말이 몇 만 필이나 되는지 알지 못하겠습니다. 지금 상국上國에서 또 마필馬匹을 요구하여 그 수효가 심히 많은데, 유사有司가 기한을 정해 독촉하여 비록 말 한 필이 있는 자라도 모두 관에 바치니, 이같이 하면 나라에 장차 말이 없을 것이니 말을 하면 눈물이 날 지경입니다. 당唐나라 태종太宗과 수隋나라 양제煬帝가 모두 이기지 못하고 돌아갔고, 거란契丹의 군사와 홍건적紅巾賊이 우리를 침구侵寇하다가 먼저 망하였는데, 이것은 산천이 험하고 장수가 훌륭한 때문만이 아니라 또한 말이 있었던 까닭입니다. 신 등은 생각하기를, 사대事大의 예로 말하면 바치지 않을 수 없고, 종사宗社의 계책으로 말하면 많이 바칠 수 없는 것이라 여깁니다. 또 어찌 오늘에 요구하고 명일에 요구하지 않을지 알겠습니까? 엎드려 바라건대, 전하께서는 사대의 예와 종사의 계책으로 참작해 시행하소서."

이처럼 말이 중요한 조공 물품이 된 것, 또 국가의 중요한 논란거리가 된 것은 위에 인용한 사간원의 시무책에서도 어느 정도 간파되거니와 국방력에 있어서 기마병騎馬兵이 차지하는 비중 때문이었다. 예컨대, 기마 부대와 보병 부대가 싸움을 벌인다고 가정해보자. 보병 부대가 기마 부대를 제압할 가능성이 있을까? 아마도 그런 일은 어지간해서는 발생하지 않을 것이다. 기마병이 국방력의 중요한 부분을 차지할 수밖에 없는 이유이다. 따라서 말을 진상토록 한 것은 상대국의 국방력을 약화시키면서 자국의 국방력을 강화하는 수단이 되었다고 할 수 있다.

이와 유사한 맥락에서 살펴볼 중요한 지역이 제주도이다. 제주도는 조선 초까지도 국가의 형태를 어느 정도 유지한 것으로 보인다. 태조 4년(1395) 7월에 제주왕濟州王의 아들 문충보文忠甫가 한양에 와서 양마良馬 7필을 바쳤다는 내용이 실록에 기록되어 있기 때문이다. 그러나 한 해 전인 1394년 3월에 도평의사사都評議使司의 건의를 받아들여 제주도에 향교鄕校(조선 시대에 각 지방에 설치한 국립교육기관)를 설치했다는 기록이 실록에 있는 것으로 볼 때, '제주왕의 아들 문충보'라는 표현은 제주도 토착 왕족의 후예, 좀 더 정확하게 말하자면 토호 세력의 후예 문충보로 이해하는 것이 타당할 것이다. 또한 조선 초의 혼란스런 정치적 상황에서 제주도의 토호들은 환심을 사기 위해 이성계의 신군부에 말을 바쳤는데, 태조 3년(1394) 7월에 제주인 고봉례高鳳禮가 말 백 필을 바쳤다는 것은 그러한 단적인 예다. 그다음 해에 문충보가 말 7필을 바쳤으니, 이 사례 역시 고봉례의 예와 똑같은 것으로써 이해할 수 있는 것이다.

이후로도 제주도의 토호 세력은 종종 중앙에 말을 바치고 비단이나 술과 같은 하사품을 받는다. 이에 태조는 좀 더 체계적으로 제주도의 말을 국가적으로 관리할, 또는 획득할 필요성을 느꼈던 듯하다. 태조 7년(1398) 3월에 제주인 고여충高汝忠으로 축마별감畜馬別監을 삼고, 제주만호濟州萬戶 김천신金天伸에게 비단 2필과 내온內醞 (술) 2백 병을 준 다음 세공歲貢으로 말과 소 백 필씩을 바치게 했다고 한 것, 그리고 동년동월에 제주도 축마점고사畜馬點考使 여칭呂稱과 감찰監察 박안의朴安義 등이 와서 우마牛馬의 장적帳籍을 바쳤는데, 말이 4414필이고 소가 1914두였다고 한 것 등은 그러한 판단의 근거라고 할 수 있다. 이어 태종 8년(1408) 1월에는 제주도에 감목관監牧官을 두었는데, 동·서도東西道에 각각 감목관 두 사람, 진무鎭撫 네 사람을 두어 방목하는 마필을 고찰하는 것이 그들의 임무였다. 그리고 동년 9월에는 의정부議政府의 건의에 따라 처음으로 제주도의 공부貢賦(나라에 바치던 물건과 세금을 통틀어 이르던 말)를 정하게 된다. "제주가 바다를 격해 있어 민호民戶의 공부를 지금까지 정하지 못하였으니, 대호大戶·중호中戶·소호小戶를 분간하여 그 토산인 마필로 하되, 대호는 대마大馬 한 필, 중호는 중마中馬 한 필, 소호는 5호가 아울러 중마 한 필을 내게 하여, 암수를 물론하고 탈 만한 마필을 가려서 공부하게 하고, 기축년己丑年(1409) 봄부터 모두 육지에 내보내게 하소서." 또한 다음 해인 태종 9년(1409) 12월에는 제주도의 자제로서 시위侍衛를 자원하는 자는 서울에 오는 것을 허락하고, 민간의 마필은 탈 만한 것을 가려서 2000필을 한도로 하여 육지로 내오게 한다. 여기서 시위를 자원하는 자가 서울에 오는 것을 허락한다는 것은 제주도 사람도 중앙에서 벼슬을 살게 제도적으로 허락한다는 뜻이고, 민간의 마필을 육지로 내와도 좋다고 허락한 것은 곧 말 무역을 해도 좋다는 뜻이다.

중앙이 지방을 통제하는 방법은 여럿 있을 수 있겠지만, 말馬로써 지방이 통제된 경우는 제주도가 유일할 것이다. 그것은 말이 중앙에서건 지방에서건 모두 중요했기 때문이라고 할 수 있다. 이것은 곧 말을 둘러싼 중앙과 지방의 갈등이 있을 수밖에 없었음을 암시하는 것이기도 하다.

양이목사 : 저항 정신의 신화적 표상

역사와 문학은 우리의 삶과 긴밀하게 연관되어 있다. 그러나 그 삶을 드라마틱하게 구성하여 청자나 독자로 하여금 그 내면의 진실을 깨닫게 하는 점에서는 문학이 단연 장점을 갖는다. 이 점을 말하기 위해 제주도가 본토에 종속된 역사를 아주 간략하게 제시하면서 논의를 시작해보기로 한다.

제주도는 고려高麗 공민왕恭愍王 23년(1374) 이후 고려의 중앙집권제 영향하에 들어갔다고 보는 것이 정설이다. 조선 건국(1392) 이후에는 제주목, 대정현, 정의현 등 3현의 행정 체재가 정비하였는데, 이는 곧 제주도가 본토에 있는 중앙정부의 통치를 받게 되었음을 의미한다. 아울러 유교 정책에 따라 3현에 향교가 설립되는 한편, 제주도에 산재한 무속 신당神堂과 불교 사찰이 파괴되는 사태를 맞이하게 되었다. 명종 21년(1566)에 제주목사 곽흘郭屹이 불사佛寺를 파괴한 것을 시초로 하여, 숙종 28년(1702)에는 이형상李衡祥(1653~1733)이 제주, 정의, 대정의 신당과 불사 130여 개소를 파괴하고, 400여 명의 무당을 귀농歸農시키는 대대적 탄압을 자행하였다.

제주도에 대한 본토 중앙정부의 이러한 일련의 정책은 제주도민을 자극시켰고, 그에 맞서는 일이 생겼다고 추정할 수 있다. 앞에서도 얘기했지만, 말의 봉진封進과 관련한 갈등은 필연적으로 생길 수밖에 없었을 것으로 생각된다. 이와 관련하여 우선 말의 진상 과정을 살펴보자. 병조에서 우마적에 기초해 공부로 바칠 말을 선정해 사복시司僕寺(조선 시대 왕이 타는 말, 수레 및 마구와 목축에 관한 일을 맡아보던 관청)에 하달하면 전라도 관찰사를 거쳐 제주목사에게 전달한다. 그러면 각 목장에서는 공부로 바칠 말을 제주목 관아인 관덕정觀德亭으로 몰고 간다. 거기에서 우마적과 일일이 대조하는 작업이 끝나면 선박으로 해남, 강진, 영암 등의 세 곳으로 말을 운반한 뒤 육로를 통해 한양까지 말을 몰고 간다. 이렇게 여러 과정을 거쳐 공마貢馬 봉진이 이뤄지게 되는데, 문제는 이때에 사용된 말먹이, 마부들의 비용이 모두 제주도민들에 의해 충당되었다는 점이다. 따라서 제주도민에게 공마 봉진은 고역 중의 고역이었다고 볼 수 있는데, 이러한 사정을 제주도 각 마을에서 구전으로 전승하고 있는 신화, 즉 당신본풀이가 말해주고 있다.

여기서는 '양이목사본'을 살펴보기로 하는데, 대략의 내용을 정리하면 다음과 같다.

제주도에서는 백마 백 필씩을 본토의 조정에 진상하였다. 어느 때에 양이목사가 제주도에 부임하여 백마 백 필을 본토의 조정에 진상하면 제주 백성은 곤경에 빠진다는 진정을 상시관에게 올리고 직접 백마를 진상하겠다고 한다. 그러나 양이목사는 진상할 백마를 한양에 가서 팔아 그 돈으로 물품을 사서 싣고 제주에 와서 팔았다. 상시관은 제주도에서 진상을 하지 않자 금부도사를 보내 양이목사의 목을 베어 올리라고 하였다. 금부도사는 양이목사가 탄 배를 만나 양이목사에게 창검으로 찌르며 덤볐으나 양이목사의 용맹을 당하지 못하고 사로잡혔다. 양이목사는 금부도사에게 임금이 받는 백마를 내가 먹으려다가 제주 백성을 생각하고 물품으로 바꾸어 제주 백성을 도왔으니 이 말을 임금께 전하라고 하였다. 이때 금부도사가 양이목사의 방심한 틈을 타서 습격하여 양이목사를 돛대 줄로 꽁꽁 묶고 창검으로 목을 벤다. 양이목사의 시신이 용왕국에 떨어지자 청용, 황용, 백용으로 변하여 용왕국으로 들어갔다. 양이목사의 머리를 금부도사가 배 선두에 흰 보자기로 덮어놓았더니 양이목사가 사공에게 마지막 소원이라며 탐라 양씨 자손만대까지 신풀이를 하여달라고 부탁한다. 금부도사는 양이목사 목을 바치고 상시관에게 여쭈어 제주도민에게 백마 백 필의 진상을 면제해주었다. 그 후부터 양이목사는 제주도의 큰굿이나 신년제新年祭에서 제향祭享을 받게 되었다.

이 신화에서 양이목사는 관리로서의 임무에 충실하기보다는 한 인간으로서의 고민과 갈등에 충실한 모습을 보여주고 있다. 본토의 중앙정부에 진상해야 하는 백마 백 필 때문에 제주도민이 곤경에 빠진다는 사실을 알고, 진상할 백마 백 필을 자기가 본토로 직접 가져가서 판 뒤, 그 돈으로 다른 물품을 사서 제주도민을 도와주고 있는 것이다. 이에 중앙정부에서는 금부도사禁府都事를 제주도로 보내 양이목사의 목을 베어 오라고 한다. 관리로서의 임무에 충실하지 않았다면, 또는 지방 토호 세력의 대변자를 자처하여 중앙 권력에 저항하는 것이었다면, 지배자의 입장에서 봤을 때 당연히 그 죄를 물을 수밖에 없는 것이다. 그 결과 신화 서사의 상당 부분이 양이목사와 금부도사의 대결을 그리고 있다. 그렇다면 이러한 대결의 이면적 의미가 관리로서의 임무를 충실하게 하지 않은 양이목사를 처벌하는 것일까, 중앙 권력과 지방 권력의 대결일까? 후자라고 보는 것이 타당할 것이다. 양이목사가 판단한 현실 문제가 제주도에 대한 본토의 과혹한 진상 요구라는 점, 그리고 양이목사가 탐라 양씨로서 사후에 마을신으로 숭앙되었다

「탐라순력도耽羅巡歷圖」에 기록된 공마 봉진의 모습

는 점이 이 신화의 핵심이기 때문이다. 더 부연하자면, 한 개인이 사후에 집단이 모시는 신으로 좌정된다는 것은, 그의 행위가 집단적 정서를 충분히 반영한 것이었을 때라야 가능한 것이다.

말과 그의 주인, 운명적 만남과 예시적 행위, 또는 복수

다른 작품을 예로 들어, 이제까지와는 다른 말 이야기를 해보자. 서사 구조 속에서 말이 구체적으로 어떤 서사적 기능을 하고 있는가를 살펴보려고 하는 것이다. 그런데 한국의 말 이야기에서 가장 빈번하게 확인되는 것이 예시적像示的 행위를 하는 말의 등장이기 때문에, 여기서는 이를 중심으로 살펴보기로 하겠다.

먼저 이휘준李羲準(1775~1842)이 편찬한 『계서야담溪西野譚』에 수록되어 있는 이야기를 예로 들어보기로 한다. 동양위東陽尉(신익성申翊聖, 1588~1644, 선조宣祖의 딸 정숙옹주貞淑翁主와 혼인하여 동양위에 봉해짐)는 운명을 잘 점쳤다. 성묘하러 호중湖中(충청남도와 충청북도를 아울러 이르는 말)으로 가는 길에 점집에서 쉬다가 말 한 마리를 보았는데, 사주를 통해 그 말이 명마임을 알았다. 점집 주인에게서 30냥을 주고 그 말을 산 뒤 길러달라고 맡겨두었다. 이 말은 3년이 지나자 거칠어져 사람이 다스릴 수가 없었고, 산으로 올라간 뒤 3, 4년간 돌아오지 않았다. 동양위가 그 점집에 들르자 말이 산에서 내려와 그를 보고 기뻐하였다. 이 말은 천리마라 불리어 유명해졌는데, 광해군光海君이 그 소문을 듣고 사복내시司僕內寺에 데려와 기르게 하였다. 동양위가 폐모론廢母論을 반대하다가 제주도에 귀양을 갔는데, 그 말은 궁정을 빠져나와 바다를 건너서 그곳까지 달려 찾아갔다. 이듬해 3월에 말이 길게 울었는데, 그날 인조반정仁祖反正이 이루어져 동양위가 풀려났다. 여름날 그 어미 말이 폭우 중에 용이 되었다. 이 이야기는 말과 그의 주인의 만남을 운명적인 것으로 설정하고 있다. 말이 자신을 알아주는 주인에게 절대적으로 충성을 하고 있는바, 말과 주인이 될 사람의 만남이 일상적인 것이 되어서는 안 되는 것이다. 말하자면 주인의 감식력도 특별하고, 말의 감식력도 특별해야 가능한 만남이라고 할 수 있을 것이다. 과연 종결부에서 그 어미 말이 용이 되었다고 함으로써, 동양위를 주인으로 모셨던 말의 신성한 혈통을 드러내고 있음을 본다. 『동패낙송東稗洛誦』에서도 그 어미 말이 강가에서 갑자기 용이 되어 올라갔다고 종결하고 있는바, 이와 같은 결말은 본문의 내용, 즉 말이 인조반정이 끝났음을 울음으로써 알리는 예시적 행위가 가능했던 이유를, 인과론적 차원에서 해명한 것이라고 할 수 있을 것이다.

이와 비슷한 이야기가 『청구야담靑邱野談』에도 실려 있다. 광해군 때에 어떤 원이 고을에 부임하여 여러 해 묵은 옥사를 결단하여 주고 망아지 한 마리를 선물받았다. 그 원이 상경하자 말을 잘 알아보았던 전창위全昌尉 류정량柳廷亮(1591~1663, 선조의 딸 정휘옹주貞徽翁主와 혼인하여 전창위에 봉해짐)이 그 망아지를 비싼 값에 사서 길렀는데, 이름을 표중이라고 하였다. 광해군이 그 소문을 듣고 표중을 탈취하였다. 후에 전창위는 유배를 가게 되었다. 하루는 광해군이 그 말을 타고 다니는데, 말이 갑자기 광해군을 떨어뜨리고 달아나 하루 만에 전창위의 배소에 다다랐다. 전창위는 표중을 벽실 안에 숨겨 1년 동안을 길렀다. 하루는 말이 갈기를 떨치며 크게 울더니 반정의 소식이 들려왔다. 전창위가 풀려나서 경기읍에 이르렀는데, 말이 굳이 산벽 좁은 길로 들어가기에 쫓아갔다가 평생의 원수를 찾아내 치죄하였다. 인조仁祖가 이를 듣고 그 말에게 가자加資(조선 시대에 관원들의 임기가 찼거나 근무 성적이 좋은 경우 품계를 올려주던 일)를 주었다. 전창위가 죽은 후에 그 말이 굶어서 죽으니 동문東門 밖에 묻어주었다. 앞서의 이야기와 비교하자면, 주인공만 다르지 내용은 말의 예시적 행위를 강조하는 것에는 다를 바가 없다. 그러나 자신의 주인이 아닌 사람에게는 충성하려고 하지 않는 행위, 주인의 원수를 찾아내 복수하게끔 하는 행위, 주인이 죽자 굶어서 죽었다는 행위 등에서는 차별성을 보여주고 있다. 대신 말의 신성한 혈통을 강조하지는 않고 있다. 따라서 말의 신성한 혈통 대신 특출한 행위를 과시하려는 데 이 이야기의 목적이 있다고 하겠다. 이런 데서 우리는 말을 둘러싼 서사적 기능이 행위 중심으로 확대되고 있음을 본다. 이른바 주인을 향한 말의 특정 행위를 충성, 복수, 의리 등의 유교적 이데올로기로 포장하고 있는 것이다.

그러나 한편으로는 그러한 말의 비극적 죽음을 인간의 사소한 실수와 연결 지어 이야기함으로써 말과 특정 인간의 관계에 내재되어 있는 문제를 제기하기도 한다. 『청구야담』에 실려 있는 또 다른 이야기에서는 금양위錦陽尉 박미朴瀰(선조의 딸 정안옹주貞安翁主와 혼인하여 금양위에 봉해짐. 『청구야담』에는 박분朴㟱으로 기록되어 있음)가 주인공으로 등장하고 있는데, 인조반정을 예시하는 행위까지는 동일하다. 그러나 이후에서는 이제까지와는 전혀 다른, 약간은 허탈한 내용이 제시되고 있다. 어느 날 사신이 심양瀋陽으로 출발하여 하루 후면 압록강을 건널 터인데, 문서 중에 잘못된 곳이 있음을 알게 되었다. 금양위의 말을 보내게 되었는데, 공이 말을 타고 가는 사람에게 의주義州에 닿으면 말에게 아무것도 먹이지 말고,

이틀을 안정시켜야 한다고 일러주었다. 말을 타고 간 사람이 다음 날 새벽에 의주에 닿았는데, 다른 사람들이 금양위 집 등 굽은 말이라 하면서 물과 콩을 먹이니 말이 즉사하였다. 『동야휘집東野彙輯』, 『기문총화記聞叢話』, 『매옹한록梅翁閑錄』에도 거의 동일한 이야기가 소개되어 있는데, 『동야휘집』에만 편자 이원명李源命(1807~1887)의 논평이 달려 있다는 점에서 차이가 있다. "말이 주인을 알아보는 정이 있으니 기특하다. 천리마를 기름에 방법이 있다"는 게 그의 논평이다. 천리마와 그의 주인 간의 관계가 얼마나 돈독하게 얽혀 있는가를, 말하자면 얼마나 운명적인가를 지적했다고 할 수 있다. 그러나 천리마가 자신을 알아주는 주인에게만 충성과 의리를 다하고, 때로는 복수를 하는 현실의 저변에는 그것을 부정적 시각으로 바라보았던 부류들의 의도도 도사리고 있었다고 보는 게 옳다. 먹이를 주어도 먹지 않으면 될 것을, 아무리 천리마라도 그것을 극복하지 못하고 있음은 무엇을 뜻하는가? 결국 인간의 문제임을 말하고 있는 게 아닌가? 아무리 보잘것없는 인간일지라도, 인간이 일의 성패를 결정하는 주체라는 인식의 작동일 것이다. 역사는 천리마를 소유한, 또는 천리마와 운명적 관계에 있는 사람들만의 몫은 아니기 때문이다.

최원오

참고 문헌

김석익, 『耽羅紀年』(1918)

서대석 편저, 『조선조문헌설화집요 I』(집문당, 1991)

서대석 편저, 『조선조문헌설화집요 Ⅱ』(집문당, 1992)

최원오, 『동아시아 비교서사시학』(월인, 2001)

현용준, 『제주도무속자료사전』(신구문화사, 1980)

중국의 말 이야기의
서사 구조

이동 수단으로써의 말이 갖춰야 할 기본 조건 : 빠름

  이동과 관련하여 말은 인간의 삶에서 떼어놓을 수 없는 동물 중의 하나이다. 『주역周易』「계사하繫辭下」의 "소를 부리고 말을 탈 수 있게 하여 무거운 것을 끌고 먼 곳까지 이르러 천하를 이롭게 했다"는 내용은 이를 잘 말해준다. 여기서 우리가 생각해볼 것이 있는데, 그것은 바로 '속력'이다. 자동차, 기차, 비행기 등 이동 수단의 역사가 '속력'과 밀접한 관련 하에 발전되어왔다는 것을 고려해볼 때, '속력'은 이동 수단이 갖춰야 할 가장 중요한 속성인 것이다.

  따라서 이런 점에 유의하여 보자면, 말이 얼마나 빨리 달릴 수 있는가의 문제는 일상생활에서 뿐만 아니라 문학의 소재로써도 당연히 주요한 관심거리였을 것이다. 빨리 달릴 수 있는 능력으로써 말의 우열을 나눈다든지 등급을 결정하는 것은 이와 무관하지 않다고 하겠다. 『습유기拾遺記』에 실려 있는 「주목왕팔준周穆王八駿」의 내용은 이 점을 잘 설명해준다.

주나라 목왕은 즉위한 지 32년째 되던 해에 순수巡狩를 하였는데, 그때 그는 여덟 마리의 용마龍馬를 몰고 다녔다. 첫 번째 말은 절지絶地라고 하는데, 발로 땅을 밟지 않았다. 두 번째 말은 번우翻羽라고 하는데, 새보다 더 높이 날아다닐 수 있었다. 세 번째 말은 이름이 분소奔霄로 밤에도 만 리 길을 갈 수 있었다. 네 번째 말은 이름이 월영越影으로 해를 쫓을 수 있었다. 다섯 번째 말은 유휘踰輝라 하는데 찬란한 빛깔의 털을 가졌다. 여섯 번째 말은 초광超光이라 하는데 하나의 몸에 열 개의 그림자가 있었다. 일곱 번째 말은 등무騰霧로 구름을 타고 다녔다. 여덟 번째 말은 협익挾翼으로 몸에 날개가 돋아 있었다. 목왕은 이 여덟 마리 말을 돌아가며 탔으며, 고삐를 쥐고 천천히 다니면서 천하의 땅을 순시했다. 목왕이 신령한 지혜와 원대한 지략으로 사해에 두루 발걸음을 닿게 하자 절지 등과 같은 것들이 뜻밖에 저절로 나타났던 것이다.

목왕(BC 1001~BC 947)은 주周나라 5대왕으로, 중국 전국토를 돌아다녔다고 한 인물이다. 중국 전국토가 얼마나 광대한가를 생각해볼 때, 천하 순수가 실제적으로 가능했던가는 의문이다. 그러나 그것이 가능했던 것은 그가 소유하고 있던 특별한 말 때문이었다고 하니, 이동 수단이 뛰어나다면 전혀 불가능한 일만은 아닐 것이다. 즉 흙을 밟지 않을 정도로 빨리 달리는 절지, 새를 추월하는 번우, 하룻밤에 약 4천 킬로미터를 달리는 분소, 자신의 그림자를 추월하는 월영, 빛보다 빠른 유휘와 초광, 구름을 타고 달리는 등무, 날개가 있는 협익 등의 말이 있다면, 목왕이 아니라 그 누구라도 충분히 가능한 여행인 셈이다.

자동차와 같은 현대의 교통수단이 있더라도 넓은 초원에서 말은 여전히 중요한 이동 수단이다
몽골, 필자 촬영(2010. 07.)

그런데 목왕이 이들 말을 타고 신선 세계도 왕래하였다고 한 것을 보면, 그 빠르기가 천하 순수 그 이상의 것도 가능케 하는 것이었음을 알 수 있다. 『습유기』에 이르기를, 목왕이 자유자재로 돌아다니면서 온 천하에 수레바퀴와 말굽 자국을 남겼고, 명산대천을 자유롭게 오를 수 있었다고 하는 한편, 보통의 인간이 다다를 수 없는 곳, 즉 신선들의 세계도 쉽게 왕래할 수 있었음을 말하고 있다. 즉 "동쪽에서는 거인대에 오르고, 서쪽에서는 서왕모 집에서 연회를 즐겼으며, 남쪽에서는 큰 자라와 악어가 만든 다리를 건넜고, 북쪽에서는 적우積羽 땅을 지났다"고 한다. 또한 「목천자전穆天子傳」에도 목왕이 곤륜산崑崙山까지 가서 서왕모西王母를 만났다는 내용이 보인다. 이처럼 목왕은 현실계와 비현실계를 자유로이 왕래할 수 있었으니, 그가 타고 다녔던 여덟 필의 준마는 이제까지 인류가 발명한 그 어떤 이동 수단보다도 뛰어난 것이었음을 알 수 있다.

용마龍馬의 탄생 : '빠름'에 투사된 권위의 산물

그렇다면 이러한 말이 실재하였을까? 이에 대한 답을 얻기 위해서 우리는 그 여덟 필의 준마를 '용마'라고 지칭하였다는 점에 주목할 필요가 있다. 용마, 말 그대로 용의 속성을 타고난 말이라는 뜻이니, 이 뜻대로 보자면 용마는 실재하였다고 보기 어렵다. 용이라는 동물 자체가 상상 동물인데, 말이 어찌 상상 동물의 속성을 갖출 수 있겠는가. 『흡문기洽聞記』의 기록은 이 점을 잘 말해준다. 당나라 무덕武德 5년(622) 3월에 경곡현景谷縣 치소의 서쪽에 있는 물에 용마가 살았는데, 용의 몸에 말의 머리를 하고 있었으며, 머리 위에는 흰색의 뿔 두 개가 나 있었다고 한다. 또한 몸에는 비늘과 단단한 껍질이 있었고, 비늘에는 오색의 가로무늬가 나 있었다고 한다. 이러한 기록을 근거로 용마의 실재성을 증명할 수 있는가? 애써 설명하지 않아도, 말이 물에 산다는 서식 환경뿐만 아니라, 그것이 보여주고 있는 신체 특징이 우리가 일반적으로 확인할 수 있는 말의 습성과 속성에서 벗어나 있음을 알 수 있을 것이다.

문제는 실재하지도 않고, 실재할 수도 없는 용마를 왜 상상했는가 하는 점이다. 원래 목왕 소유의 여덟 필의 준마는 주나라 무왕武王이 은殷나라의 폭군 주왕紂王을 물리칠 때 동원되었던 전투마戰鬪馬의 후예였다. 그런데 전쟁이 끝나고 이들 전투마는 산에 풀어 놓이게 되어 야생마로 자란다. 그러던 중 당시의 최고 말몰이꾼이었던 조보造父가 이들 야생마를 잡아 길들이게 되는데, 이들 말이 목왕의 여덟 필 준마였음은 물론이다. 주지하다시피 무왕은 주나라의 첫 군주이다. 첫 군주가 부리던 전투마의 후예를 타고서 목왕이 중국의 천하를 순수하였다는 것은 무엇을 의미하는가? 여러 추측이 가능할 수 있겠지만, 가장 타당한 추측은 영토 확장일 것이다. 이를 위해 가장 필요한 것 중의 하나가 빨리 달릴 수 있는 말이었을 것임은 자명하다. 이미 그의 선조이자 주나라의 건국주인 무왕이 전투마를 끌고서 그러한 교훈을 몸소 보여주지 않았는가. 또한 목왕이 지방을 순수하는 도중에 서徐나라가 난을 일으키자 목왕이 수도로 돌아와 난을 진압하게 되는데, 이것이 가능했던 것은 수레를 잘 다루었던 조보의 기술도 있었겠지만, 근본적으로는 그 수레를 끄는 말들의 특별한 능력, 즉 얼마나 빨리 목적지에 도착할 수 있는가의 능력이었다.

따라서 이런 점들을 종합해볼 때 목왕의 여덟 준마, 곧 여덟 용마는 제왕의 권위를 확장하고 유지하는 데 긴밀하게 기능하였음을 보여주는 대표 사례라고 할 수 있다. 그리고 여기에서 한 걸음 더 나아가서 이해하자면, 훌륭한 장수와 명마의 관계에 대한 이야기도 이러한 관점에서 이해할 수 있으리라고 본다. 명마의 권위를 드러내기 위해 장수가 존재하는 것이 아니라, 장수의 권위를 드러내기 위해 명마가 존재하는 것이야말로 둘 관계를 묶어주는 이치이기 때문이다.

용마의 후예들 : 매개자와 수호자로서의 말

주나라 목왕의 여덟 용마가 목왕의 권위를 상징적으로 나타내준다고 했을 때 우리가 주목한 것은 여덟 용마가 공통적 자질로서 보여준 능력, 즉 이동 수단으로써의 '빠름'이었다. 여덟 용마가 보여준 빠른 속력은 목왕의 통치가 원활하게 이루어지도록 하는 데 결정적 기여를 했던 것이다.

그러나 이들 여덟 준마를 좀 더 다른 관점에서 보면, 현실계와 비현실계를 매개하는 '매개자'로서의 기능을 하고 있다는 점에 주목할 수 있을 듯하다. 무슨 말인가 하면, 목왕은 신선들이 사는 곳을 방문하여 그들과 교유하기도 했는데, 서왕모와의 애정 행각은 그러한 대표적 예다. 목왕이 여덟 용마를 소유하지 않았다면 어찌 그러한 일이 가능했겠는가. 다시 말해서 여덟 용마 없이 목왕이 신선 세계에 진입할 수 있었겠는가. 따라서 이 점에 주목하면 용마와 같은 특별한 말은 '이곳'과 '저곳'을 중개하는 매개자의 기능을 수행하였다는 것을 알 수 있는바, 여기서는 이 점을 기초로 하여 말에 표상된 서사적 의미를 추가적으로 검토한다.

매개라고 하는 것은 일종의 연결 고리와 같은 것이다. 말이 매개가 되어 장소와 장소를 연결할 수도 있고, 사람과 사람을 만나게 할 수도 있고, 가난한 상태에서 부유한 상태로 전환시킬 수도 있다. 주나라 목왕이 서왕모가 있는 신선 세계를 여행하였다는 것은 장소의 연결 문제이지만, 그 이외의 서사적 상황에서도 말은 중요한 매개 역할을 하고 있는 것이다. 이것은 말이 인류의 역사에서 중요한 위치를 차지하고 있는, 또는 차지해왔던 동물이라는 점을 말해준다. 그러나 대부분의 서사문학에서 말은 여타의 동물에 비해 단순 매개보다는 좀 더 비중이 높은 매개 기능을 하고 있다는 점에서 그 위치를 더 중요하게 생각해야 할 듯하다. 이것은 말이 매개 기능도 하지만, 대부분은 그보다 더 확장된 기능을 수행하는 데서 파악된다.

명대明代의 장편소설 『서유기西遊記』를 예로 들어보자. 주지하다시피 『서유기』에는 삼장법사三藏法師를 따르는 네 명의 제자가 등장하는데, 모두 의인화된 동물이라는 것이 특징이다. 그중의 하나가 서해 용왕의 아들인 용마이다. 그는 어떻게 해서 삼장법사의 제자가 된 것일까? 용마가 장난으로 궁전에 불을 지른 적이 있었다. 그런데 그때의 불로 궁전의 명주明珠를 태우게 된다. 그러자 서해 용왕은 천상에 상소를 올려 아들을 처벌해달라고 부탁하게 되고, 옥황상제는 서해 용왕의 아들을 사형에 처하도록 명령한다. 그때 마침 천축天竺으로 경經을 구하러 가는 사람들을 찾아다니던 관음보살이 이를 보고 옥황상제에게 살려줄 것을 청한다. 이것이 인연이 되어 용마는 삼장법사가 경을 구하러 가는 대열에 합류하게 되는데, 구체적으로는 삼장법사를 태우고 천축으로 무사히 가는 게 그의 임무이다. 따라서 이 작품에서 용마는 공간과 공간을 매개해주는 기능을 하는 것으로 볼 수 있다.

그러나 용마의 기능은 여기에 그치지 않는다. 삼장법사와 그의 나머지 제자들이 곤경에 처하면 용마가 뛰어들어 이들이 곤경을 벗어나는 데 일조를 하고 있기 때문이다. 예컨대, 제30회에서 용마는 삼장법사의 세 제자가 어려운 상황에 빠지자, 그 상황을 타개하기 위해 하늘로 날아올라 용으로 변하여서 요마妖魔와 일전을 치른다. 그러나 용마는 요마와의 일전에서 다리를 다치고 도망하여 나와서는 손오공에게 도움을 요청하자고 저팔계를 설득한다. "큰형을 만나서 스승님이 변을 당한 사실은 말하지 말고 그저 스승님께서 몹시 보고 싶어 한다는 말만 하란 말이야. 그래서 여기까지 데려오기만 하면 이곳 사정을 보고서 반드시 분개하게 될 거고, 따라서 요마를 때려잡고 스승님도 구해내려고 할 거야." 이러한 설득의 말로써 저팔계는 손오공을 데려와 마침내 곤경의 상황을 해결하게 되는바, 이는 어찌 보면 자기가 보필해야 할 무리, 그중에서도 특히 삼장법사를 보호하고자 하는 심리의 발휘라고 할 수 있다. 물론 용마를 비롯한 나머지 제자들이 삼장법사와 동행하는 것은 자신들의 죄를 씻기 위한 속죄贖罪로써의 동행이기에, 그 의미를 낮춰볼 수는 있으리라고 본다. 그러나 용마의 경우, 다른 제자들과는 달리 삼장법사를 그의 등에 태우고 다녀야 하는 임무 때문에 삼장법사에 대한 밀접한 친밀감 내지는 보호 심리를 더 강렬하게 발휘할 수 있는 처지임을 고려할 필요가 있다. 이는 여타의 서사문학에서 말이 자신의 주인을 구하기 위해 왜 헌신 내지는 수호 행위를 하는가를 이해할 수 있는 단서가 된다.

이를 이해하기 위해 『저궁고사褚宮故事』에 소개되어 있는 사마휴지司馬休之의 이야기를 보도록 하자. 진晉나라 사마휴지가 형주자사荊州刺史로 있을 때, 후에 남조南朝의 첫 번째 왕조인 송宋의 초대 황제, 즉 무제武帝가 되는 유유劉裕가 사신을 보내 포위했으나 사마휴지는 그것을 알아차리지 못하고 있었다. 그는 늘 타고 다니던 말을 침상 앞에 두고 기르고 있었는데, 한번은 웬일인지 계속해서 울기만 하고 먹이도 먹지 않은 채 안장만을 뚫어지게 바라보았다. 사마휴지가 시험 삼아 마구馬具를 올려놓았으나 꿈쩍도 하지 않았다. 이에 사마휴지가 마구를 내리고 다시 돌아와 자리에 앉자 말은 다시 놀라 펄쩍펄쩍 뛰었다. 그러기를 서너 차례 되풀이하다가 사마휴지가 말을 타고 황급히 문밖으로 나가자 말이 몇 리를 쏜살같이 내달렸다. 사마휴지가 뒤를 돌아보았더니 이미 유유가 보낸 사신이 도착해 있었다. 이에 사마휴지는 멀리 도망가 화를 면할 수 있었다. 이 이야기에서 유유가 사마휴지를 잡으려 했던 것은, 사마휴지가 형주자사로 있으면서 뭇사람들의 마음을 얻고 있었는바, 유유는 그것을 속으로 꺼렸기 때문이다. 제왕이 되고자 했던 유유의 입장에서 보았을 때, 당연한 처사였으리라고 짐작할 수 있는데, 정작 사마휴지는 그 위기를 감지하지 못한다. 그러나 다행스럽게도 그가 부리던 말이 주인에게 앞으로 닥칠 사태를 예지預知하고, 위기에서 주인을 구한다. 주인을 향한 말의 수호 정신이 너무나도 강렬하게 잘 드러나고 있음을 확인할 수 있다.

주인의 분신 : 인간과 동물의 경계 넘기

말이 그의 주인을 보호하고자 하는 행위가 이 정도라면, 우리는 말을 동물 그 이상의 존재로 볼 수도 있지 않을까 하는 생각을 해볼 수 있을 것이다. 주인이 죽자 말도 따라 죽는 이야기가 이 경우에 해당한다. 회남통군淮南統軍 진장陳璋이 평장사平章事의 직책을 더해 받고 조정 관리로 임명되었다. 당시에 집정하고 있던 이변(880~943, 오대십국五代十國 시대의 남당南唐의 초대 황제)이 진장에게 "내 공에게 경하도 할 겸 찾아보러 갈 것이오. 또 간 김에 공의 집안에서 사윗감을 하나 구할 참이니, 공께서 먼저 집에 돌아가 있으면 내가 곧 도착할 것이오"라고 말한다. 이에 진장은 자신의 적마赤馬를 타고 집에 가다가, 도중에 말이 넘어지는 바람에 말에서 떨어지고 말았다. 얼마 후 이변이 도착했는데, 아픈 몸을 끌고 밖으로 나오는 진장을 보고는 잠깐 동안 사윗감을 고른 뒤 곧바로 떠났다. 그러자 진장은 말에게 꾸짖기를, "내가 관직에 임명되고 또 혼사를 논의해야 하는 이런 판국에 네가 어떻게 나를 땅에 떨어뜨릴 수 있단 말이냐! 짐승을 차마 죽일 수는 없으니, 다시 끌고 가되 여물을 먹이지 말고 굶겨 죽여라!"라고 말한다. 그날 밤 마구간지기가 몰래 꼴과 여물을 말에게 가져다 주었는데, 말은 쳐다보기만 할 뿐 아침이 되도록 먹지 않았다. 이런 식으로 며칠이 지나자 마구간지기는 진장에게 그 사실을 알렸다. 진장은 다시 그 말을 끌고 오게 한 다음, "네가 자신의 죄를 이미 깨달았으니, 너를 풀어주겠다"고 말한다. 그러자 말은 펄쩍펄쩍 뛰며 좋아했다. 그리고 그날 밤에는 예전과 마찬가지로 음식을 먹었다. 후에 진장은 선성을 진수鎭守하러 갔다가 관직을 마치고 돌아오는 길에 죽었는데, 말 역시 슬피 울다가 한 달 뒤에 죽었다. 『계신록稽神錄』에 기록되어 있는 이야기다. 이 정도라면 주인의 말을 알아듣는 말이라고 할 수 있으니, 인간과 동물의 경계를 거의 벗어났다고 할 만하다. 주인에 대한 충성과 복종을 인간만이 보일 수 있는 것이 아님을, 진장의 적마가 잘 보여주고 있는 것이다.

이에 더하여 주인이 죽자 말도 슬피 울다가 따라 죽었다는 것, 충성과 복종 행위의 극치가 아닐 수 없다. 주인이 없는데, 자신만 살아서 무엇하겠느냐는 것이다. 흔히들 부부를 일심동체라고 하는데, 진장의 적마야말로 그에 견줄 수 있지 않을까 한다. 주인의 분신과도 같은 존재라는 각성, 다시 말해서 하나의 공동 운명체와 같은 존재라는 각성, 그것이 적마의 운명이었다는 점에서 말이다.

최원오

참고 문헌

나선희, 「'서유기' 연구-허구적 세계에 대한 인식을 중심으로」(서울대 박사 논문, 2001)

李昉 등 모음, 김장환·이민숙 외 옮김, 『태평광기 18』(학고방, 2004)

일본에 있어서의
말

말 사육술의 도입

말이라는 동물은 4세기 이전까지 일본 열도에는 존재하지 않았다. 3세기 전반 일본(왜국)에 대해 기술한 중국의 역사서 『위지魏志』에는 '우牛 · 마馬 · 호虎 · 효豹 · 양羊 · 작鵲'이 없다는 구절이 있다. 이 기술이 정확하다면 일본에는 호랑이와 양 외에도 소, 말과 같이 십이지에 포함되는 동물 중 네 마리가 3세기의 시점에는 존재하지 않았다. 호랑이는 동물원을 빼고 일본에서 번식하는 일은 없었지만, 가축인 소, 말, 양은 결국엔 일본에도 수입되어 번식하게 된다.

5세기가 되면 고분에서 마구류馬具類가 많이 출토되어 4세기 말 또는 5

세기 말에 말이라는 동물 사육이 일본 열도 내에서 시작되었다는 것을 시사한다.

『일본서기日本書紀』에는 4세기 말에서 5세기 초의 오진 천왕應神天皇 재위 시절 백제인에 의해 말 사육이 시작되었다고 쓰여 있다.

> (오진 천왕 15년) 백제왕이 아직기阿直岐를 시켜 양마良馬 두 마리를 바쳤다. 가루輕의 사카노우에坂上에 있는 마구간에서 그 말을 사육했다. 말의 사육은 아직기에게 맡기고 말을 기르는 그 지역을 우마야사카廐坂라고 이름 지었다.

> (應神天皇十五年) 百濟王遣阿直岐 貢良馬二匹 卽養於輕阪上廐 因以阿直岐令掌飼 故號其養馬之處曰 廐 阪也

가루輕는 나라奈良 분지의 동남쪽의 코너에 위치한 아스카明日香에 접한 지역이다. 이 지역은 외국에서 건너온 씨족으로 알려진 야마토노아야東漢 씨가 후대에 거주한 땅이다. 그리고 사카노우에坂上라는 성姓은 간무 천왕桓武天皇(9세기 초 재위) 때에 동북 지방을 정복한 대장군大將軍, 사카노우에노 다무라마로坂上田村麻呂의 성이며, 이것은 일본에서 처음 말이 사육됐다고 알려진 '사카노우에坂上'라는 지명에서 유래된 것이다. 말은 농업에도 이용되지만 고대 일본에서는 군사 목적이 제일 우선이었다. 말의 사육이 시작된 지역의 지명을 성으로 삼은 사카노우에 씨 집안에서 대장군이 배출된 것도 자연스러운 결과라고 할 수 있다.

군사기술로써의 기마騎馬

일본에서 말이 군사 목적으로 쓰였다는 것은, 말의 안면에 씌우는 말의 투구(마주馬胄)가 5세기대의 일본 고분에서 출토된 사실에서 뚜렷하게 알 수 있다. 마주는 철제이며, 예를 들어 와카야마 현和歌山縣 오타니 고분大谷古墳(5세기 말경 축조)에서 출토된 마주는 부산 복천동에서 출토된 마주와 흡사하다. 때문에 이 마주는 한반도에서 건너간 기술자에 의해 제작된 것이라고 생각된다.

그러면 왜 5세기 초에 일본에 갑자기 말이 보급된 것일까. 『일본서기』에 의하면 처음 말을 사육하게 한 오진 천왕은 지쿠시築紫(규슈九州) 북부에서 태어나 야마토大和(나라 현奈良縣)에 군사적인 압력을 가해 천왕이 되었다고 한다.

앞에 인용한 『일본서기』에 기술된 말의 일본 유입에 대해 『일본서기』와 같은 일본의 고대 역사서 『고사기古事記』를 보면, 백제의 초고왕이 보낸 것으로 되어 있다. 『고사기』에 등장하는 초고왕은 『삼국사기』에 나오는 근초고왕(재위 346~375)을 일컫는데, 일본 오진 천왕의 재위 기간은 오진 천왕릉으로 알려진 고분의 연대 등을 생각하면, 4세기 말부터 5세기 초까지로 생각된다.

오진 천왕릉과 그 자손인 닌토쿠 천왕仁德天皇릉은, 길이 4백 미터를 넘는 세계 최대의 무덤이다. 가까이서 보면 고목이 무성하게 자라 있어 산으로 보인다. 진시황제릉 220미터를 훨씬 뛰어넘는 거대한 능으로, 묘에 묻힌 인물이 강대한 군사력과 병사 동원력을 가졌던 것을 말해준다.

여기서 떠오르는 것은 중국 지린 성吉林省 지안 시集安市에 있는 '광개토왕비'에 기술된 내용이다. 그것은 바다를 건너가 광개토왕의 고구려군과 전투를 벌이지만 격파당해 괴멸된 '왜'이다. 광개토왕비의 기술을 둘러싼 해석에서 일본과 한국의 고대 사학자 간에 상당한 이견을 보이지만, 예를 들어 1980년대 지린 성의 역사연구소 왕지엔췬王建軍 소장 등이 해석한 것처럼, 필자는 '왜'가 바다를 건너와(백제와 연합해) 고구려군과 싸워서 패했다는 해석이 맞는다고 생각한다. 필자는 2008년에 지안을 방문해 현지 박물관 관장에게 실물을 앞에 두고 비문 읽는 법을 전해 들었는데, 기본적으로 왕지엔췬 지린 성 역사연구소 소장과 같았다. 비문의 균열된 틈과 벗겨져 떨어져 나간 부분도 하나하나 실물을 가리키면서 설명을 들었는데, 그 해설은 설득력이 있었다.

먼저 『고사기』에 이름이 등장한 근초고왕은 고구려와 격렬한 전투를 벌이고 있었다. 오진 천황 시대라면 조금 늦는 감이 있지만, 백제와 고구려의 공방전 속에서 왜가 백제 측에 가담하는 것은 있을 수 있다. 왜냐하면 오진 천황이 강대한 군사력의 소유자라는 것을 능묘의 거대함이 말해주고 있기 때문이다.

인구가 많았던 왜인이 『삼국지』에서 말하는 변한辯韓의 풍부한 철제품으로 무장했다면 그것은 강대한 군사력이 된다. 그렇지만 고구려의 남하에 위협을 느낀 가야인들이 백제와 동맹을 맺고, 그와 동시에 기원전부터 철 무역을 통해 깊은 관계를 맺었던 기타큐슈北九州인들에게까지 가담을 요구했다고 해도 이상하지 않다고 필자는 생각한다.

오진 천황의 선조가 한반도에서 건너온 것은 거의 확실하다고 생각되며, 그 출신을 생각하면 오진 천황의 씨족은 가야 철제품의 수입과 판매를 생업으로 하고 있었다고 할 수 있다. 하지만 규슈 북부에서 태어났다는 『일본서기』의 기술을 부정할 필요도 없을 것이다. 오진 천왕이 한반도에서 태어나 건너온 '1세'였을 가능성에 대해 부정하지는 않는다. 하지만 광개토왕비에 고구려군과 한반도 남부에서 전투를 벌인 상대가 백제와 '왜'라는 것을 믿는 한 왜의 근거지는 규슈 북부이며, 그 '왜'의 주체는 오진 천왕 조상의 씨족이었다고 생각해야 할 것이다.

왜인 집단으로, 즉위 전 오진 천왕의 병사들은 배로 현해탄을 건너 가야나 백제군과 연합해 광개토왕의 군대와 싸우고 처참하게 패했다. 도망쳐 돌아온 오진 천왕의 군대는 다음에는 동쪽 야마토의 정복을 계획했다. 고구려군과의 격렬한 전투로 단련된 '베테랑'들의 군대는 야마토 정복에 성공한다. 오진 천왕은 야마토의 왕으로서 즉위한 것이다.

마구 제작과 도래인

와카야마 현和歌山縣은 고대에 '기ォ'의 나라로 불렸으며 그것은 '紀'라는 글자로 대신할 수 있다. 그러나 그것은 목재가 풍부한 것에서 유래한 '木(일본어에서 '기'로 발음)'의 나라라는 의미였을 것이다. 한편으로 와카야마가 근거지인 '기씨紀氏, 기노오미紀臣' 일족은, 예를 들어 앞에서 쓴 오타니 고분의 마주 등 한반도에서 유래하는 무기, 마구를 소유하고 있었으며 출신이 한반도에서 건너온 도래인渡來人일 가능성이 높다. 그리고 그럴 경우 『일본서기』에서 초고왕의 대목에 등장하는 백제 장군의 성이 '목라木羅', 즉 '목木'인 것에 주목해야 한다. 오진 천왕은 기타큐슈에서 출생했을지도 모르나 도래인의 한 부류일 가능성이 높다. 『일본서기』

가 한반도에서 벌어진 전투에서 활약했다고 전하는 '기씨' 출신이 백제 또는 가야일 가능성은 더욱 높다.

　이처럼 야마토를 규슈부터 정복한 군사 집단의 우두머리가 일본 열도 내에 말이라는 강력한 전투 수단의 도입을 시도한 이야기가 앞의 오진 천왕 15년조에 전해지는 백제의 아직기 이야기라고 할 수 있다. 왜 그렇게 오진 천왕은 말의 도입에 집착한 걸까. 그것은 한반도 남부에서 벌어진 전투에서 고구려의 기마 부대에게 처참히 패배한 쓰라린 기억에서 비롯된 것이라고 생각할 수 있다. 임진왜란이 시작되었을 무렵 조선 측은 일본의 신병기와 철포에 큰 피해를 입었다. 당연히 그 경험을 토대로 철포에 대해 배우려고 했다. 5세기대의 일본에서 말에 관련된 기술을 필사적으로 학습하려고 한 사실은 그것과 견줄 만한 상황이라고 할 수 있다. 5세기대의 일본 고분에는 하니와埴輪라고 불리는 도기 인형이 다수 발견되는데, 거기서 나타나는 사람의 복장은 4세기 이전과는 크게 다르다. 3세기의 『위지魏志』「왜인전倭人傳」에서 왜인은 '관두의貫頭衣'라고 불리는 옷을 입었다. 고분 시대인 5세기가 되면, 상하가 분리된 투피스의 옷으로 아랫부분의 바지 옷자락이 끈으로 묶여 있다. 이것은 바지 옷자락이 풀려 있으면 승마 시에 엉켜서 방해가 되어 위험하므로 승마를 하기 위한 복장을 취한 것이 명백하다. 5세기의 일본은 기마민족적인 복식으로 전환되는 복식 혁명의 시기였다.

　중국의 한漢민족은 원래 농경민으로 기마의 풍습을 몰랐다. 그렇지만 북방 기마민족과의 교전을 통해 복장도 기마민족 복장을 갖추게 된다. 전국시대의 조趙 무령왕武靈王의 기마민족 풍습은 복식을 이용한 '호복기사胡服騎射'인데, 이것과 같이 '말'에 기인한 문화혁명이 5세기 일본에서 일어난 것이다.

　어쨌든 필수적인 군사기술, 그리고 말의 사육과 마구 생산은 6세기에 일본 전국에 보급된 철제 기술과 같이 5세기부터 6세기에 걸쳐 가장 중요한 선진적인 산업이었다. 마구 제작자는 선진 기술자였다. 6세기 고분에서는 축전 등의 행사에 사용되었다고 추측되는 화려한 금동제의 안장이 종종 출토된다. 6세기 말기의 후지노키藤ノ木 고분(나라 현)에서 출토된 금동제 안장은 대표적인 유물이다.

　이런 금동제 안장을 만든 기술자도 당연히 도래인이라고 추측된다. 호류지法隆寺의 금동제 석가삼존상釋迦三尊像(7세기 초) 등 일본 최초의 불상 제작자로서 알려진 도리止利의 속세에서의 성은 구라쓰쿠리鞍作로 마구 제작 기술자의 집안이었다고 생각된다. 마구 제작에 필요한 금동(청동에 금도금) 기술을 살려 금동 불상의 제작을 행한 것이다. 도리의 조부는 시바탓토司馬達等라고 『일본서기』에 쓰여 있는데, 백제의 성명왕으로부터 일본에 불교가 전해질 무렵, 즉 6세기 중반에는 이미 자택에 석불을 안치하고 숭상하고 있었다고 한다. 선진 기술자이며 도래인이었기 때문에 선진 사상과 종교로서의 불교도 하루 빨리 수용했다.

재래 말, 수입 말

　일본에서 메이지明治 시대 노일전쟁(1894~1895) 무렵까지 육지에서는 말이 가장 강력한 전쟁 수단이며 최속의 운송 수단이기도 했다. 일본의 재래 말은 유전자학적 연구로 몽골 말의 일종으로 알려져 한반도를 경유해 일본에 들어왔다고 추측된다.

일본의 재래종 말은 현재 약간이지만 남아 있어 홋카이도北海道, 나가노 현長野縣 기소木曾, 미야자키 현宮崎懸 도이미사키都井岬 등이 대표적 산지이다. 모두 신장 130센티미터 정도의 소형 말이다.

'가마쿠라鎌倉' 시대에 만들어진 군담『헤이케모노가타리平家物語』에서는 화려한 말을 타는 무사들이 주인공이며 명마名馬 몇 필도 등장한다. 그 중에서 인상적인 이야기는 고베神戸 해안 근처의 좁은 장소에서 주둔하는 헤이케平家의 진지가 공격당한 '이치노타니갓센一ノ谷合戰'이다. 미나모토노 요시쓰네源義經가 이끄는 겐지源氏의 군은 헤이케 진지 배후에 위치한 산에서 내려와 공격을 펼쳐 헤이케의 군을 물리쳤다.

요시쓰네는 말로도 이런 급격한 경사면을 가로지를 수는 없다며 부하들을 시켜 근처 주민에게 사슴이 이곳을 지나다니는지 묻는다. 그리고 사슴이 지나다니는 길이 있다는 대답을 얻는다. 요시쓰네는 '사슴도 네발, 말도 네발'이라며 말이 통행할 수 없을 리가 없다고 생각하고 무리한 작전을 감행했다고 한다. 이것은 일본의 재래 말이 몸체가 작고 언덕길을 오르내리는 것에 능통하다는 사실과 관련된다. 단거리의 평지를 고속으로 달리는 것을 특화시킨 서러브레드throughbread로는 그런 작전은 전혀 불가능할 것이다.

겐지 측의 장수로 알려진 하타게야마 시게타다畠山重忠는 이 '히요도리고에노 사카오토시鵯越の逆落とし'를 행할 때, 자신의 애마를 둘러메고 가파른 언덕을 달려 내려갔다고 한다. 실화는 아니겠지만 일본 재래 말의 몸체가 작기 때문에 생긴 일화라고 볼 수 있다.

이 '작은 일본 말'의 전통은 에도江戸 시대까지 계승되었다. 19세기 후반에 이르러 서양 제국의 군사적 위협이 현실로 다가오기 시작하자, 몸체로는 일본 말이 서양 말에 열등하다는 점이 강하게 인식되어 서양 말의 도입이 시작됐다.

동시에 일본 육군은 서양식의 기병대를 창설한다. 프랑스에 유학한 아키야마 요시후루秋山好古(1859~1930)는 일본 기병대의 창설자로 알려져 있다. 그가 만들어낸 일본 육군의 기병대는 노일전쟁에서 세계 최강이라고 알려진 코사크 기병 부대와 동등하게 싸워내 유명해졌다. 이것은 메이지 유신(1868) 이후 서양 문명을 도입해서 이룬 성과의 한 가지일 것이다. 다만 '승전 요인'은 기마 부대에 기관총을 장비시켜 방어적으로 사용한 전술, 즉 병기의 활용에 의한 것으로 기마 부대 자체의 힘에 의한 것이 아니라고 평가되기도 한다.

어쨌든 노일전쟁 이후 제1차 대전에서 전차가 발명되어 급속히 보급되자 말은 그 기능을 잃어버리게 된다.

스포츠로서의 승마

일본 기병대의 최후를 장식한 것은 로스앤젤레스 올림픽(1932)의 장애물 뛰어넘기 경기에서 우승한 니시 다케이치西竹一이다. 그는 귀족으로 남작의 칭호를 가졌기 때문에 아메리카 등지에서는 'Baron Nishi'라고 알려져 있었다. 다만 올림픽에서 탄 명마, 우라누스호는 니시가 이탈리아에서 사들인 말로 일본산 말은 아니었다. 군인으로서 니시 다케이치는 기갑 부대 소속이었으며 이미 기병대는 군사 목적으로서는 과거의 산물이었다. 니시는 태평양전쟁 중에 최대의 격전이라고 불리는 이오지마硫黃島의 전투에 참가해 그곳에서 전사했다. 아메리카 측에서는 로스앤젤레스의 마술경기 영웅이었던 니시 다케이치를 유감으로 생각해 반복해서 항복을 권유했다고 하나, 니시는 그것에 응하지 않고 전사했다. 실제로 그런 항복 권유는 없었다는 설이 있으며 전쟁 미담의 수수께끼로 남아 있다.

한편으로 말이 전쟁 목적에서 해방된 1945년 이후에는, 시민의 오락으로서 경마의 융성이 말의 생산을 돕게 되었다. 전설의 명마도 몇 마리 태어나 구미의 경마에 진출해 좋은 성적을 올리는 말과 기수도 나타났다. 하지만 아직 큰 레이스에서의 우승은 없는 것 같다. 일본산 서러브레드와 일본인 기수가 영국 더비 레이스에서 우승하고 난 후 처음으로 일본 말의 서양화가 이루어졌다고 할 수 있을지도 모르겠다.

더욱이 일본에서는 지방에 따라 말고기를 먹는 풍습이 있는데 나가노현長野縣, 구마모토 현熊本縣이 알려져 있다. 여기서 식용되는 말은 '경주말'이 되지 못한 수컷의 서러브레드이다. 말이 서양화되면서 그 뒤편에서는 이런 식으로 특수한 일본적 현상이 일어났다고 할 수 있다.

말에 관련된 신앙

일본에서 말에 관련된 신앙을 대표하는 것은 '마두관음馬頭觀音'이다.

본래 힌두교의 신이며 범명梵名은 하야그리바라고 하는데, 말의 목을 의미한다. 그리고 힌두교의 주신인 비슈누의 변화한 모습이라고 한다. 밀교가 융성했던 헤이안平安 시대에는 육관음의 하나로 많은 사원에서 숭배되어, 현존하는 헤이안 시대의 작품도 상당한 수에 달한다. 규슈 다자이부太宰府의 간제온지觀世音寺의 마두관음상은 높이 5미터에 이르는 거대한 관음상이다.

관음으로서는 특이하게 분노의 형상이며 일본 밀교에서 인기였던 부동명왕과 닮은 곳이 있다. 근세 이후 운반 수단으로서 서민 사이에서 말이 넓게 이용되었는데, 말이 수호신으로도 여겨져 신앙심을 불러일으켰다.

끝으로 간지干支에 관한 신앙(미신)으로 특이한 것은 '히노에우마丙午' 이다. 일본에서는 이해에 태어난 여성은 기가 세다고 알려져 결혼을 기피당하는 일이 많았다.

히노에우마의 해는 불의 성질이 겹쳐진다고 해서 '이해는 화재 등의 재난이 많다'는 등의 미신이 생겼다. 점점 그해에 태어난 사람은 기가 세다는 미신으로 변화했다.

게다가 에도 시대 전기에 이하라 사이카쿠井原西鶴의 『호색오인녀好色五人女』로 유명해진 이야기가 있다. 방화를 일으켜 사형을 당한 야오야오시치八百屋お七가 히노에우마의 해에 태어났다고 알려졌다. 에도 시대 중기 이후에는 이해에 태어난 여성은 기가 세고 남편을 쥐고 흔들며 남편의 수명을 단축시키고(남자를 잡아먹는다), 사후에는 '히노엔마飛緣魔'라는 요괴가 된다는 등의 미신이 성행했다. 사주추명四柱推命에서는 히노에우마의 날에 태어난 사람은 기가 세고 결혼 생활이 잘 풀리지 않는다고 해, 히노에우마의 날에 대한 관념이 히노에우마의 해에도 통용되게 되었다고 할 수 있다.

에도 시대 후기에 퍼져나간 이 미신은 제2차 세계대전 후에도 지속되어 히노에우마의 해였던 1966년에는 출생률이 현저히 감소했다. 결혼이 큰 화제가 된 후미히토 친왕文仁親王의 기코紀子 왕자비가 히노에우마 출생이라는 사실도 있어 최근에는 히노에우마에 태어나는 것을 기피하는 것이 줄어들고 있다고 한다. 여성이 반드시 결혼을 원하는 것은 아니라는 관점에서 생각하면 히노에우마 미신은 없어지는 것이 당연할 것이다.

맺음말

말은 군사적인 목적에서 5세기 이후에 일본에 급속히 유입되어 그 산지는 나가노 현長野縣, 군마 현群馬縣 등 동쪽 지방에 많았다. 그런 이유로 헤이안 시대 후기 '동국무사東國武士'의 출현과 큰 관계를 맺는다. 가마쿠라鎌倉가 근거지인 미나모토노 요리토모源賴朝의 군대는 기마 부대가 주가 되어 가마쿠라 바쿠후幕府의 정권 수립에 큰 영향을 끼쳤다. 교토京都를 중심으로 한 헤이케 정권이 남송南宋과의 해외무역 비중이 높고, 군사력도 수군水軍이 중심이었던 것과는 대조적이다.

에도 시대에 이르면 말은 민중의 수송 수단으로 넓게 이용되어 사람과 말의 관계는 국민적인 것이 된다. 라쿠고落語가(만담가)인 산유테이 엔초 三遊亭圓朝의 『시오바라다스케 일대기鹽原多助一代記』(1878)는 많은 인기를 끌어 가부키歌舞伎로도 많이 무대에 올랐다. 그 대표적 장면은 주인인 다스케多助에게 암살의 위기를 알려준, 그의 애마 아오靑와의 이별 장면으로 에도 시대 인간과 말의 관계가 감정적인 애정을 포함하고 있었던 사실을 여실히 보여준다.

제1차 대전 이후, 군사적인 용도로써 말의 기능은 사라지고 제2차 대전 후에는 경마의 광범위한 인기와 함께 경마용 말의 생산이 일본 마산업馬産業의 중심이 되었다. 승마는 구미에서는 넓게 사랑받는 스포츠지만, 일본에서는 넓은 토지 확보가 필요하기 때문에 별로 성했다고는 할 수 없다. 하지만 인간과 말의 관계는 동물과 인간의 관계를 대표하는 일례로 일본에서도 예외는 아니다. 군사적 용도로써의 말부터 인간과 동물과의 평화적인 공존의 상징으로서, 일본에 있어서도 말은 살아남을 것이다.

카미가이토 켄이치 | 심지연(도쿄대 대학원) 옮김

제 4 부

말과 종교

총론:
한중일의 말과 종교적 예식

땅 위에선 육신을, 하늘에선 영혼을 나른다

말의 이미지image는 박력과 생동감으로 수렴된다. 외모로 보아 말은 싱싱한 생동감, 뛰어난 순발력, 탄력 있는 근육, 미끈하고 탄탄한 체형, 기름진 모발, 각질의 말굽과 거친 숨소리를 가지고 있어 강인한 인상을 준다. 이러한 말은 고래로 원시미술 · 고분 미술 · 토기 · 토우 · 벽화 등에서 나타나고, 구전되는 이야기(신화, 전설, 민담, 속담, 시가), 민속신앙, 민속놀이 등 민속 문화 전반에서도 다양하게 전승되고 있어 일찍부터 우리 생활 문화와 밀접한 관계를 맺어왔음을 알 수 있다.

말은 역마 · 승마 등의 교통용, 전마의 군사용, 생산수단의 농경용, 그 밖에 말갈기馬髦 는 갓冠帽으로, 말가죽은 가죽신馬靴鞋 · 주머니, 말 힘줄

은 조궁造弓, 마분馬糞은 종이 원료 · 땔감 · 거름으로, 말고기는 식용으로
우리 일상생활에 널리 이용되었다.

말의 몸 구조는 뛰기에 적합하다

말은 유제목有蹄目 말과에 속하는 포유동물이다. 학명은 Equus caball-
lus L.이다. 말의 조상이라고 생각되는 동물의 화석은 유럽, 아시아, 아프
리카 등지에서 볼 수 있다. 이들은 지금으로부터 약 3백만 년 전으로 추
정된 신생대 제3기층 초기의 지층에서 발견된다.

오늘날 가축화된 말은 중앙아시아가 원산으로 추정된다. 말의 형태는
품종에 따라 차이가 많다. 일반적으로 몸은 원통형이며 전신이 짧고 윤
택한 털이 나 있다. 털은 목덜미와 꼬리 부분에서 길게 자라 각각 갈기와
미총모(꼬리털)를 이루고 있다. 긴 얼굴은 3분의 1이 뇌를 간직한 두개골
이고 나머지는 안면골이다. 말과의 동물은 모두 성격이 활동적이고 영리
하다. 밤낮을 가리지 않고 활동하지만 특히 어두워지기 시작하는 저녁에
이동한다. 또 무리를 지어 행동한다.

털의 색깔은 다양한데, 밤색의 율모栗毛, 붉은색의 다모茶毛, 검은색의
청모靑毛, 황백색의 월모月毛, 순백색의 백모白毛, 갈색에서 흑색으로 나중
에는 백색으로 변하는 위모葦毛, 흰백반의 박모駁毛 등이 있다.

말과의 동물의 몸 구조는 뛰기에 적합하도록 되어 있다. 이는 풀을 뜯
으며 이동하고, 나무가 적은 트인 초원 지대라는 환경이 만들어낸 몸의
구조로 적의 공격을 피해 달아나기 위한 수단이 된다. 말은 뛰는 데 적합

한 신체적 구조를 가지고 있다. 쇄골이 없이 다리 전체의 운동 폭이 크다. 사지가 길고 발목이라고 부르는 가는 관골에 살이 붙어 있지 않다. 사지의 근육은 몸통 가까운 쪽에 많이 붙어 있고 끝 부분은 적다. 따라서 사지 끝은 그만큼 가볍고 걷는 속도의 조절이 쉽다. 운동 중 호흡이나 순환을 하기 위한 많은 에너지를 소모하지 않는다는 구조상의 특징이 있다. 사지의 끝은 근육이 적은 대신 탄력성이 풍부한 힘줄이 많다. 말은 갤럽 Gallop을 할 때는 한 다리만을 사용하여 순간적으로 전 중량을 지탱해야 하기 때문에 이때 다리를 약간 굽혀 이 부담을 감내한다. 힘줄은 무게를 지탱하고 다음 순간에는 그 탄력으로 다리를 강하게 펼쳐 전진을 돕는다. 이 갤럽 주법은 말만이 가지는 특징 중의 특징이다. 갤럽은 일종의 도약운동으로 순간 몸 전체가 완전히 공중에 떠 있는 것이다. 이때 몸이 높이 떠오르는 것이 아니라 몸의 높이는 그대로 둔 채 무릎만 굽혀 지면에서 떼는 데 그친다.

말은 초식동물이다. 초식에 적합한 맹장을 가지고 풀이 풍부한 평원에 살며 대량의 풀을 먹는다. 영양가가 그리 많지 않은 풀만을 먹고 살자면 굉장히 긴 소화기관을 가져야 한다. 육식동물은 맹장이 극히 작지만 말은 굉장히 커서 여기에 먹은 것을 저장한다. 맹장에는 무수한 박테리아와 원충류로 된 장내세균총이 있어 먹은 풀이 셀룰로이드를 완전히 소화하는 것이다. 소가 먹은 풀을 일단 제1 위에 저장해두었다가 한가할 때 되새김질을 하는 것과 같이 말은 커다란 맹장에서 2차적 소화를 한다.

말은 서서 자는 습성이 있다. 말은 서서 쉬고 서서 잘 수가 있다. 선 채로도 피로하지 않은 것은 힘줄의 작용에 의한 것이다. 대퇴골과 하퇴골·슬개골(무릎뼈)이 관절을 못 움직이게 고정하고 근의 수축에 의한 에너지 소모를 억제하여 경제적으로 몸의 균형을 유지할 수 있는 독특한 구조적 기능에 의존한다. 또 무거운 머리를 가누고 있는 기다란 목은 경추(목뼈)에 연한 잘 발달된 목힘줄項靭帶의 작용에 의해 지탱된다. 이런 구조 때문에 서서 쉬고 서서 잘 수 있다.

말은 따뜻한 봄철 4, 5월에 출산을 가장 많이 한다. 임신 기간은 11개월이고 태어나자마자 곧 일어서서 걷기 시작한다. 젖을 떼는 것은 생후 5, 6개월이 지난 가을이고 차차 어미로부터 떨어져 혼자 행동한다. 말은 이유기를 포함한 몇 달 동안이 발육의 전성기로서 목의 뼈대와 내장 기관 따위가 급속도로 발달한다. 사료는 위가 작기 때문에 몇 차례 나누어주고, 잘게 부스러뜨린 귀리 · 밀기울 · 건초 · 짚여물 · 청초 따위를 먹인다.

말의 나이는 출생한 해로부터 한 살로 친다. 봄에 태어나 한 살, 그리고 첫 설을 쇠면 두 살이 된다. 말의 수명은 25~30년이 고작이다.

말의 품종은 형태, 원산지, 능력, 용도 등에 따라 다양하게 분류된다. 일반적으로 용도에 따라 타기 위한 승용乘用, 끄는 데 사용되는 만용輓用, 짐을 싣는 태용馱用 등이다. 체중에 따라 경종, 중종, 중간종 등으로 나누기고 한다.

우리나라에는 제주마가 있다. 제주마는 암수 평균 체고가 116센티미터 정도인 조랑말로서 소형마에 속한다. 제주도의 조랑말은 수컷보다 암컷이 체격이 약간 크고 체장體長이 체고體高보다 짧다. 제주마는 우리나라에서 오랜 세월을 지내온 관계로 기후, 풍토에 잘 적응되어 있고 체격이 강건하고 번식력이 왕성하다. 조식粗食과 조방粗放한 사양 관리에도 잘 견딘다. 능력이 우수하여 105킬로그램의 짐을 질 수 있고, 1일 32킬로미터씩 22일간을 행군하더라도 잘 견디어내는 체력과 인내력이 있다. 특히 굽이 치밀하고 견고한 장점이 있다.

우리 조상들은 말 타는 민족이었다

문헌상에 나타나는 말의 기사가 어떠한지를 우선 고찰하여본다. 기원전의 말에 관한 기록으로는 『사기史記』 「조선전朝鮮傳」이 있다

遣太子入謝 獻馬五千匹及饋軍糧

이 기록은 한나라와 대결하고 있던 위만조선이 한과 협상 과정에서 말 5천 필과 군사에게 먹일 군량을 바치려고 하였다는 내용이다. 여기서 말하는 5천 필은 위만조선衛滿朝鮮(BC 194~BC 108) 당시 말의 수가 상당했다는 사실을 알 수 있다. 위만조선 시대에 기마의 습속이 있었으며 이때 말은 전투에 활용되었으리라고 믿는다. 그다음에 『삼국지三國志』 「동이東夷전」 부여조에 나타난 말에 관한 자료이다.

其國善養牲 出名馬未玉
　男女淫 婦人妬皆殺之 尤憎妬已殺 尸之國南山上 至腐爛欲得
輸牛馬及與之

여기서 부여에서 명마가 산출되고 있음을 알려주고, 일반 '민' 들은 가정에서 소나 말을 사육하였으며, 필요에 따라서 언제든지 바꿀 수 있는

재물로써의 가치를 지니고 있었음을 알려주고 있다. 대부분 기록에는 보통 말이 있다고 서술되고 있는데 부여에만 명마가 난다고 기록하고 있는 점으로 보아 부여가 위치하고 있는 지형적 환경이 말을 중시하고 좋은 말을 생산하게 하였다는 사실을 짐작할 수 있다.

부여조의 두 번째 기록은 부여의 법속과 풍속을 약술한 자료로 시기가 아주 심한 여자를 죽인 후에 시체가 산 위에서 썩게 내버려두는데 여자 집에서 찾아가고자 할 때는 소·말을 보내야 되돌려 보내준다는 것이다. 여기서 말이 가정에서 사육되었고 재물의 가치를 지니고 있음을 알 수 있다.

金銀財幣盡於送死 積石爲封 列種松柏 其馬皆小 便登山

고구려의 말은 거의 다 작다고 기술하고 있다. 이것은 부여의 말과는 종류가 다르다는 인상을 받게 하며, 작기 때문에 산을 오르는 데 편리하다는 것으로 기마의 습속을 전해주는 것이다.

『삼국지』「동이전」 예조에도 말의 기사가 있다.

其邑落相侵犯 輒相罰責生口牛馬 名之爲責禍

果下馬 漢桓時獻之(臣松之 果下馬高三尺乘之可於果樹下行 故謂之 果下)

예濊에 말이 있는데 이 자료에 의하면 말은 배상하는 데 중요한 재산으로 간주된 듯하며, 산출되는 말이 작고 과수나무 밑을 통과할 수 있어 과

하마라고 부른다는 내용이다. 예의 앞 기록과 유사한 것이 부여에도 있었는데, 구체적으로 소·말이 명시된 것을 보아도 이들 가축이 매우 귀중한 재산이었음을 알 수 있다. 또한 고구려에도 말이 작아 산에 오르기 편하다는 점과 과하마의 기록으로 보아 작은 말들이 우리나라에 존재한 것은 틀림없다. 이렇게 볼 때 부여의 명마와 재래의 작은 말의 두 종류가 우리나라에 있었다는 사실을 알 수 있다.

다음은 『삼국지』「동이전」 동옥저의 말에 관한 사료이다.

宜五穀善田種 人性質直疆勇 少牛馬 便持矛步戰

이 내용은 밭곡식이 잘되나 우마가 작다는 것이다. 우리나라에 관한 기록 가운데서 말에 관한 이야기를 쓰면서 우마가 작다고 기술한 것은 이것이 유일한 예라고 할 것이다.

『삼국지』「동이전」 삼한에 관한 기록은 다음이다.

不知乘牛馬 牛馬盡於送死(馬韓條)
乘駕牛馬…… 便步戰兵杖與馬韓同(辯辰韓條)

마한은 우마를 탈 줄 모른다는 것이고 변·진한은 반대로 우마를 탈 줄 안다는 것이다. 그런데 앞서 진한의 기록에서 우마를 장사 지내는 데다 쓴다는 것은 부장시킨다는 의미인데, 현재까지 고고학적 자료에 의하면 그러한 예가 없다. 이렇게 되면 우마는 장사 지내는 의식에만 쓴다는 의미가 되거나 교통수단으로 쓴다는 의미가 될 것이다. 아무튼 위의 기록으로 보아 삼한에도 말이 있었음을 알 수 있다.

이상의 『삼국지』 「동이전」의 말 기록을 정리하면 다음의 몇 가지로 지적할 수 있다. 첫째, 부여의 명마와 재래의 과하마라는 두 종류의 말이 우리나라에 있었다. 둘째, 예나 부여에서는 말을 재산으로 간주해 재물과 바꿀 수 있다는 인상을 받게 하고, 동옥저는 말의 수가 적다는 사실이다. 셋째, 삼한 지역은 모두 우마가 있으나 마한은 말을 타지 못하는 반면에 변·진한은 말을 타는 것으로 되어 있다.

몸에 차고 나쁜 기운을 물리치는 청동제 말

마형대구馬形帶鉤는 어은동 출토의 청동 일괄 유물 중에 들어 있는 유명한 대구帶鉤이다. 말은 팽팽한 체구에 갈기를 세우고 꼬리를 짧게 잡아매어 말이 가지는 동력감을 잘 나타내고 있다. 이 유물은 주술적인 면과 토테미즘Totemism과 관계있는 것으로 해석된다. 청동제마靑銅製馬는 체구가 비교적 사실적으로 표현된 마형馬形으로 가슴에서 뒤로 구멍이 뚫려 역시 끈으로 몸에 차게 되어 있어 주술적인 의미를 지닌 호부護符적인 지물持物로 추정된다.

마형馬形을 비롯한 청동 동물상은 농경 사회에 있어서의 민속적 표현으로 모두 스키타이 문화 요소인 시베리아 지방계 문화의 계보로 나타나고 있다. 이것은 신상으로서 풍요·다산·안과·제액 등 주술 축원하는 종족 수호신 또는 민족 보호신·조상신으로 신앙된다. 그리고 동물숭배의 주술적 의미를 지닌 호부적인 보호신, 제사의기로서 토테미즘의 의의를 지닌 동물신으로서 신앙하기도 하였다고 해석되고 있다.

백마의 태몽은 길몽이다

한국인의 일생은 태몽에서 시작한다. 태몽은 태아를 잉태할 징조의 꿈이다. 잉태의 사실을 예측하는 방법으로 꿈을 풀이하는데, 그 형상에 따라 태아의 잉태 및 태아의 장래 운명을 예측하는 것이다. 태몽은 잉태할 태아와 특별한 관계가 있는 것으로 믿어왔다. 이러한 태몽은 주로 태아의 어머니에게 나타나는 것이 대부분이지만, 때로는 태아의 아버지 또는 가까운 친척(할아버지 · 할머니 · 외할아버지 · 외할머니)에게도 나타난다고 한다. 아래는 말과 관련된 태몽과 속신이다.

해삼을 삼키거나 말이 달리는 꿈을 꾸고 자식을 얻으면 장차 큰 인물이 된다.
백마나 달을 보는 꿈을 꾸고 자식을 낳으면 그 자식은 훌륭해진다.
말고삐를 넘으면, 달月을 넘겨 아이를 낳는다.
말고삐를 넘으면, 열두 달 만에 아이를 낳게 된다.

한국인에게 있어서 최고의 태몽은 용꿈이다. 용은 누구나 다 알다시피 상상의 동물, 왕권의 상징이다. 그것은 권력을 나타낸다. 그래서 용꿈은 태몽 중에 최고의 꿈이다. 장차 크게 이름을 떨칠 사내애를 낳게 될 태몽이 용꿈인 것이다. 이 용꿈에 못지않게 말, 특히 백마의 꿈은 태몽으로서 길몽이다. 말은 남성 상징이다. 그래서 남성 상징인 말, 특히 백마 꿈을 꾸고 자식을 낳으면 그 자식이 훌륭해진다는 것이다. 말을 타는 사람은 일단 훌륭한 사람이다. 장원급제 한 사람, 높은 벼슬에 있는 사람, 심지어 신神들이다. 그래서 태몽으로서 말꿈은 길몽이다.

신랑이 백마를 타고 신부 집에 장가든다

예로부터 신랑이 신부 집에 갈 때 백마를 타고 가는 풍속이 있었다. 친영의 단계에 속한다.

신랑이 백마를 타고……
新郎跨白馬

우리 풍속에 혼례를 행할 때 신랑은 백마를 타고
我俗閭里에 將行婚禮에 新郎騎白馬ᄒ고

신랑이 나와서 말을 타고 신부 집에 이르고……
壻出ᄒ야 乘馬至女家ᄒ야 竢于次ᄒ고…… 姆奉女出竢ᄒ야 登車ᄒ고 壻乘馬ᄒ고 先歸之家ᄒ야

신랑이 백마를 타고 장가가는 풍속은 그 유래가 오래되고 깊은 의미를 가지고 있다. 이익李瀷은 백마를 타고 가는 것은 은殷나라 때부터 시작된

것으로, 기자箕子가 동방에 와서 끼친 풍속이라고 했다. 또 충선왕이 원나라 공주를 취할 때 백마 81필을 폐백으로 사용한 것이나 일반 혼인에 백마를 반드시 타는 것도 은나라 제도에 의한 것이라 했다. 그러나 이 설에 대해 이능화, 안병태 등은 은나라와의 관련보다는 우리나라 고유의 풍속에서 기원했다고 보고 있다.

이능화李能和는 신라의 시조 박혁거세와 왕비 알영이 탄생할 때 백마와 계룡이 나타나 서조瑞兆를 보였기 때문에 이것이 혼속으로 형성되었다고 보았다. 『삼국유사三國遺事』에 의하면 "신라 육부의 조상들이 자제들을 데리고 알천 언덕에 모여 임금과 나라 세울 논의를 하고, 높은 곳에 올라 남쪽을 바라보니 양산 아래 나정 곁에 이상스러운 기운이 땅에 비치더니 백마 한 마리가 꿇어앉아 절하는 형상을 하고 있었다. 남천에서 목욕을 시켰더니 광채가 나고 새와 짐승이 따라 춤추며 천지가 진동하고 일월이 청명하여 혁거세왕이라 이름 하였다. (……) 사람들이 서로 다투어 천자가 내려왔으니 마땅히 덕 있는 여군을 찾아서 짝을 지어야 한다고 치하했다. 이날에 사양리 알영정 가에 계룡이 나타나 왼쪽 갈비에서 동녀 하나가 탄생하니 자태와 얼굴은 유달리 고왔으나 입술이 닭의 부리와 같았다. 월성 북천에 가서 목욕을 시켰더니 그 부리가 빠짐으로 그 내를 발천이라 하였다"고 기록하고 있다. 이능화는 이런 신화에서 혼속의 근원을 찾고자 했다.

그런데 "왜 백마인가?"이다. '백白'은 『설문說文』에 의하면 "西方色也 陰用事物白色也 從入合二 二陰數也"라고 주석했다. 그러나 『통훈정성通訓定聲』에는 "太陽之明也 從日一指事"라고 하여 밝음, 흼을 뜻한다고 했다. 백마를 즐겨 타는 것은 후자의 뜻일 것이다. 백색, 즉 광명은 바로 태양의 상징이요, 남성의 원리요, 천마사상에 밀접하다. 백색은 밝은 것, 신성, 길조, 큰 것, 특이한 것 등의 관념을 지닌다. 이러한 백색의 상징성에 따라 신성하고 축복의 의의를 지닌 혼례에서 백마를 사용하게 된 것이다. 현대에도 백마의 관념이 살아 있어 이육사李陸史의 시詩 「광야」에 보인다.

다시 千古의 뒤에
白馬 타고 오는 超人이 있어
이 광야에서 목 놓아 부르게 하리라

그 후 여러 학자들의 연구 내용을 통해 다음과 같이 정리할 수 있다. 백마를 타고 장가드는 풍속은 우리만의 고유한 풍속이 아니라 중국 은시대에도 있었다. 말은 육상 교통의 중요한 수단으로서 예부터 우리 민족은 기마에 뛰어났고, 더욱 우수한 기마민족인 북방 민족과 이웃하여 그 영향을 입었다. 말은 하늘을 뜻하는 원리에 속하며, 하늘은 태양이고 태양은 남성을 상징하여 태양 신화를 많이 발생시켰는데 여기에 천마사상天馬思想도 형성되었다. 특히 백마를 사용한 것은 백색이 광명을 나타내어 신성神聖, 서조瑞兆, 위대偉大 등의 특이한 관념을 지니고 있다.

말을 탄 일직사자日直使者와 월직사자月直使者가 저승으로 인도한다

저승은 이승의 상대 개념으로 사람이 죽은 뒤에 그 영혼이 가서 산다

일직사자 · 월직사자(마사박물관 소장)

고 믿는 세상이다. 이승이 이생此生에 어원을 두고 있듯이 저승은 차생彼生에서 유래하였다. 저승에 극락과 지옥이 있다는 관념은 도교와 불교의 저승관이 한국에 도입된 이래 통용된 것이고, 극락과 지옥은 저승의 하위 개념이 된다. 종교마다 나름의 저승관을 갖고 있다. 한국 종교는 다종교 공존의 특성을 지닌다. 여러 종교가 동시에 함께 사회에 존재하면서 신앙되기에 한국에는 여러 종류의 저승이 공존하는 셈이다. 도교와 불교의 것 외에 조선 후기 이 땅에 들어온 기독교의 저승이 있고, 또 광복 이후에는 비록 소수의 신봉자에 불과하나 이슬람의 정착으로 그 저승마저 우리나라에 자리하게 되었다. 그 밖에도 수많은 민족종교와 신흥종교가 조선 말 이래 생겨나고 유입된바, 이들도 나름의 저승관을 갖고 있기에 실로 다양한 저승이 한국에서 관념 · 신앙되어온다. 이 저승을 갈 때 낮에는 일직사자가 밤에는 월직사자가 안내를 한다.

무덤의 수호신 · 지킴이 · 심부름꾼 : 말馬

고구려 벽화고분 속의 말

고구려 고분벽화 중 개마총의 개마도는 신라의 마문, 마형토기馬紋. 馬型土器에서 죽은 이의 영혼을 저세상으로 태우고 가는 말의 기능을 한층 더 분명하게 나타내준다. 말머리에 화관을 쓰고 갑옷을 입고 궁둥이 위에는 각색의 색지를 매단 싸리비 같은 장식을 세운 말을 좌우 두 사람의 마부가 끌고 가고 있으며 그 앞에는 쌍각관의 키 작은 사람이 화려한 입식관을 쓴 귀인과 걸어가고 있다. 말에는 등자가 달린 안장이 얹혀 있으나 사람은 타지 않았다. 그런데 말 앞에 "塚主着鎧馬之像"이라고 묵서墨書가 되어 있어 주인공이 말을 타고 있는 그림이라는 뜻이 된다. 즉 주인공의 혼이 말을 타고 있어 사람을 그리지는 않았으며, 이 특수한 성장마盛裝馬는 영혼을 천상으로 모시기 위한 말이다. 무용총 주실 동벽의 기마인물도, 쌍영총 연도 서벽의 기마상 · 연도 동역의 기마 인물은 개마총의 개마도와 더불어 말은 피장자인 주인공의 영혼을 태우고 영계天界를 왕래하는 신마神馬일 것이다.

신라 토우와 말

신라와 가야에서는 마각문토기, 마형문토기 등 토기류 또는 토제품으로 표현되었고, 천마총의 천마도로 표현되기도 하였다. 이들 신라 토우에는 신라인의 정신세계와 세계관을 엿볼 수 있는 다양한 신라의 동물들과 상징이 담겨 있다.

신라 사람들이 세계를 보는 독특한 견해, 즉 신라인의 세계관에는 천상天上 타계관과 해양 타계관이 거의 동등하게 표현하고 있다. 신라인들은 공간 인식을 하늘, 산, 땅, 바다로 구분했으며 사람이 죽으면 그 영혼은 명부冥府로 가게 되고 그 명부에서 계속 생시生時와 같이 삶을 계속 누리고 산다는 계세사상繼世思想을 믿었다. 이러한 계세사상은 일부 계층에 국한된 것이 아니라 온 신라인들의 사상이고 또한 신앙이었다. 그래서 죽은 영혼을 다시 살리는 재생, 부활을 위한 장송 의례가 필요했고, 부활

안장을 걸친 말, 짐을 실은 말(신라, 국립중앙박물관 소장)

기마인물형토기騎馬人物型土器(신라, 국보 제91호, 국립중앙박물관 소장)

된 이들 영혼을 운반할 동물과 도구와 저승에서의 안락한 생활을 위한 각종 물품들을 무덤의 부장품으로 넣었다. 영혼을 운반할 수 있는 동물로는 각 공간을 서로 넘나들 수 있는 능력이 있는 존재여야만 한다. 땅과 하늘을 연결하는 것으로 말이 나타난다. 신라, 가야에는 말 그림, 말 모양의 고분 출토 유물이 발견되고 고구려 고분벽화에도 각종 말 그림이 등장한다. 여기서 말은 이승과 저승을 잇는 영매자로서 피장자의 영혼이 타고 저세상으로 가는 동물로 이해된다.

가상假想의 그릇, 명기明器 : 말

명기는 신명神明을 뜻하는 말에서 유래하였다. 즉 사자死者를 신명이라고 하고 신명은 사람이 알지 못하는 것이므로 그 그릇을 명기라고 부른다. 사자를 예송禮送할 때 옷을 명의明衣라고 하고 그릇을 명기明器라고 한다. 따라서 유해를 매장할 때 함께 묻는 그릇을 명기라고 한다. 그러나 좁은 의미로는 분묘에 묻는 그릇 중에서도 사자를 위하여 일부러 만들어 묻는 그릇을 말한다. 분묘에 부장되는 사람이나 동물은 물론 지상의 시설물 모형, 신만이 쓸 수 있다고 생각되는 비실용적인 그릇 등 가상假想의 그릇들이다.

명기를 부장하는 풍속은 중국에서는 일찍

마목우馬木偶(최대 10.5cm, 1500년대 초, 국립민속박물관 소장)

이 은대殷代부터 있어서 성황을 이루었고 우리나라에서도 석기시대부터 조선 시대까지 이어오고 있다. 명기는 각 시대에 따라 재료의 선택, 기술의 차이, 생활양식의 차이 등으로 인해 삼국시대에는 토기를 부장하고 고려, 조선 시대에서는 자기를 부장한다.

명기의 동물 가운데 단연 말이 최고로 많다. 말은 때론 무덤의 주인을, 주인의 심부름꾼을 태우고 저승으로 가고 있다. 조선 초 변수邊脩 (1447~1524) 묘에서도 목각 말이 출토되었다. 변수는 고려 공민왕 때 노국공주를 따라 중국에서 고려에 들어와 높은 벼슬을 지낸 변안렬邊安烈 (1334~1390)의 4세손으로 그의 내관과 외관 사이에 목우木偶가 놓여 있었다. 목각 나무 말은 네 마리로 매우 통통하고 꼬리가 땅에 닿을 듯이 긴데 모두 귀를 쫑긋 세우고 있으며 등 위에는 안장을 얹고 있다.

임금의 저승길을 같이 가는 죽안마竹鞍馬 · 죽산마竹散馬

조선 시대 국장國葬에 관한 제반 의식 · 절차를 기록한 『국장도감의궤國葬都監儀軌』, 능陵 · 원園의 천장遷葬에 관한 의식과 절차를 기록한 책인 『능

원천봉도감의궤陵園遷奉都監儀軌』, 『상례보편喪禮補編』 등에 보면 죽안마·
죽산마가 등장한다. 죽안마는 안장을 얹었고, 죽산마는 안장을 얹지 않
은 것이다. 죽안마·죽산마는 대나무로 말의 형상을 만들고 바퀴를 달아
끌도록 되어 있다.

여러 의궤에는 방상시와 죽안마에 대한 도설만 있을 뿐 말의 숫자, 색
깔, 의미 등에 대한 기록은 없다. 죽마의 숫자는 능행반차도와 원종 관련
의궤에는 죽안마 네 마리, 죽산마 네 마리로 총 여덟 마리가 등장한다. 말
의 색깔은 흰말, 검은 말, 붉은 말, 검은 점박이 말 등으로 다양하다. 또한
방상시, 죽안마 등 순차에 관해서만 기록하고 있어 죽마의 기능이나 의
미를 찾기 힘들다. 다만 고분벽화, 토우, 토기 등에서의 말의 역할과 의미
와 동일한 것으로 추측할 수 있다.

조선 시대에는 죽안마竹鞍馬가 영혼을 천상으로 인도한다. 죽안마는 왕
이나 왕비의 장례식 때 쓰였던 인조마人造馬이다. 영혼을 천상까지 봉송
하기 위한 말로 다리는 나무, 몸체는 대竹로 만들고, 눈과 갈기·꼬리·
안장까지 갖추었다. 조선 말 고종 인산 때 보면 이 말을 두 바퀴의 수레
위에 태워서 끌고 갔는데, 모두 네 필이었다. 두 필은 백마, 두 필은 붉은

죽산마(『상례보편』)

죽안마(『상례보편』)

말이다. 네 필의 말은
귀인의 수레를 끄는
네 마리 말인 사마駟馬
에서 유래된 것이다.
죽산마도 같은 의미이
며, 다만 몸체가 모두
잿빛이었다. 산 말을

매장했던 풍속에서 대체된 것이다.

왕릉의 석말石馬은 문무인들이 타는 동물이다

왕릉에는 호랑이, 양, 말 등 다양한 석수石獸가 있다. 말은 양쪽 문인석, 무인석 뒤에 각각 한 마리씩 총 네 마리가 있다. 이들 석수의 의미를 기록한 문헌을 찾을 수 없지만, 문인석과 무인석 바로 뒤에 위치한 것으로 보아 안장이 표현되지 않았지만 이들이 타는 승용 동물로 해석할 수 있다. 석호와 석양은 곡장 안에서 왕릉 외부 방향으로 향하고 있는 데 비해, 석마는 곡장을 벗어나 바로 문무인석과 나란히 서 있다. 아마 궁에서 문인과 무인들의 국사를 논하고 국정을 돌볼 때 말을 이용하듯이, 왕릉에서도 죽은 왕을 받들어 말을 타고 정사를 돌보라는 듯으로 생각해볼 수 있다.

옛사람들의 교통수단, 역참

우선 말은 짐을 운반하는 데 이용되었고 전시戰時에는 전마戰馬로서 큰 역할을 맡았으며 치안에도 한몫을 했다. 그뿐 아니라 통신상의 역마驛馬는 파발擺撥에 쓰였으며, 농사를 짓는 데도 없어서는 안 될 동물이었다. 말고기는 식용으로, 가죽·털·마근馬筋은 신발과 장신구 및 활을 만드는 데 쓰였다. 말갈기·꼬리는 관모를 만들고 마분은 연료·비료·약용 등에 쓰였다는 것은 주지하는 사실이다.

말의 이용은 단순히 식용 혹은 수렵·농경 및 간단한 경제적 단계에서 정복과 지배의 원활함을 기하기 위하여 정치적·군사적 이용 단계까지 발전함에 따라 말의 중요성이 한층 더 인정되었다. 성읍 국가에서 삼국 시대, 통일신라를 거쳐 고려 시대에는 농경 모공업품의 원료(피혁, 말총), 군마, 특히 교통·통신의 유일한 수단으로 역마제도와 역로를 정비, 확충하여갔다.

우리나라 최초의 역참제는 『삼국사기』 권제3, 「신라본기」 제3, 소지 마립간 9년(487) 조에 "처음으로 사방에 우역을 설치하고 왕은 관사에 명하여 관도를 수리케 했다始置四方郵驛 命所可修理官道"라는 기록이 보인다.

후삼국을 통일한 고려는 종래 경주 중심에서 수도인 개경 중심의 중앙 집권적 관료정치의 실현을 위하여 조속한 명령이 말단까지 전달되도록 무엇보다도 교통기관의 정비가 시급했다. 공문의 전달, 관물의 운송, 유민 방지 출장 관사의 숙식 등 제반 편의를 도모할 수 있는 도로망의 전국적인 정연한 체계와 더불어 역참 제도를 정비해나갔다.

조선 시대의 역제는 고려 시대 역제를 답습하여 개경 중심에서 서울 중심으로 바꾸었다. 역마의 운영은 역에는 말과 역정을 상시 대비하여 공문을 전달하는 외에 공무 여행자에게 마필을 제공하고 숙식을 알선하여 진상 등 관물의 수송까지 담당하였다.

역마를 사용할 때는 마패라는 증표가 필요했다. 마패는 공무公務 여행자에 대하여 병조에서 증명서를 발급한 것을 받아 상서원에 마패를 내주었으며 외방에서는 관찰사·병사·수사가 중앙에 보고나 진상을 할 때 발마패를 받아 발마撥馬 하였다. 마패 제조는 상서원尙書院에서 병조에 허락을 얻어 구리로 둥글납작하게 만들었다. 겉면에는 발행 연월일과 상서원 인이 새겨 있고 뒷면에는 마필馬匹의 수가 새겨 있다.

1903년 자동차의 등장으로 기차·항공기 등 근대적 과학기술에 의한 교통수단의 발달은 오랜 역사 속에, 그리고 생활 속에 필수 불가결했던 말이 생활 주변에서 차츰 자취를 감추게 되었다. 해방 후 한국전쟁 전후만 하여도 기병의 군마나 짐을 운반하기 위한 마차 또는 농경용으로 사용했던 말이 그나마 우리 눈에 자주 띄어왔으나 근자에는 제주도 일부와 민속촌 관광지 일부, 그리고 경마장을 제외하고는 거의 볼 수 없게 되었다.

그러나 제조업체나 상품의 광고를 위해 말의 이미지를 투입해서 말 관계 상표가 나타났다. 그 예로 천 미터를 60초에 주파하는 말의 엄청난 스피드를 이용한 것으로 현대의 '포니' 승용차를 비롯, 동양고속 등 유통업체에서 말을 심벌 마크로 사용하였다. 오늘날 말의 실체는 우리 생활 주변에서 사라졌지만 말의 관념은 그대로 이어져 내려오고 있다.

현대인들도 말 타고 다닌다

서울에서 가장 번잡한 서소문동에 1965년 고가도로가 생기면서 마차의 통행이 금지되었고, 차차 서울 거리 곳곳이 우마차 통행금지 구역으로 정해지면서 마차가 사라지기 시작했다. 이제 살아 있는 말을 보려면 경마장이나 동물원에 가야 한다. 일상적으로 말을 실제로 보기는 힘들다. 그렇지만 역사적, 문화적으로 형성된 말에 대한 관념은 현재 우리 생활에 큰 영향을 미치고 있다. 말馬에 대해 강의하는 경우가 종종 있다. 그때마다 "혹시 오늘 말 타고 오신 분 없으신가요?" 하고 질문하면 모두들

픽 웃는다. 옛날도 아니고 차가 쌩쌩 다니는 오늘날 말 탈 이유가 없다는 표정이다. 그러나 "포니, 갤로퍼, 에쿠스 승용차를 타고 오신 분?", 혹은 "얼마 전 여행갈 때 천마관광, 은마관광, 백마관광의 버스를 타시지 않으셨습니까?"라고 하면 그래도 몇몇은 고개를 끄덕인다. 대부분 말이란 동물은 경마장이나 동물원에 있는 동물이지 현대 생활과는 한참 멀다고 생각하는 표정이다. 그러나 "오늘 아침에 출근하면서 말표 구두약으로 구두를 닦으신 분?" 또는 "어릴 때 말표 고무신, 말표 운동화를 신지 않으셨나요?" 하면 그제야 대부분 박수를 치며 동의한다.

말은 뛰는 데 적합한 구조를 가지고 있다. 말의 이미지는 건각健脚, 즉 튼튼한 다리다. 그래서 말은 다리와 관계되는 신발, 교통·통신과 관계되는 자동차 이름에 단골로 등장한다. 포니는 예쁘고 귀여운 작은 말이란 뜻이고, 갤로퍼는 질주하는 말이며, 에쿠스는 말의 학명學名 가운데 하나이다. 외국 자동차 페라리FERRARI도 '앞발을 든 말'이 그 상징이다. 자동차·운송류類에서 말이 주축을 이루는 것은 당연하다. 말과馬科 동물의 몸 구조는 뛰기에 적합하도록 되어 있기 때문이다. 지금은 디지털 시대이지만 얼마 전까지만 해도 음악은 턴테이블과 스피커를 통해 들었다. 그때 한 스피커 상품 광고에서 '한 떼의 말들의 경쾌한 말발굽 소리'를 들려주면서 원음 그대로 재생한다는 자랑을 했다.

필자가 처음 남성 화장품을 쓰게 되었을 때, 그 화장품의 CF에는 우람한 근육질, 갈기를 휘날리며 달리는 말이 등장했다. 이때 말은 남성 중의 남성을 상징한 것이다. 이 화장품을 쓰는 남성은 바로 말의 남성성을 가지는 것이다. 가장 짧은 시간에 가장 강력한 이미지를 전달해야 하는 광고 방송이나 등록상표에는 이처럼 각 동물의 문화 상징이 적극적으로 이용되고 있다.

음식 · 주류 · 외식업류에서는 1960년대의 삼성사이다, 멕시칸치킨, 오리온제과 등이 있다. 이들 등록상표에 등장하는 말은 전통적으로 선호하던 쌍마, 혹은 천마, 유니콘 등이다.

직물 · 의류 · 피복 · 신발류에서도 남성 관련 제품이 주류를 이루고 있으며 여기에도 말이 지닌 남성 상징이 배경으로 활용됐다. 말의 남성 상징은 바로 달릴 때 휘날리는 갈기, 우람한 체구, 근육질 등에서 얻어지는 이미지이다.

최근에는 운동 단체나 학교 등의 상징물로도 말을 활용한다. 성남일화 축구단은 천마를 상징으로 사용하고 있다. 천마는 실제의 동물은 아니지만 한국인의 오랜 전설 속에 존재해온 영험하고 상서로운 동물로서 한국인과는 매우 친근한 동물이다. 천마는 대지를 뛰어다니는 동물이기보다는 몸에 빛나는 양 날개를 달고 하늘 높이 비상하면서 행운을 실어다주는 것으로서 모든 사람들이 만나기를 소원하는 꿈의 대상이기도 하다. 프로야구의 청보 핀토스도 야생마를 활용했다. 핀토스는 북아메리카산 야생마로 영리하고 용맹스런 말이다. 한마디로 조랑말인 것이다. 얼룩말이라고도 부른다.

이처럼 말 관련 등록상표는 전 영역에서 고르게 나타나고 있다. 음식 · 주류 · 외식업류, 직물 · 의류 · 피복 · 신발류, 자동차 · 운송류, 담배 · 화장지 · 구두약 · 광택제 · 염료류, 화학약품 · 의약류, 가구 · 장난감 · 기구류, 전자 · 공업류, 레저 · 숙박류, 유통 · 건설류, 협회 및 단체류, 교육 · 문화 관련류, 게임 · 소프트웨어류 등 전 산업, 경제, 문화 부문에서 다양하게 등장한다.

말에 관한 미래 전설未來傳說은 앞으로도 계속될 것이다.

말띠 여자 팔자 세다?

혈액형을 물어 사람의 성격을 짐작하듯, 띠를 물어서 역시 성격을 말한다. 실제 어떤 띠의 해에 태어났느냐가 그 사람의 성격을 선천적으로 결정하지 못한다. 그렇다고 띠와 사람의 성격이 전혀 무관하다고 보기도 어렵다. 너는 무슨 띠여서 어떻다는 말을 자주 듣게 되면, 또 그런 사실을 늘 생각하게 되고 자신도 모르는 사이에 그 띠 동물의 행태와 속성을 자기의 성격과 운명과 동일시하게 되고 내면화되어 자기화自己化할 수도 있다.

백마의 꿈은 재보財寶의 상징이다. 백마가 집 안에 들어오는 꿈은 큰 행운이 찾아올 길조이다. 말 타는 꿈은 성공의 표시이다. 말 가운데 특히 백마는 더욱 귀하게 여겨져 왕족이나 종교에 제한된다. 신화적으로 흰색은 출산과 서기瑞氣를 상징한다. 그래서 흰색은 상서로운 징조를 표상하고 있다. 또한 신화에서 하늘과 관계있는 흰 기운과 흰 새, 흰 동물이 등장하는 것은 하늘의 뜻을 받은 왕이라고 믿는, 우리 민족의 신화적 의지가 숨어 있기 때문이다. 단군이 개국하여 국호를 '조선'이라 한 것은, 희고 깨끗하고 밝다는 태양 숭배 사상에서 연원한다. 흰색은 어떤 색으로도 물을 들일 수 있으나, 어떤 색으로도 물들이지 않는 자존自尊과 견인불발堅忍不拔의 마음을 나타낸다.

말띠의 성격과 운명은 보통 다음과 같이 회자된다. 말은 인간과 역사를 같이하며 수많은 전쟁사를 통하여 인간을 보조하기도 하고 발의 역할인 교통수단으로 무진장한 공훈을 세운 인류사의 공로자이다. 이러한 말을 잘 다루는 사람만이 세상의 세파와 융합하여 운運에 활기를 띠는 것이다. 말은 전쟁 속에서 날쌔고 활발하여 주인을 지켜주는 충성도를 보이지만 말의 게으름은 예나 지금이나 질타의 대상이 된다. 말은 풀을 뜯으며 한가로운 시간을 보내면서도 언제나 생각은 험하고 거친 대지를 달리고 싶은 거국적이고 실질 숭상이 뚜렷하다고 한다.

- 거국적이고 실질을 숭상하며 실리적인 측면으로 생활하게 된다.
- 공상과 환상에만 치우쳐 게으름으로 패가망신하는 경향도 강하다.
- 자연 순리 법칙에 가장 잘 순응한다.
- 게으르면 장 질환이 생기나 활동할 때는 괜찮다.

특히 말띠는 다른 띠와 달리 거국적인 나라 사랑이 강하고, 정의에 누구보다도 앞장서는 등 불의에 대항하는 남성의 대표적인 성격을 상징한다. 상업적인 기질도 풍부하여 팔도를 주름잡아 상행로를 개설하여 달리고 달리는 사업에는 특이한 재질에 힘입어 교역, 무역가 등에 말띠를 가진 사람이 많다고 한다.

중국이나 우리나라에는 말띠 해에 태어난 딸의 팔자가 세다는 속설을 문헌이나 민속 자료 어디에서도 찾아볼 수 없다. 대부분의 동양의 점쟁이는 말띠에 태어난 인물들은 현명하고 재주가 많으며 독립심이 강하고 쾌활한 성격이며 붙임성이 있고 민첩하다고 말한다. 특히 말띠 여성 운운하지만 조선 시대에는 말띠 왕비가 네 명씩이나 되었다. 성종成宗의 정현왕후貞顯王后 윤씨尹氏, 인조仁祖의 인열왕후仁烈王后 한씨韓氏, 효종孝宗의

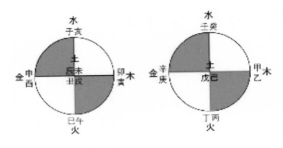

인선왕후仁宣王后 장씨張氏, 현종顯宗의 명성왕후明聖王后 김씨金氏 등이다. 임금도 아내로 받아들였던 말띠가 도대체 왜 싫다는 것일까!

"말띠 여자는 팔자가 세다"라는 속설은 근거가 없지만 일본에서 몇몇 실화實話가 이 속설을 뒷받침하고 있다.

일본 도쿠가와 막부德川幕府 시대에 생겨난 말이다. '도쿠가와' 시대를 연 도쿠가와 이에야스德川家康의 손녀딸 '센히메千姬'가 바로 백말띠였다. 이 아가씨가 공교롭게도 천하의 망나니였다. 센히메는 결혼 후에도 남편 복이 없어 곧 헤어지고 말았다. 또 야오야 오시치八百屋午七 여자가 있었는데 이 사람도 백말띠였다. 이 여자는 자기 애인을 만나려고 집에 불을 지르고 화형火刑을 당한 극성 여성이었다. 1680년 정원서학井原西鶴이 지은 『好色 五人女』라는 소설에서 주인공 여자가 남자와 관계를 맺으면 그 남자가 죽고 다른 남자도 또 죽었는데, 그 여자가 바로 백말띠였다는 것이다. 우연히도 이들 여성이 모두 백말띠여서 일본에서는 백말띠 여자라면 망나니이고 남편 운이 없다는 속설이 내려오게 된 것이다. 또 말이 사납고 뒷발질을 잘한다고 해서 여자가 말띠가 되면 사나워 가정에 불화가 많다는 속설이 있다. 이러한 일본의 속신이 일제 강점기 시대에 우리나라에 들어와 확산된 것이다.

한국의 띠 문화는 다양한 사상들이 한데 어울려 만들어진 문화 복합체이다. 우선 십간십이지에다 음양오행설, 오방색, 『주역』의 사주팔자 등등의 현상들이 복합되어서 현재 나름의 의미를 가진 것이다. 말띠午는 육십갑자 가운데 5번 갑오, 병오, 무오, 경오, 임오의 순으로 순행한다. 이것을 음양오행과 오방색으로 해석하면, 십간의 갑甲은 오행의 목木 오방의 푸른색, 병丙은 오행의 화火 오방의 붉은색, 무戊는 오행의 토土 오방의 노란색, 경庚은 오행의 금金 오방의 흰색, 임壬은 오행의 수水 오방의 검은색으로 분류된다. 그래서 푸른 말, 붉은 말, 노란 말, 흰말, 검은 말 등으로 부른다. 이렇게 해석하면 경오년이 흰말띠 해이다. 그런데 우리가 띠 동물로서 백말띠라고 할 때 오행오방 속에서 이야기하는 흰말과 맥락이 달리 사용되는 경우도 있다. 예를 들어 병오년의 병丙은 병病과 동음이의어이다. 그래서 민속 언어에 보면 10월 말 고사 때도 병오일을 꺼린다. 또하나 병丙은 음양오행에서 양화陽火이고, 오午도 양화에 속한다. 말이 가지는 이미지도 활기차고 외향적인데, 거기에다 양의 화火가 겹쳤으니 양의 기운이 무척 센 말의 해가 되는 것이다. 따라서 백말띠가 '거칠다, 팔자 세다'라는 속어俗語와 연결될 때, 병오년을 말하는 경향도 있다.

궁합은 겉궁합과 속궁합이 있으며 겉궁합은 띠만 가지고 보는 것이고, 속궁합은 원진, 합, 오행으로 풀어보는 것이다. 즉 겉궁합은 신랑 쪽의 띠와 신부 쪽의 띠만 가지고 삼합三合인가, 원진元嗔인가를 가려 좋고 나쁨을 따지는 것이다. 삼합은 서로 만날 때 서로 돕고 좋은 성격이 드러나고 나쁜 성격이 눌러지며 하나의 노력으로 둘을 얻을 수 있는 좋은 조건의 만남이 된다. 원진은 삼합과 반대로 사주四柱 내에서 만나거나 서로 원진이 되는 사람끼리 만나면 바쁜 성격, 포악한 성격이 표출되어 남의 미움을 사기 때문에 둘이 노력을 해야 하나를 얻는 어려운 조건의 만남이다.

그런데 이런 관념의 저변에는 바로 자연 생태계에서의 각 동물들끼리의 관계 양상을 그대로 반영하고 있다.

말띠는 소띠와 어울리지 못한다. 소는 말을 제일 싫어한다. 이것은 소 자신은 무척 부지런하게 일을 열심히 하는 데 비해 평상시의 말은 가만히 서서 음식만 먹고 게으르기 때문이라고 한다. 실제 생태계 내에서도 마구간과 외양간을 이웃해서 지어주면 서로 잘 자라지 못한다고 한다. 서로 눈꼴시어서 체질적인 거부반응이 일어나기 때문이다. 또한 음양오행으로 보더라도 소丑는 음토陰土, 말午은 양화陽火로 양과 음이 서로 부딪친다.

말띠는 범띠, 개띠와는 서로 잘 어울린다. 호랑이의 포효와 개의 첫소리, 그리고 말의 울음소리를 서로 화합하여 신령스러운 인간의 육음을 예시하는 곡성을 전장戰場에서 말이 울게 된다. 그래서 호랑이, 말, 개는 서로 화합이 되는 삼합三合 관계이다.

천진기

한국의
종교 속에서의 말

집에서, 마을에서, 국가에서 말을 받든다

　중국의 고서 『주례周禮』에 "봄에는 마조신에게 제사 지내고, 여름에는 선목신에게 제사 지내고, 가을에는 마사신에게 제사 지내고, 겨울에는 마보신에게 제사 지낸다春祭馬祖 夏祭先牧 秋祭馬社 冬祭馬步"라고 하였다.

　『주례』의 「동악증의東嶽證義」에 따르면, 마조馬祖는 천사방성天駟房星이요, 선목先牧은 처음으로 사람들에게 방목放牧을 가르친 사람이요, 마사馬社는 마구간의 토신이요, 마보馬步는 말을 해치는 재앙의 신이라고 하였다.

　『주례』 권33 「하관사마夏官司馬」 교인조校人條에 의하면, "봄에 마조에게 제사 지낼 때는 망아지를 쓰고, 여름에 선목에 제사 지낼 때는 거세한 수말을 쓰며, 가을에 마사에 제사 지낼 때는 길들인 말로써 하고, 겨울에

마보에 제사 지낼 때는 헌납한 말 중에 어부馭夫가 길들인 말을 쓴다"라고 하였다.

우리나라에 있어서 상고시대에는 어떤 말 관련 제례 의식이 있었는지는 확실치 않다. 다만 사료나 고고 유물을 볼 때 말을 위한 제례 의식이 있었을 것으로 추정된다. 말을 위한 제례 의식은 통일신라 후 혜공왕과 선덕왕대에 중국식 명칭으로 바뀌면서 중국식 제사 방식으로 변경되었고 그때까지 있었던 말을 위한 제례 의식은 마조제·선목제·마사제·마보제 등에 흡수되었으리라 추측할 수 있다. 말을 위한 제례 의식은 국가에서 제사할 때는 중국 양식으로, 마을·개인제는 재래의 전통적 양식으로 이중적인 구조를 가지고 각각 병존해 내려왔음에 틀림없다.

고려 시대의 마제에 관한 기록은 『고려사』 「예지禮志」5 길사소사吉事小祀조에 있다. 마조馬祖·선목先牧·마사馬事·마보馬步의 마제는 소사小祀로서 의종대부터 상설단을 두고 중춘·중하·중추·중동의 길일을 택해 관리를 파견하여 제의를 베풀었는데, 소우지식小宇之飾으로써 배설하였다. 물론 이들 마제는 유식 위에 무속이 습합된 이중적 양식으로 거행되었을 것이다.

조선 시대의 국가적 마제의 모습은 『시용향악보時用鄕樂譜』·『태상지太常志』 등의 기록을 통해 살필 수 있다. 태종 때 초기까지 무격이 마신馬神을 행제行祭할 만큼 습합된 무속을 쉽사리 분리시키지 못하였다. 그러나 조선조 중·후기에 마제가 제대로 거행되지 못했고 중엽 이후는 마조·마목의 제사만이 마병馬病이나 오질午疾이 발생하여 폐사가 많을 때 거행된 것 같다.

춘제마조春祭馬祖[18]

마조제는 말의 질병을 예방할 목적으로 말의 조상인 천사성天駟星에 지내는 국가 의례이다. 마조제는 중국 고대부터 시작되었다고 볼 수 있다. 우리나라의 경우 마조제馬祖祭에 대한 첫 기록은 고려 시대에 나타난다. 『고려사高麗史』에 따르면, 정종 12년(1046) 2월에 마조馬祖에 제사를 지냈다. 고려 시대의 마조제는 마조단馬祖壇에서 소사小祀로 거행하였는데, 2월 중에 좋은 날을 받아 제사를 지냈으며, 희생으로는 돼지 한 마리를 썼다.

마조제는 조선 시대에 들어서도 거행하였다. 『세종실록世宗實錄』「오례五禮」에 따르면, 소사로 중춘仲春(2월) 중기中氣 후의 강일剛日에 마조제를 지냈다. 그런데 임진왜란으로 국가 의례를 제대로 행하지 못하게 되면서 마조제 역시 중단되었다. 그러다가 왕실 보급용 말을 기르던 전곶목장箭串牧場의 말들이 병이 들자 이곳에서 마조제를 지내게 되었다. 이렇게 임시로 행해지던 것이 정조 21년 1월에 들어 우의정 윤시동尹蓍東의 건의로 종전대로 부활되었다. 곧 윤시동이 "마조단이 동교東郊에 있는데, 『국조오례의國朝五禮儀』에 의하면 중춘 중기 후 강일에 제사 지낸다고 되어 있습니다. 이는 사전祀典에 실린 것 중에 폐할 수 없는 것인데 옛날에는 제사를 지내고 지금은 제사를 지내지 않고 있으니, 그 이유를 알 수 없습니다. 올해부터 예에 따라 거행하소서" 하고 건의하자 정조가 이에 따랐다. 그리고 같은 해 7월에 마조제의 헌관獻官, 전사관典祀官, 제집사諸執事를 정하였다. 그 뒤 1908년 7월에 폐지되었다.

---

18 김철웅, 「마조제」『한국세시풍속사전 : 봄, 의례』(국립민속박물관, 2005), 96~97쪽.

하제선목夏祭先牧[19]

선목제는 음력 5월 사람에게 목방牧放을 가르친 신神 혹은 처음으로 말 기르는 법을 가르친 신에게 지내는 국가 제의다. 말은 전근대에 유일한 운송 수단이었고, 특히 전마戰馬는 안정적인 군사력의 중요 수단이었기에 국가에서는 사전에 이를 수용하여 제사하였다. 선목제는 고려 시대부터 사전에 소사小祀로 규정되어 제사를 지냈다.

선목제는 『주례周禮』 권4 「하관사마夏官司馬」에 "여름에 선목에 제사하고 말을 나누어준다夏祭先牧頒馬"라는 기록이 있는 것으로 보아 이미 선진先秦 시대부터 시행된 것으로 보인다. 이후 『신당서新唐書』 「예악지禮樂志」에 선목은 소사로 등재되었고 송宋대에도 역시 소사로 취급되었지만, 명明대에는 제사가 소사에서 빠졌다.

우리나라에서 선목제가 언제부터 시행되었는지는 알 수 없지만, 고려 의종 때 편찬된 『상정고금예문詳定古今禮文』에 이와 관련된 사항이 기재되었다. 이를 수용한 『고려사高麗史』 「예지禮志」에 따르면, 선목의 제단은 넓이가 9보, 높이가 3척으로, 사출폐四出陛이며, 유壝가 25보이며, 예감瘞坎이 있다. 그리고 제사의 시기는 5월이고, 희생은 돼지 한 마리이다.

고려의 선목제는 조선으로 이어졌는데, 태종 13년(1413)에 이르러 의식이 새롭게 정비되었다. 이때 제단 규모는 제후국 체제에 맞게 사방 2장 1척, 높이 2척 5촌, 유壝가 하나인 형태로 축소되었고, 제사 시기는 중하仲夏 중기 후中氣後 강일剛日로 보다 구체화되었다. 아울러 제사는 보다 유교적으로 바뀌어 사복시司僕寺의 관원이 향香을 받아 시행하였다. 이와 같

---

19 한형주, 「선목제」 『한국세시풍속사전 : 여름, 의례』(국립민속박물관, 2005), 224쪽.

246

은 내용을 바탕으로『국조오례의』에 그 의식이 수록되었는데, 제단은 마조단, 마사단, 마보단과 같이 전관목장籠串牧場 안에 있었다.

선목제는 성종 이후 상당 기간 폐지된 것으로 보인다. 현종 이전까지 연대기에 기록이 없으며, 영조 20년(1744)에 편찬된『국조속오례의國朝續五禮儀』에는 마조馬祖, 마사馬社, 선목先牧 같은 제사가 폐지되었다고 기술되었다. 물론 영조 25년(1749) 제도諸道에서 우역牛疫이 심해지자, 마단馬壇 가운데에 목신牧神을 설치해 제사하고, 기존의 선목의先牧儀를 수정한 경우도 보이지만, 이 역시 특별한 조처일 뿐 이후의 선목제 시행 기사는 보이지 않는다.

추체마사秋祭馬社[20]

마사제는 마구간 안에 있는 토신土神, 즉 처음 말을 탄 자를 신격화하여 드리는 제사이다. 조선 시대 국가사전國家祀典에 소사小祀로 등재되었으며, 제사 시기는 중추仲秋의 중기中氣 후 강일剛日이었다.

마사제는 중국 고대의 예서인『주례』권4「하관사마조夏官司馬條」에 이미 그 존재가 보여 유래가 오래되었음을 알려주는데, 당대唐代 이후 국가의 사전祀典에 소사小祀로 포함되어 제사가 행해졌다.

우리나라에서는 삼국시대에는 그 명칭이 보이지 않다가『고려사』「예지禮志」에 처음 나온다. 그렇지만 이곳에는 제사 의식만 있을 뿐 그 기원에 대한 언급은 없다. 다만 조선 시대『영조실록英祖實錄』영조 25년(1749) 9월 12일조에 고려 의종대에 선목제先牧祭가 시작되었다는 기록

---

20 한형주,「마사제」『한국세시풍속사전 : 가을, 의례』(국립민속박물관, 2005), 280쪽.

에서 그와 유사한 마사제 역시 그때부터 시행되었으리라 추측된다. 『고려사』 「지志」17 예禮5 길례소사조吉禮小祀條에 따르면, 마사단은 넓이가 9보步, 높이가 3척尺의 규모로 사방으로 섬돌 계단이 있고四出陛, 유壝가 25보步이며, 예감瘞坎이 갖추어져 있다고 한다. 제사의 시기는 중동仲冬 (11월) 길일吉日로 희생은 돼지 한 마리이며, 축판에는 고려국왕高麗國王이 라고 표현하였다.

조선 시대 마사제는 태종 13년(1413)에 소사로 설정되었고 제단의 규모는 고려와 동일하였다. 그렇지만 태종대 후반기에 넓이 2장 1척, 높이 2척 5촌, 사출폐四出陛, 1유壝의 형태로 규모가 축소되어 『국조오례의』에 이르렀다. 한편 축문에는 '국왕國王'이라 칭하였고, 제사 시기는 중추의 중기 후 강일로 구체화되었다. 한편 국초에는 무격巫覡이 마사제를 주관 했지만, 태종 13년부터 사복사司僕寺 관원이 향香을 받아 유교식으로 제 사하도록 바꾸었다. 이 마보단은 전관목장箭串牧場 안에 위치하였다.

마보단의 제도와 의식은 성종대 『국조오례의』 편찬으로 완성되었지만 이후 실제 제사는 거의 시행되지 않았다. 『조선왕조실록朝鮮王朝實錄』에는 마보제 시행 기사가 전혀 보이지 않고, 정조대 편찬된 『춘관통고春官通考』 에는 효종대 이후 마사제가 폐지되었다고 기록되어 있다. 이러한 사실은 국가 사전에도 반영되어 결국 영조대 찬정된 『국조속오례의』와 그 서례序 例에는 지금 마사제가 폐지되었다고 기술되기에 이르렀다.

동제마보冬祭馬步[21]

마보제는 11월에 말을 해치는 재앙의 신에게 지내는 제사이다. 마보제 馬步祭는 마조馬祖, 선목先牧, 마사馬社와 함께 중국 고대부터 시작되었다.

우리나라의 경우 마보제는 고려 시대부터 시작되었다. 『고려사高麗史』 권 6 「세가世家」6에 의하면, 정종 12년(1046) 2월에 마조에 제사를 지냈는 데, 아마도 이때에 마보, 마사, 선목에 대한 제사가 시작되었을 것이다. 그리하여 『고려사』 권63 「지志」17 예禮5 길례소사吉禮小祀에 의하면, 마조 제는 중춘仲春에, 선목제는 중하仲夏에, 마사제는 중추仲秋에, 마보제는 중 동仲冬에, 모두 길일吉日을 택하여 지냈다. 마보제는 이들 제사와 함께 소 사小祀로 거행되었는데 희생으로는 돼지 한 마리를 썼다.

마보제는 조선 시대에 들어서도 거행되었다. 태종 11년 10월에 마보, 마사, 마조, 선목 등에 제사하는데 모두 강일剛日에 지낼 것을 명하였다. 『세종실록世宗實錄』 「오례의五禮儀」와 『국조오례서례國朝五禮序例』 권1에 의 하면, 마보제는 마조제, 선목제와 함께 소사에 올라 있으며, 중동 중기 이 후의 강일에 제사한다고 하였다. 마보단馬步壇은 동교東郊인 홍인문 밖 사 근사리沙斤寺里에 있었다. 신위神位는 단 위의 북방에 두고 남쪽을 향하게 하고 희생은 돼지 한 마리를 썼다.

임진왜란 이후 국가 의례는 제대로 행해지지 못했는데 마보제 역시 그 러했던 것 같다. 정조 21년 1월에 들어 마조제가 부활되었으나 이와 관 련된 마보제, 마사제에 대해서는 언급되어 있지 않다. 『대전회통大典會通』 에 의하면 마보제는 마사제, 선목제와 함께 폐지되었다고 한다.

---

21 김철웅, 「마보제」 『한국세시풍속사전 : 겨울, 의례』(국립민속박물관, 2005), 202쪽.

말을 받드는 마을 공동체 신앙

오늘날까지 일부 지역의 동제당에서는 마상木馬·石馬·瓷馬·鐵馬이나 마신도馬神圖가 마을을 수호하는 동신洞神으로 혹은 동신이 타고 다니는 승용 동물로서 모셔지고 있다. 다음의 표는 말과 관련된 마을 공동 제의의 양태를 나타낸 것이다.

뒤의 '표'를 종합하면 마을 공동 제의에서 신앙되는 말이 모셔지게 되는 경위를 다음 몇 가지로 나누어 생각해볼 수 있다. 물론 제당에 봉안된 말은 기본적으로 동제의 신격으로 마을 사람들에 의해 신앙되고 있다.

첫째, 마을 제당에 모신 말(馬像이든 馬圖이든 간에)은 마신으로 숭배의 직접적인 대상물이라기보다는 마을의 수호신인 동신의 신격(성황신, 산신, 장군신 등)이 타고 다니는 승용乘用 사역使役 동물로서의 신성 동물로 봉안된 경우이다. '표'에서 ①, ②, ③, ④, ⑩, ⑪, ⑫의 사례가 그러한 경우이다.

둘째, 호환虎患과 관련되어 호환을 퇴치하기 위해 말을 마을 수호신으로 모시는 것이다. ①, ⑨, ⑪의 사례가 그것으로 첫 번째 경우와 복합되어 나타나기도 한다.

셋째, 마을 내에 솥 공장(쇠물)이나 옹기 공장이 있어서 그 일이 잘되게 해달라고 철마(쇠물)를 제물로 제당에 마치어 봉안한다. ⑪의 사례가 여기에 해당한다.

넷째, 말에 대한 숭배 관념 속에 말이 남성 원리적 생식력이 있다고 생각하여 득남得男하기 위해 정성을 드리는 경우⑤와 마을 안의 가축의 안강安康과 번창을 마당장군馬堂將軍에게 기원하는 사례도 있다⑧, ⑬, ⑭. 우리 혼속婚俗에서 신랑은 백마를 타고 신부 집에 간다. 말은 강건하고 씩씩한 성질의 동물로 남성적이라 할 수 있다. 이 풍속도 남성을 상징하는 말의 원리에서 나온 것이라 생각해본다.

말과 관련된 마을 공동 제의

번호	조사지	제의 제당명	제일	신상	특성과 설화	참고 문헌
①	충남 안면도 정당리	당산제		세 개의 사기馬	관련 설화에서 마상은 호환을 없앤 산신의 승용물로서의 마상이며 당신의 주신은 어디까지나 산신이다.	· 서울대 사대, 「안면도학술조사보고」, 『교육』 11호(1960) · 김승찬, 앞의 책 (1980), p. 36
②	강원도 강릉 대관령	산신당		대관령국사성화지신도	서낭신이 말을 타고 있는 모습.	· 김승찬, 앞의 책, p. 36
③	경성 부용 강정	명덕당		성황 기도	서낭신이 말을 타고 있는 모습.	· 조선총독부, 『부락제』 부록 사진(1937), p. 28 · 김승찬, 앞의 책, p. 36
④	함남 안변	성황당		장군신 상도	장군신이 말을 타고 있는 모습.	· 조선총독부, 『부락제』 부록 사진, p. 25
⑤	전남 완도군 금일면 유서리 서성마을	정성당	정월 9일 새벽	쇠말 10여 개 (5개 완형)	정성을 들이면 생남한다.	· 문화재관리국, 『전국민속종합조사보고서』(1969)

⑥	전남 진도군 진도면 북산 (철마산)			큰 개나 작은 송아지 만 한 철마가 있었음	철마를 산 상봉의 기와 지붕 집 안에 넣었었다. 70여 년 전에 도둑이 쇠를 녹여 쓰려고 훔쳐 갔다가 '동토'가 났다고 한다.	· 문화재관리국, 앞의 책, p. 238
⑦	경남 통영군 삼덕리	성황당				· 문화재관리국, 앞의 책, p. 238 · 고대(1982) 3권, p. 45
⑧	부산 하정리	마당제		마당 장군	· 당제제차 : 주산당제 → 대신당제 → 마당장 군제 → 거리당산제	· 김승찬, 『한국의 마 제고』(1971)
⑨	경남 고성군 마암면 석마리	성황당	정월 동제	쌍석마 (느티 나무 밑 석축 위 에 위치) 지방 민속 자료 제1호	옛날에 호랑이가 자주 나타나 마을 사람들이 절치부심하던 중 지나가 던 스님이 비책을 알려 주었다. 석마를 한 쌍 만 들어 마을 입구에 세우 라는 것이었다. 그 후 호 환이 사라지고 마을의 수호신격으로 석마를 모 셔왔다.	
⑩	경남 통영군 신양면 삼덕리 장군봉	부락신당 천신·산신· 조상신	정월 초하 루	목마 두 마리	신당 안에 장군의 초상 화가 걸려 있고 그 앞의 좌우에 있음.	
⑪	경기도 양평군 강하면 성덕2리 (아주리)	당치성 산치성 고창제	2월 초 10일 또는 11일	5~10 센티미 터 정도 의 철마 수십 개	· 이 마을의 세 개 당 중 첩당에 철마가 있다. 철 마의 다리가 대부분 세 개이고 네 개인 것은 찾 아보기 힘들다.	· 정종수, 『성덕2리 장승』, 『경기지방장 승 · 솟대신앙』(국립민 속박물관,1989), pp. 177~181

					· 마을 사람들은 호랑이와 싸울 때 잃어서 그렇다고 한다. · 옛날 솥점이 있었는데 일이 잘되게 해달라고 철마를 만들어서 치성을 드린 것이 시초이다.	
⑫	강원도 속초시 대포동 외옹치	서낭제 (수부도)	3월 3일 9월 9일	날개 달린 백마도	서낭당에 성황신도와 수부도가 있는데 수부도에 날개 달린 백마가 있다. 수부는 마을 일을 많이 한 사람이 죽어서 된 신으로 날개 달린 백마를 타고 서낭신의 심부름을 한다.	· 천진기 · 김삼기, 『외옹치 마을제 조사 연구』, 『강원지방장승, 솟대 신앙』(1989), pp. 42~73
⑬	제주도 구좌면 부원본향	부원불 항급 (몰부림)	정월 14일		말의 중식제.	· 진성기, 『한국의 신화』(1965), pp. 54~56
⑭	제주도 조천면 북촌리	백중제 당굿	7월 14일		우마중식.	· 현용준, 『제주도 영등굿』(1969), p. 127

강원 삼척 근덕 상군천리 논들 서낭당

서낭당 전경

서낭당 내부

서낭당 내부의 철마

동신洞神으로 봉안된 말의 형태는 마상馬像과 마도馬圖 두 가지이다. 마상馬像은 목마·석마·철마·자마磁馬 등이며, 마도馬圖는 산신·성황신·장군신이 말을 타고 있거나 옆에 데리고 있는 모습이다. 제일祭日은 정월 보름, 2월 초, 3월 삼짇날, 7월 백중, 9월 중구 등 다양하다.

무신도 속의 말

무신도는 무당들의 수호신인 '몸주'를 비롯하여 섬기는 신을 형상화하여 신단에 봉안하여 신으로 모시는 그림이다. 무당들에게 무신도는 무당의 몸주이기도 하고 실재實在하는 신 그 자체이다. 무신도는 무화巫畵, 무속화巫俗畵, 무신화巫神畵, 무속도巫俗圖 등으로도 불리나 무신도가 가장 일반적으로 사용된다.

무신도는 형성된 동기나 채색, 양식, 상징성 등을 살펴보면 현세의 강녕康寧과 인간의 길흉화복吉凶禍福, 수명장수壽命長壽를 기원하는 가장 현실적이고 인간 중심적인 그림으로 평가되고 있다. 우리 무신도 속에는 다양한 무신들이 저마다 독특한 그림 언어가 되어 그 시대의 서민적 정서를 대변하듯 등장하고 있다.

말과 관련된 무신도는 오방신장五方神將, 장군將軍, 관우장군關羽將軍, 서낭신, 토령신土靈神, 대감大監, 열두나라도장군, 용신, 대왕, 마신을 모시고 가는 말, 영등굿 말뛰기놀음躍馬戱 등이다.

가정 · 개인 차원의 말 관련 의례

세시 풍속에서 정월 상오일上午日과 10월 상달의 말날이 있다. 이날이 되면 각 가정에서는 간단히 치성을 드린다.

털 있는 짐승의 날, 장 담그는 날, 상오일上午日(말날)

설날부터 시작하여 열이튿 날까지, 열두 동물의 간지(12간지)가 새해 처음 오는 날에 여러 가지를 금기하며 몸을 삼갔다. 털 있는 짐승의 날은 유모일有毛日, 털 없는 짐승의 날을 무모일無毛日이라 하였으며, 설날이 유모일이면 그해 풍년이, 무모일이면 흉년이 든다고 믿었다. 이는 새해 1년을 신중히 설계하고 매사를 조심하며 시작해갈 것을 가르치는 의미이다.

음력 정월 첫째 오일午日, '말날'이라고도 하며, 말에게 제사를 지내고 찬을 주어 위로한다. 말날의 풍속으로는 고사를 지내거나 장을 담그곤 한다. 전남 지방에서는 지금은 찾아보기 어려우나 말날을 길일로 여겨 고사를 지냈다고 하며, 경남 지방에서는 설 안에 장을 담그지 못한 가정에서 첫 말날에 장을 담그면 장맛이 달고 좋다는 습속이 널리 퍼져 있다. 그 까닭은 말이 좋아하는 콩이 장의 원료이기 때문에 좋다는 것과 말의 핏빛처럼 장 빛깔이 진하고 맛이 달게 된다는 것 두 가지를 들고 있다. 또 말이 좋아하는 콩이 장의 원료이고, 우리말 '맛있다'의 '맛'과 '말'의 발음이 비슷하기 때문에 유감의 원리로 맛있는 장을 만들기 위해 말날午日에 장을 많이 담근다고 전한다. 특히 경남의 사천에서는 용날, 뱀날에 장을 담그면 구더기가 끓기 때문에 소나 말 같은 털 있는 짐승 날에 장을 담근다고 한다. 제주도에서는 '정불굴수井不窟邃'라 하여 이날 우물을 파지 않았다.

같은 첫 말날이라도 일진에 따라 다르다. 무오일戊午日을 좋아하고, 병오일丙午日은 싫어한다. 무오일의 무戊와 무성하다는 무茂와 없다는 무無와 음이 같아서 말이 잘 자라고 병이 없이 번식을 잘한다고 해서 좋아한다. 반면에 병오일의 병丙이 병의 병病과 음이 같으므로 병을 연상시킨다고 금기하고 불길하게 여기는 일도 있다.

말날 담그는 삼오주三午酒와 사마주四馬酒

『삼국유사』「가락국기」에서 매년 세시歲時에 술을 마신다고 하는 것은 술의 민속이 일반화되어갔음을 의미한다. 특히 세시 풍속으로 쇠어오던 명절에는 그 계절에 알맞은 시식時食이 있었다. 그중에서 뺄 수 없는 것이 명절마다 연례적으로 빚어오던 술이다. 이는 시절의 미각을 찾고자 하여 빚었던 것이므로 이를 시양주時釀酒라 한다. 즉 매년의 세시마다 민간 습속으로 마시던 술이다.

정월 말날에 술을 담가 12일 후인 둘째 오일午日, 24일 후인 셋째 오일, 36일 후인 넷째 오일에 각각 덧술을 해서 빚는다. 사오일四午日에 걸쳐서 담근 술을 다시 독에 담아 땅속에 묻어두었다가 숙성시켜 마셨다.

『수운잡방需雲雜方』에는 삼오주三午酒와 사오주四午酒에 대하여 그 차이를 제시하고 있다. 삼오주와 사오주의 차이는 표에 나타난 바와 같이 말날午日에 담그는 것은 같지만, 백미를 말날午日마다 세 번 넣느냐 네 번 넣느냐의 차이 외에, 사오주는 삼오주보다도 재료에서 세련된 기법이 보인다. 즉 삼오주는 누룩과 술밥을 재료로 삼는 데 반하여 사오주는 누룩을 가루로 하여 깁체로 친다든가 또는 백미를 가루로 하여 찌고 있는 것이다. 어쨌든 이 양자는 모두 정월 첫 말날午日에 담가서 단옷날 마시는 술로 되어 있다.

삼오주는『음식디미방』과『역주방문曆酒方文』에도『수운잡방』의 삼오주와 똑같은 내용으로 기록되어 있으나,『수운잡방』에 "사오주 (……) 이것은 또 소곡주라고도 한다"고 기록되어 있는 바와 같이, 사오주란 이름의 술은『수운잡방』이후 거의 소개되지 않고, 다만『동국세시기東國歲時記』를 초출로 사마주四馬酒가 되어 나타나더니,『조선세시기朝鮮歲時記』에는 3월의 시식으로 '호서湖西의 사마주'가 되어 소개되고 있다.

삼오주三午酒			사오주四午酒		
일수	재료	열말빛이	일수	재료	열말빛이
정월 첫 말날午日	밀가루 누룩 냉수	7되 7되 4동이	정월 첫 말날午日	밀가루 누룩가루 냉수 백미	7되 1되 8동이 1말(설기떡)
둘째 말날午日	백미	5말(술밥)	둘째 말날午日	백미	5말(설기떡)
셋째 말날午日	백미	5말(술밥)	셋째 말날午日	백미	5말(설기떡)
넷째 말날午日	백미	5말(술밥)	넷째 말날午日	백미	5말(설기떡)
시음時飮		단옷날	시음時飮		단옷날

『수운잡방』의 삼오주와 사오주

『동국세시기』에 기록된 사마주의 내용은 다음과 같다. "오일午日마다 네 번 양조를 거듭해두면 봄이 지나야 익는데, 1년이 지나도 변치 않는다. 이름 하여 사마주四馬酒라 한다." 즉 정월에 담가 단옷날 이후 여름철에 마시는 소국주·두견주·도화주·송순주 등과 함께 대표되는 과하주過夏酒의 하나가 사마주이다.

10월 상달의 말날에 고사 지내기

10월 오일午日은 유별나게 행사가 많다. 원래 10월에는 하늘에 제사하던 큰 행사가 있었으니 그 전승이 오늘날에도 남아 있어 10월 오일은 가을 고사를 지내는 날로 되어 있다. 10월이면 농가에서는 가을걷이도 다 마쳤으므로 식량은 풍족하고 한가한 계절이다. 말날을 맞이해 떡을 하고 음식을 차리고 술을 빚어 고사를 지내는데 가을 고사라 부른다. 가을 고사 음식은 이웃 간에 서로 나누어 돌린다. 고사는 주부에 의해 장독대에서 지내거나 아니면 부엌, 뒤뜰의 터주, 안방의 삼신할머니, 대청에서 성주 앞에 음식을 차려놓고 소박하게 지내는데 때로는 단골무당을 불러서 하는 일도 있다.

『동국세시기』 시월十月 오일조午日條에 "午日稱馬日作赤豆 餠設廐中以禱神祝 其馬健丙午日則不用丙午與病音相似忌馬病也 以戊午日爲貴"라 되어 있다. 즉 10월 말날에는 붉은 팥떡을 하여 마구간에 차려놓고 말의 건강을 비는 고사를 지냈다.

말날 고사떡으로 팥떡을 해서 마구간 앞에 차리고 말의 무병無病을 비는데, 이날의 일진이 병오일丙午日이면 고사를 지내지 않는다(충남). 또 말날에 팥떡 대신에 팥죽을 쑤어 그릇에 담아 터주, 조왕 앞이나 마구간에 놓고 빌기도 한다. 말날 무시루떡을 토지신인 터주에게 고사를 지내는데 풍년 들었음을 감사하고 새해에도 풍년들게 해달라고 소원을 빈다(경기). 전북 지방에서는 '말날' 또는 '오날'이라 불러 말이 살진다고 해서 햇곡식으로 음식을 장만하여 조상굿을 하는 일도 있다. 말날에는 손이 없다고 해서 무당이나 점받이를 불러 굿을 한다(경남). 말날에 집 안을 대청소하고 황토를 놓고 금줄을 쳐서 잡인이나 부정 탄 사람의 출입을 막고 제물을 차려 조왕신께 정성을 드리거나 독경을 한다(경북, 충북).

가을 고사는 풍년에 대한 감사의 뜻을 나타내는 계절인데 그 시기가 오일로 택일되는 것은 오일이 길일이기 때문이다. 10월을 상달, 즉 상월이라 해서 1년 중 가장 위 달이란 뜻인데 제천하는 달, 하늘을 섬기는 달이기 때문이다. 그 상월 중에서도 오일을 가장 길일로 여겨 고사를 지내고 제천하여 풍년을 감사하는 계기로 삼았다. 말, 오의 뜻이 크고 상위란 개념이 내포되어 있어 오일에 신을 섬기게 되었을 것이다. 우리나라의 마을 공동체 신앙인 동제가 연초, 대보름 무렵에 지내는 것이 일반적인데, 경기 지방에서는 10월 초에 지내는 것은 바로 이러한 유풍이다.

제주 농가에서는 10월 10일에서 10월 20일 사이에 가을 떡이라 해서 햇곡으로 시루떡을 쪄서 토광이며 터주단지, 시나락섬에 놓았다가 먹고 소, 말에게도 나누어주고 이웃에 돌려준다. 10월 상오일에는 말과 소를 많이 먹이는 집에서는 소와 말의 귀에 소유의 표시를 하는데, 소, 마귀패라 한다. 이때에 도려낸 귀를 제물 삼아 제를 올리는 일도 있었다.[22]

천진기

---

22 임동권, 「한국의 말과 민속」 『한국의 馬민속』(집문당, 1998), 26쪽.

중국의
말 신앙

    중국의 말 신앙은 마신馬神 신앙과 신마神馬 신앙으로 나누어볼 수 있다. 전자는 말에게 긍정적이든 부정적이든 영향을 미치는 신령에 대한 신앙이고, 후자는 말을 신성시 내지 신비화하는 신앙이다.

마신 신앙

    중국에서 말은 신석기시대에 가축화된 이래 전쟁의 도구, 인간의 이동과 물자의 운반 수단 등 다방면으로 활용되어왔다. 그 결과 말은 개인의 생존은 물론 사회와 국가의 유지를 위해서 없어서는 안 될 가축이 되었다. 이에 따라 국가가 나서서 말의 사육과 관리를 주도했으며, 좋은 말을 구하기 위해 해외 원정까지 불사했다(汗血馬를 구하기 위한 한 무제의 大宛 침공). 뿐만 아니라 수의학이나 좋은 말을 가려내는 상마술相馬術을 발전시켜 말의 건강과 번식을 위한 노력을 아끼지 않았다.

그러나 말의 건강과 번식이 인간의 노력만으로 되는 것은 아니다. 여기서 말의 운명을 좌우하는 마신의 존재를 상정하게 되고, 이에 대한 숭배를 통해 말의 건강과 번식을 보장받고자 했다.

마신 신앙은 이미 『시경』에서 확인되고 있다. 사냥을 나가기 전, 좋은 날을 택해 마신에게 제사한다는 「소아小雅 · 길일吉日」이 그것이다. 『시경』은 춘추시대 이전의 시들을 모은 것이다. 따라서 중국에서 마신 숭배의 역사는 춘추시대 이전으로 거슬러 올라간다고 할 수 있다.

또 『주례周禮』에는 마조馬祖 · 선목先牧 마사馬社 · 마보馬步 라는 신들과 이들 각각에 대한 제사의 규정이 있다. 이중 마조는 말의 조상인 동시에 말의 수호신인데, 하늘의 천사성天駟星, 즉 28수의 하나인 방성房星(전갈자리 머리 부분에 있는 네 개의 별)이다. 방성은 네 개의 별이 일직선을 이루고 있는 별자리인데, 수레를 네 필의 말이 끄는 데서 연상된 것 같다. 그리고 제사 시기는 봄인데, 마조는 말의 시조인 만큼 제사의 시기도 만물이 새롭게 시작하는 계절을 택한 것이다. 선목은 처음으로 말을 기른 신, 즉 야생마를 길들여 가축으로 만든 신이며, 제사 시기는 여름이다. 말을 기르기 위해서는 목초지가 필요한데, 목초지는 여름에 무성한 것과 관련이 있다고 한다. 마사에 대해서는 처음으로 말을 탄 자라는 설명과 마구간의 지신地神이란 설명이 있다. 제사 시기는 가을인데, 말이 마구간에서만 생활하는 시기가 가을이기 때문이라 한다. 또 마보는 말에게 재앙을 가져다주는 신으로, 제사의 시기는 겨울이다.

이를 통해 알 수 있는 사실은, 첫째, 마신이 일찍부터 분화되어 있으며, 그중에는 말의 수호신뿐만 아니라 말에게 부정적 영향을 미치는 신령도 있다는 사실이다. 둘째, 『주례』는 국가의 제도를 규정한 것인 만큼 마신 의례는 국가 제사였음을 알 수 있으며, 나아가 이것은 말이 국가 차원에서 그만큼 중시되었음을 보여준다.

국가 제사로서의 마신 신앙은 중국의 역대 왕조를 통해 계속되어왔다. 그리고 이러한 정기제 이외에도 필요에 따라서는 임시제를 지내기도 했는데, 611년 수양제가 고구려를 침공하기에 앞서 마조·선목·마보에게 제사한 것이 그것이다. 그러나 왕조나 시대에 따라 변화도 있었으니, 수나라 때부터는 제월祭月이 각 계절의 가운데 달, 즉 2·5·8·11월로 고정되고, 제일祭日은 점을 쳐서 택일하도록 했다가 명나라 때는 2월과 8월의 중순으로 축소되었다. 또 제사의 장소도 제단에서 명나라 때부터는 마신사당을 세워 제사했다(御馬監의 馬神祠).

한편 말 신앙은 국가 제사에 그치지 않고, 마정을 담당하는 관리나 말과 밀접한 관련이 있는 군인이나 경찰에게로 확산된다. 뿐만 아니라 말을 기르는 가호家戶가 늘어나고, 말이 생업의 수단인 직업(예컨대 운송업)이 생겨나면서 민간으로 확대되었다.

민간에서는 마신을 마왕야馬王爺·마명왕馬明王·수초마명왕水草馬明王이라고도 했으며, 사당을 지어 상이나 그림으로 모셨다. 마신은 인간의 형상을 하고 있으나 팔이 넷, 눈이 셋이며四臂三目, 노한 모습을 하고 있는 것이 일반적이다. 그러나 가끔 나무로 깎아 만든 말을 신체神體로 모시기도 하는데, 이는 마신 신앙이 말 자체를 숭배하는 데서 비롯되었음을 시사하고 있다.

또 하늘의 방성이 마신이라
한 관방 신앙과는 달리 민간에
서는 마신도 과거 인간이었다
고 믿었다. 그러나 누구였느냐
에 대해서는 흉노 출신으로 한
나라에 투항한 김일제金日磾,
은나라 주왕紂王의 아들 은교殷
郊, 황제黃帝의 신하로 뛰어난

수초마명왕상 　　마신과 우왕牛王의 상

수의사였던 사황師皇이라는 등의 설이 있다. 또 서천여래西天如來 측근의
지묘길상至妙吉祥이란 신이었으나 잘못을 저질러 인간 세상을 윤회하다가
마침내 마왕야로 좌정했다는 전승도 있다. 이렇듯 인간에서 기원한 신으
로 여겨짐에 따라 마신은 음력 6월 23일에 태어났다는 설이 유행하게 되
고, 이와 함께 이날 마신을 제사했다.

　　말이 인간 생활에서 필수 불가결한 가축이었던 시대에는 마신 신앙도
대단히 성행하여 마신을 모시는 마신묘도 도처에 건립되었고, 마신제도
말과 관련 있는 많은 사람들이 모든 사람들이 참가하는 성대한 축제였다
고 한다.

　　그러나 현대로 올수록 말의 역할이 줄어듦에 따라 마신 신앙도 점차
쇠퇴하여 현재는 그 흔적조차 희미하게 되어버린 것 같다.

신마 신앙

    종교에서는 우리가 사는 이 세상 밖에 다른 세상이 또 있다고 믿는다. 그리고 저세상은 이 세상보다 우월하고 질적으로 다르다고 여긴다. 그러나 저세상에 대한 관념 중에는 이 세상의 것이 투사된 경우가 많다. 말도 그러한 것의 하나이다. 이 세상처럼 저세상에도 말이 있어 같은 일을 한다고 여긴다는 것이다.

    저세상의 말로는 우선 천마天馬가 있다. 천마란 하늘의 말인데, 하늘과 말을 연결시키는 관념은 『역경』에서 이미 나타나고 있다. '건乾을 말'이라 하여 말을 하늘의 상징으로 간주했기 때문이다.

    이후 기원전 4~3세기의 인물인 굴원屈原의 『초사楚辭』에는 태양신인 동군東君이 말을 몰고 달리기 시작하면 날이 밝는다는 언급이 있으며(구가, 동군), 기원전 2세기의 문헌인 『회남자淮南子』에도 태양이 말을 이용하여 천공을 운행한다는 설명이 있다(천문훈). 이를 통해 하늘의 말은 태양의 운행을 가능하게 하는 태양마로 여겨졌음을 짐작할 수 있다.

    여기서 문제는 말이 직접 태양을 태우고 가는 것인지, 태양을 실은 수레를 끄는 것인지 명확하지 않다. 그런데 태양마 관념은 그리스 · 바빌로니아 · 인도 등 여러 지역에서 확인되며, 이들 지역 전승에서는 태양이 마차를 타고 이동한다('덴마크 출토 청동기시대 태양 마차'). 이러한 점에 비추어 중국의 경우도 말은 태양을 실은 마차를 끄는 것으로 관념되었을 것 같다.

덴마크 출토 청동기시대 태양 마차

하늘 말의 존재는 유물을 통해
서도 확인된다. 우선 날개 있는
말이 천마라 할 수 있다('하남 낙
양 한 화상전 출토'와 '사천 신진 한
화상석'). 그리고 나는 제비를 밟

하남 낙양 한 화상전
출토

사천 신진 한 화상석

고 달리는 후한 시대의 말 조각('감숙성 무위武威 뇌대雷臺 한묘 출토 말 조
각'), 구름 사이를 달리는 진대晉代의 말 그림('감숙성 주천酒泉 정가갑丁家閘
5호묘 전실 북벽의 말 그림') 역시 천마를 표현한 것이다. 이들 자료에서는
말의 건장함과 신속함이 강조되고 있다.

이렇듯 하늘의 말이 튼튼하고 빠르기 때문에, 지상의 명마도 천마라
불렀다. 기원전 101년 한나라가 대완국을 침공하여 한혈마란 명마를 탈
취해 왔는데, 한혈마를 천마라고도 했다. 그것은 한혈마를 천마의 자손
으로 여겼기 때문이다.

둘째, 용마龍馬이다. 용마는 수계水界의 말이다. 용마가 물속에서 어떤
역할을 했는지 알 수 없지만, 신비한 물건을 지상으로 옮겼다는 자료가

감숙성 무위武威 뇌대雷臺 한묘 출토
말 조각

감숙성 주천酒泉 정가갑丁家閘 5호묘 전실 북벽의 말 그림

하도河圖

있다. 상고시대 제왕인 복희伏羲 때 용마가 황하에서 하도河圖를 지고 나왔으며 이를 토대로 복희가 팔괘八卦를 만들었다든지('감숙성 무위武威 뇌대雷臺 한묘 출토 말 조각'), 요임금 때 황하에서 붉은 문양의 녹색 말이 튀어나와 갑도甲圖를 토해냈다는 전승이 그것이다.

이것 역시 물자를 운반하는 현세 말의 역할을 수계에 확대시킨 것이지만, 용마의 출현이 중국의 성인으로 추앙받는 복희와 요임금 때였던 만큼 강변에서 말의 출현은 군주의 이상적 정치에 대한 상서로 해석되었다. 기원전 113년 악와수渥窪水(감숙성 안서현安西縣)에서 말이 태어나자 천신인 태일이 하사한 것으로 여겨 태일가太一歌를 지어 기념한 것이나, 당나라 때 익주태수益州太守가 선정을 베풀자 진지滇池라는 연못에서 네 필의 말이 나란히 출현했다는 전승 등이 그러한 예이다.

또 용마가 강변에 방목하는 말과 관계하여 명마를 낳게 했다는 전승도 상당수 있다. 이로 말미암아 용마의 자식을 얻기 위해 일부러 암말을 강변에 방목하는 풍습도 있었다.

용마라는 표현을 통해서도 짐작할 수 있는 바와 같이 말은 용과도 관련이 있는 것으로 여겨졌다. 이러한 사실을 보여주는 것으로는 『서유기』에 등장하는 용마가 있다. 용마는 원래 광진용왕廣晉龍王의 아들로 응수간鷹愁澗의 용이었는데 불경을 구하러 가는 삼장법사의 말을 잡아먹고 그 벌로 말이 되어 천축으로 간다. 또 『주례』에 의하면, 여덟 척이 넘는 말을 용이라 했다고 한다.

용과 수계의 연결은 당연하지만, 말이 용과 물과 관련된다는 것은 어떤 논리인지 알 수 없다. 중앙아시아 언어에서는 용과 말의 발음이 같고, 이로 말미암아 먼저 말과 용이 연결되고, 여기서 말과 수계가 관련을 맺게 되었다는 설이 있으나, 이를 따르기 위해서는 더

마면과 우두

춘추시대의 순마갱殉馬坑

많은 근거가 필요할 것 같다.

셋째, 타계의 말인 마면馬面이다. 마면은 머리는 말이고 몸통은 사람과 같은 반인반수의 모습으로, 머리는 소이고 몸통은 사람인 우두牛頭와 함께 지옥의 옥졸이다. 지옥의 옥졸 관념은 불교에서 유래한다. 그런데 우두는 불경에 등장하지만, 마면은 그렇지 않다. 따라서 마면은 중국에서 만들어진 지옥의 옥졸이며, 그 시기도 상당히 후대라고 추측된다.

그렇다면 지옥의 옥졸에 마면이 추가된 이유가 궁금해진다. 중국에서는 사람이 죽으면 말을 부장하는 풍습이 있었다. 그것은 살아 있을 때 말이 꼭 필요한 것처럼 사후에도 그럴 것이란 믿음에서 비롯된 것이다. 이러한 믿음은 은나라 때부터 확인되며, 산동 임치에서 발굴된 춘추시대의 무덤(제 경공의 무덤?)에서는 6백 두의 말을 순장한 사례가 확인된다('춘추시대의 순마갱').

나아가 저승으로 갈 때에도 말을 이용해야 한다고 여겼다. '춘추시대의 순마갱'은 후한 시대 화상석관의 그림인데, 이것은 무덤 주인이 마차

사천성 합강4호 석관

를 타고 서왕모西王母에게로 가는 장면을 묘사한 것이다. 이렇듯 저승에
는 말이 있다는 관념이 보편화되고, 여기에 우면 관념이 결합되면서 마
면이란 새로운 옥졸이 탄생하게 된 것이 아닌가 한다.

　이상에서 살펴본 바와 같이 중국의 말 신앙에 마신 신앙과 신마 신앙
이 있었다면, 양자의 관계가 문제가 될 수 있다. 현재로서는 양자의 선후
관계 등을 밝힐 연구가 축적되어 있지 않지만, 현재 단계에서는 신마 신
앙이 마신 신앙보다 먼저 등장했던 것이 아닌가 추측된다. 종교사의 일
반적 흐름에서 볼 때 초기 단계의 신령에는 동물 형태가 많았다는 점, 목
각의 말 조각품을 마신의 신체神體로 모신 사례가 있다는 점, 마조는 말의
조상이라 한 바 말 자체가 마신으로 여겨졌을 가능성이 있다는 점 등이
그것이다. 다시 말해 먼저 말 형태의 마신 신앙이 있었는데, 말을 신으로
여기는 것이 불합리하다는 관념이 나오면서 말과 마신이 분리되었다는
것이다. 그리고 신마 신앙은 마신 신앙의 본래 모습의 일부를 간직하고
있지만, 신마 자체가 의례의 대상 · 숭배의 대상은 아니라는 점에서 마신
신앙의 퇴화형이라 할 수 있겠다는 것이다.

서영대

일본마의 혼에
생명을 불어넣는다

일본마를 진혼한다

작가 시바료타로司馬遼太郎가 '일본마를 위한 진혼日本馬への魂鎮め'이라는 말을 사용하고 있다. 백 년 전 그 역사의 막을 내리고 소수의 관광용만이 존재할 뿐인 일본마. 문명의 정식 무대에서 사라진 그들의 무수한 영혼을 위로 진혼한다는 의미다.

그는 말을 떠올리며 비애를 느끼지 않는 사람이 있을까, 라고 한다. 청년기부터 몽골의 대초원을 동경한 그는 말에 대해 특별한 감정을 느끼고 있었던 것이 분명하다. 펜네임은 도저히 사마천을 넘어설 수 없다는 의미에서 따온 것으로 우연의 일치랄까, 성에도 말이 포함되어 있다. 말은 인류의 오랜 벗이었다. 그 온순함이나 사랑에 보답하는 성격이 사람들에게 안락함이나 애절한 정을 느끼게 했다. 게다가 한이 있는 사람의 능력에 몇 배의 행동력을 보탬으로써 많은 것들을 옮기고, 멀리 이동하며, 빠르게 행동하고, 많이 경작할 수 있게 되었다. 북아시아의 초원 지대에서는 마유馬乳로 사람을 키우는 어머니이기도 했다. 그런 말이 경마를 예외로 하면 역사적인 사명을 끝냈다고 본 것이다.

일본마도 예외는 아니었다. 그러나 진혼을 위해서는 무엇보다도 말의 정확한 모습을 그려볼 필요가 있다. 만약 근세에서부터 근대 초에 이르기까지 아시아와 서양의 입장이 반대였다고 가정해보자. 일본인은 서양 사회를 방문하여 그들의 말이 거대하면서도 천성이 약하고, 발굽에는 철판이 박혀 있는 것들을 분명 기이하게 느꼈을 것이다. 이는 인간의 벗이라기에는 거리가 먼 존재로 비춰지지 않았을까.

19세기 서양인들이 본 일본마에 대한 인상에는 소형이면서 강인하기는 하나 체구가 열세하니 분명 몽골계의 퇴화된 후예라는 견해가 있다. 이는 서양인의 눈에 비친 일본마의 모습을 대표하는 의견일 것이다. 메이지기明治期에 일본에 온 서양인 입장에서 일본마는 작으면서 놀라울 정도로 기가 세고 난폭했다. 마치 맹수 같다고 한 사람도 있었다.

보는 입장이 다르면 인상이 다른 것은 당연하다. 그런데도 현대의 일본인은 시바료타로를 포함해 대부분이 메이지기의 서양인의 시점에서, 혹은 서양의 문명을 따라잡으려고 한 당시의 일본인의 시점에서 일본마를 표현해버린다.

일본마는 작지도, 맹수도, 퇴화한 존재도 아니었다. 일본인의 체형에 맞는 적당한 크기였으며, 생명체로서의 긍지를 가진 신에 가까운 고귀한 존재였다. 일본은 오랜 기간 대륙의 문물을 수입해왔지만, 남자를 궁정

안에 시중으로 들이는 명분으로 거세를 한 유럽, 중근동, 중국 등 유라시아 대륙 전반에서 볼 수 있던 내시 제도를 받아들이지 않았다. 동물도 인간처럼 거세되지 않았으며 거세 기술도 없었다. 말이 다부진 성격이었던 것은 바로 그 때문이다. 그뿐만 아니다. 닳기 쉽고 손상되기 쉬운 말발굽을 보호하기 위해 유럽에서는 9세기 무렵부터 편자를 박았지만, 일본에서는 인간처럼 짚신인 와라지를 신겨왔다. 에도江戶 시대 쇼군將軍 도쿠가와요시무네德川吉宗가 네덜란드인에게 제철을 배워 도입하려고 했지만 일반화되지 않았다.

그런 말이 역사를 끝맺었다. 다시 말해 일본 열도에서 생명 공동체로서의 소중한 벗이 자취를 감추었다는 의미인 것이다. 그 혼에 활력을 불어넣어 재생시키는 것도 진정한 진혼의 역할이라고 할 수 있겠다.

마형 하니와埴輪~귀하면서도 친근한 말을 순사殉死시키지 않으려고

5세기부터 고분에 부장된 말안장은 대륙의 중장 기마 전투민들이 이용한 안장과는 구조가 다르다. 충분히 장식된 의례적 성격이 강한 것으로 제사를 주관하는 지역의 리더가 사용한 것으로 여겨지고 있다. 말은 전투용이 아니라 신들을 초래하는 제사祭司, 때로는 바로 그 신이 타는 신마神馬였다.

중국에서 기마민족인 북위 왕조가 건설되자 고구려를 시작으로 아시아 각지에 퍼져나간 기마 문화의 영향이 일본에도 미치게 되어 호족의 장례에 말 순장 의식이 행해진 묘가 출토되고 있다. 말의 희생은 강우 의례 등의 제사에서도 행해졌다. 대륙의 기마민족은 말을 신이 내려주신 것으로 여겼다. 신과 통하는 현세의 지배자가 타계에서도 같은 생활을 누릴 수 있도록 말의 순장이 행해졌다는 것이다.

그런데 말을 희생시키는 대신에 일찍부터 마형 토제품, 석제품을 제사에 바치게 되면서 정교하게 만들어진 초벌구이의 하니와마埴輪馬가 매장에 사용되어갔다. 아무리 신이나 리더에게 바치기 위해서라지만 사람들이 말의 희생을 받아들일 수 없어 생겨난 풍습으로도 여겨지고 있다. 『니혼쇼키日本書紀』에 의하면 제11대 스이닌垂仁 천황 시대에 사람의 순사殉死를 대신해 인형 하니와가 매장되었다는 기술이 있지만, 고분 시대에의 순사의 풍습은 아예 원하지도 않았다.

치바켄千葉縣의 히메즈카姬塚 고분에서는 안장을 붙인 하니와마를 선두로 하여 말을 끄는 마부, 피장자의 장례에 참례한 남성, 여성들의 인물상들이 행렬을 이루는 인형 하니와 일군一群이 발굴되고 있다. 여기서는 말을 탄 피장자는 표현되어 있지 않다. 대륙으로부터 사후에 가게 되는 타계의 관념이 전해지지만 사자재생死者再生의 심정은 강하게 남아 있었다. 사후에 일시적으로 산으로 숨은 혼을 불러오기 위한 노력이 모가리 의식이었다. 따라서 이 행렬은 피장자가 타계에서 같은 생활을 보내기 위함이 아니라, 잠시 혼이 나간 사자死者의 혼을 불러들여 재생을 빌기 위한 것으로, 마형 하니와는 피장자가 다시 말을 타고 돌아오는 것을 나타내고 있다고 여겨지고 있다.

사람이 죽은 후에도 연고가 있는 말은 남겨지고 대신에 마형 하니와를 매장했다. 순장해버리면 다시 돌아온 사람이 탈 말이 없어지게 된다. 그만큼 빠른 재생을 바랐기 때문일 것이다. 천수를 누렸다는 고대의 말은 사람과 같은 생명 순환 속에 서식하고 있었던 것이다.

신령이 타는 말

일본의 신들은 예로부터 말을 각별히 사랑했다. 마츠리祭 때는 신이 말을 타고 내림한다고 여겨져 신마, 진메神馬는 제사에서 빠뜨릴 수 없는 존재였다. 그래서 신사에는 진메사神馬舍가 설치되어 신마를 사육하고, 제례에서는 신령이 머무는 요리시로依代로서 누사幣, 가가미鏡 등을 신마의 등에 실었다. 눈에 보이지 않는 신이 신마를 타고 외출하는 것이었다. 신들이 봉헌을 원한다고 여겨 사람들은 뭔가 기원할 일이 생기면 신에게 말을 바쳤다. 말 색깔에 따라 기우祈雨일 때는 구름을 예상하며 흑마를, 지우止雨일 때는 청천晴天을 예상하며 백마를 바쳤다.

궁중의 연중행사나 신사의 제례가 말에게는 활약의 장이었다. 신령이 타게 되는 제례祭禮로 가장 유명한 것 중에 하나가 교토京都 아오이마츠리葵祭의 신맞이로서 행해지는 미카게마츠리御蔭祭다. 아오이마츠리는 카모제賀茂祭라고도 하여 옛날에는 마츠리祭라면 이를 두고 한 말이었을 정도로, 카미가모진자上賀茂神社와 시모가모진자下鴨神社에서 성대하게 거행되어왔다. 미카게마츠리는 아오이마츠리의 중요한 젠기前儀로서 히에잔比叡山 기슭으로부터 신령이 신마를 타고 시모가모진자에 신행神幸하는 의례다.

또한 교토의 카미가모진자에서는 매년 5월 5일에 구라베우마신지競馬神事가 거행되어, 이치노토리이一鳥居의 서편에서 니노토리이二鳥居까지의 잔디밭을 마장으로 하여 열전이 전개된다. 이는 701년에 시작하는 궁정 경마를 이어받아 1093년부터 시작되며, 1년의 길흉을 점치는 의미로 오늘날까지 그 전통을 전해오고 있다.

궁정이나 신사뿐만 아니라 일반 민속에도 신과 말의 관련을 말해주는 풍습이 많이 전해오고 있다. 민속학자 야나기다구니오柳田國男는 신들이 날을 정해 높은 산봉우리에서, 또는 저 먼 하늘에서 지상으로 내려올 때, 반드시 영靈이 있는 말을 타고 온다는 발상은 멀리 떨어져 있는 작은 섬 끝에까지 전설로서 기억되어 현실의 환각이 되어 보존되어왔다고 한다. 도호쿠東北 지방의 마을 등에는 산신, 야마노카미山神를 출산의 신이라고 하는 전승이 있다. 이와테켄巖手縣 토노遠野 지방 등에서는 임산부의 진통이 시작되면 남편은 아무것도 싣지 않는 말을 끌고 산에 들어가 산신을 맞이하는 습속이 제2차 세계대전 이후에도 행해지고 있었다고 한다. 산 중에서 말이 멈춰 서서 꼬리를 털거나 움직이거나 하면 산신이 올라탔다고 여겨 집으로 돌아왔다.

　　고래로부터 말馬을 총칭해 고마駒라고도 했다. 토호쿠에는 성스러운 말의 산을 뜻하는 고마가타케駒ヶ岳로 불리는 산이 많으며, 그곳에 코마가타진자駒形神社가 존재한다.

　　논의 신 타노카미田の神나 여행자의 수호신인 도소진道祖神을 태우려고 짚으로 만든 말을 논이나 길가에 두는 것이나, 오이나 가지로 마형馬形을 만들어 조상의 영혼을 맞이하는 쇼료다나聖靈棚에 올리는 쇼료우마聖靈馬의 습속도 전국적으로 굉장히 넓게 분포하고 있다.

　　신들이 탄 말은 일본인의 체형에 맞는 거세되지도 편자가 박히지도 않은 말이었다. 백마나 흑마의 훌륭한 헌상마를 타는 신이 있다면 마을 사람의 생활을 지켜주는 소박한 말이나 짚이나 야채로 만든 말을 좋아한 신도 있었다. 과장해서 말하면 모든 일본마와 그것을 본뜬 마형馬形은 산이나 신사에 진좌한 신들이 탈 가능성이 있었다. 사람이 걸터앉지 않은 말은 자유롭고 아름다울 뿐만 아니라 어딘가 신성하다. 말이 뿜어내는 그 독특한 기색이 사람들에게 눈에 보이지 않는 신들의 존재를 느끼게 해왔을지도 모른다. 또한 일본에는 메이지가 될 때까지 말에게 수레車를 끌게 하지 않고, 우차牛車를 이용했던 것도, 신이 타는 것은 마차가 아니라 그 말이라고 생각했기 때문일지도 모른다. 일본의 신들은 역시 말 그 자체를 사랑했던 것이다.

말을 머리에 인 보살~마두관음

말을 타는 신들과는 반대로 불교에서는 중생을 구하는 관음보살이 스스로의 두상에 말 머리를 이고 있다. 이것이 육관음의 하나인 마두관음馬頭觀音이다. 원래 산스크리트어로는 하야그리바라는 바라문교의 신이 불교의 수호신으로서 받아들여졌다.

순식간에 박차고 나가 먹이를 먹어치우는 말처럼 재빠르게 중생을 구하여 그 번뇌를 모조리 먹어준다. 관음 중에서 유일하게 악을 굴복시키며 위압하는 분노의 형상을 하고 있어 불법을 수호하는 명왕에 더해져 마두명왕馬頭明王이라고도 한다. 말의 차내는 힘으로 악마를 해산시키는 것이라고도 한다.

현존하는 최고의 마두관음상은 나라奈良 시대로 거슬러 올라간다. 지옥, 아귀, 축생, 수라, 인간, 천상의 육도에 배치되는 육관음의 하나로 특히 축생도에서 짐승들을 구한다고 여겨졌다. 이때부터 차츰 소, 말 등의 수호신으로서 서민 신앙 속에 받아들여져갔다.

에도 시대 중기 이후에는 노방路傍의 석불로서의 마두관음상이 전국적으로 활발히 만들어지게 되었다. 관음상을 새긴 조토像塔와 '마두관세음

馬頭觀世音' 등의 문자를 새긴 문자탑이 있으며, 메이지 이후 제2차 세계 대전 이후에 이르기까지도 엄청난 수가 만들어졌다. 돌로 만든 마두관음은 시골길의 노방이나 갈림길, 네거리 등의 교통의 요충지, 고개의 험한 곳에 세워졌다. 번뇌로부터 구원한다는 본래의 불교의 교의로부터 멀어져 말의 무병 무사함이나 여행의 안전을 비는 것으로 바뀌어갔다. 마을 변두리의 말 묘지에도 마두관음은 세워졌다. 인간의 여행이나 농업을 위해 밤낮 일하다 죽어간 말에 대해 사람들은 공양의 마음을 이 석불에 담았던 것이다.

일본마의 혼은 소생할 수 있을까

시바료타로가 술회한 것처럼 일본마는 그 역사를 닫은 것일까. 고고학에서는 마구, 마형 매장품의 발굴에 의해 고분 시대 이후 한반도에서 전해왔다고 추정되는 말 문화의 세계가 선명하게 드러나고 있다. 민속학은 서민의 말 신앙의 세계를 분명히 하고, 신토神道에서는 오늘날도 시모가모진자下鴨神社의 미카게마츠리御蔭祭나 카미가모진자上賀茂神社의 구라베우마競馬를 시작으로 신마의 전통은 끊어지지 않았다. 마두관음은 적막하게 노방에 서 있지만, 무수한 신사에서 에마繪馬가 봉납되고 있다. 5세기에는 틀림없이 대륙에서 일본으로 전해져 있었던 말은 적어도 천5백년 이상의 시간의 흐름 속에서 산악 지대를 중심으로 일본마로서 뿌리내렸다. 그리고 그 혼과 성령은 전국의 산들이나 신사, 노방에 널리 퍼져 천황, 귀족으로부터 무사, 서민에 이르기까지 사람들의 생활과 지속적으로 감응했다. 서양 문명의 도입이라는 거센 파도도 이 전통을 모두 쓸어가기에는 역부족이었다. 일본마의 혼은 마츠리祭에, 촌락에, 사람들의 기억

속에 맴돌고 있다. 전통마의 보존, 육성에 힘써 동시에 한반도, 대륙과의 연관이라는 원점을 떠오르게 함으로써 일본마의 혼이 소생한다고 믿고 싶다.

하마다 요 | 이향숙 옮김

참고 문헌

山中襄太, 『語源十二支物語』(大修館書店, 一九七六)

佐藤健一郎・田村善次郎, 『小繪馬-いのりとかたち』(淡交社, 一九七八)

加茂儀一, 『騎行・車行の歴史』(法政大學出版局, 一九八〇)

根岸競馬記念公苑・馬の博物館, 『特別展日本古代の馬文化展』(根岸競馬記念公苑, 一九八一)

根岸競馬記念公苑學藝部編, 『馬の博物館特別展古代文化・馬形の謎』(根岸競馬記念公苑, 一九八六)

坂內誠一, 『碧い目の見た日本の馬』(聚海書院, 一九八八)

府中市鄕土の森博物館, 『特別展馬』〔(財)府中市鄕土の森事業團, 一九八八〕

司馬遼太郎, 「日本馬への魂鎮めの書として」

坂內誠一, 『碧い目の見た日本の馬』(聚海書院, 一九八八)

中村禎里, 『動物たちの靈力』(築摩書房, 一九八九)

大津市歴史博物館, 『企畵展庶民のいのり近江の繪馬』(一九九一)

文部科學省科學研究費補助金・研究成果報告書(一九九一)

有馬洋太郎他編,『圖說日本の馬と人の生活誌』(原書房, 一九九三)

林英夫編,『近世馬と日本史3』(馬の文化叢書4, 馬事文化財團, 一九九三)

根岸競馬記念公苑,『神奈川の街道と馬』(馬事文化財團, 一九九三)

栗東歷史民俗博物館,『町製四〇周年記念展近江と馬の文化』(一九九四)

吉野裕子,『十二支易・五行と日本の民俗』(人文書院, 一九九四)

巖井宏實,『民俗馬の文化史』(馬の文化叢書6, 馬事文化財團, 一九九五)

高橋富雄編,『古代馬と日本史1』(馬の文化叢書2, 馬事文化財團, 一九九五)

柳田國男,「板繪沈革」

巖井宏,『民俗馬の文化史』(馬の文化叢書6, 馬事文化財團, 一九九五)

福永光司,『'馬'の文化と'船'の文化-古代日本と中國文化』(人文書院, 一九九六)

增田精一,『日本馬事文化の源流』(芙蓉書房出版, 一九九六)

彥根城博物館,『馬-鞍・鐙から描かれた姿まで』(彥根市敎育委員會, 一九九七)

馬事文化財團・馬の博物館編,『鎌倉の武士と馬』(名着出版, 一九九九)

巖手縣立博物館,『北の馬文化』〔(財)巖手縣文化振興事業團博物館, 二〇〇〇〕

西中川駿編,『古代遺跡出土骨からみたわが國の牛, 馬の渡來時期とその經路に關する研究』

奈良縣立橿原考古學研究所附屬博物館編,『春季特別展馬と馬具の考

古學古墳時代の馬との出會い』(二〇〇三)

鄭高詠,『中國の十二支動物誌』(白帝社, 二〇〇五)

伊藤亞人監譯,『韓國文化シンボル事典』(平凡社, 二〇〇六)

張允禎,『古代馬具からみた韓半島と日本』(同成社, 二〇〇八)

中澤克昭編,『人と動物の日本史2 歴史のなかの動物たち』(吉川弘文
館, 二〇〇九)

제 5 부

말의 이미지와
상징성

현대 대중문화와 말 류관현
시공을 응축하는 에마絵馬와 일본마 하마다 요 · 이향숙
중화 민족의 정신적 심벌로서의 존재 왕민

현대 대중문화와
말

  말은 싱싱한 생동감, 뛰어난 순발력, 탄력 있는 근육, 미끈하고 탄탄한 체형, 기름진 모발, 각질의 말굽과 거친 숨소리를 통해 강인한 인상을 주는 동물이다. 한편 말은 교통용, 군사용, 생산수단의 농경용으로, 그 밖에 말갈기(말총)는 관모의 재료로, 말가죽은 가죽신 또는 주머니, 말 힘줄은 조궁造弓, 마분馬糞은 종이 원료, 땔감, 거름으로, 말고기는 식용으로 일상생활에 널리 이용되어왔다. 그러나 현재는 이와 같은 기능 중 많은 부분들이 없어지고 일부 기능 또는 변형된 상징적 의미들로만 우리에게 남아 있을 뿐이다. 불과 30년 전 까지만 해도 자동차 사이로 지나가는 쌀가마를 실은 마차를 도로에서 보곤 했으나 이젠 그마저도 볼 수가 없다. 이렇듯 실제 말의 모습은 이제 한정된 공간에서만 볼 수 있을 뿐이나 말이 갖는 상징적 이미지는 현대 대중문화의 여러 곳에서 아직 우리에게 남아 있다.

상표, 또는 브랜드 로고에서 보이는 말의 이미지

여러 동물 이미지 중 상표로써 가장 많이 쓰이고 있는 동물 중의 하나가 바로 말이 아닌가 여겨진다. 말은 그 기능적 의미 외에 형태적 조형미와 더불어 인간과 친숙한 동물의 하나로 여러 상표 및 로고 등에 많이 사용되고 있다.

말표 구두약

현대 갤로퍼

포니 자동차

이동 수단, 질주 본능의 의미

말의 가장 대표적인 이미지는 그 기능적 특성에서 온 의미 상징일 것이다. 바로 이동 수단으로서의 기능과 질주 본능에 대한 상징적 이미지가 바로 그것이다. 그러한 이미지를 가진 상표 중 가장 오래 우리 곁을 지키고 있는 상표가 '말표 구두약'인 듯싶다. 1967년부터 판매되기 시작한 말표 구두약은 40년이 넘는 세월 동안 우리네 신발장 한쪽 서랍에서 기거하며 오랜 세월을 동고동락하고 있다. 또한, 이동 수단, 질주 본능에 대한 의미는 자동차 브랜드명으로 빈번한 사용을 유도하고 있다. 우리나라 근대화 시대의 기념비적인 자동차로 기억되는 포니Pony 자동차는 수입 모델을 조립하던 데 그쳤던 국내 초기 자동차 산업에 순수 제작된 국민

자동차로서 꿈을 현실화시킨 자동차다. '포니'란 조랑말을 뜻하는 말로 말馬과에 속하는 작은 말을 총칭한다. 성격이 온순하고 면역력과 생존력이 강해 다양한 풍토에 적응을 잘해 전 세계에 분포하고 있으며, 국내에는 1986년 천연기념물 제347호로 지정되어 보호받고 있는 제주마가 있다. 이후 1991년 개발되어 판매되어온 현대자동차의 다목적 4륜구동차인 갤로퍼는 질주하는 말이라는 의미를 담고 있다. 이후 1999년 출시된 현대 에쿠스Equus는 현재까지 생산 중인 현대자동차의 대형 세단이다. 에쿠스는 라틴어로 '개선장군의 말'과 '천마天馬'란 뜻으로, 영어로는 '세계적으로 독특하고 독창적인 명품 자동차Excellent, Quality, Unique, Universal, Supreme automotive'라는 의미도 담고 있다. 비단 한국의 자동차뿐 아니라 페라리의 상징이 된 앞발을 든 말이 등장하는 엠블럼, 방패 문양의 정 가운데에 페라리 엠블럼과 비슷한 말 그림이 그려진 다소 복잡해 보이는 포르쉐가 그 예이다. 이처럼 과거 교통의 수단이자 탄력과 순발력을 가진 말의 이미지는 현재의 이동 수단인 자동차에 많은 상표로 이용되고 있다.

스포츠 관련 상표 및 로고

한편 말의 이러한 생동감 넘치는 이미지는 스포츠와 관련된 상표로도 많이 활용되고 있다. 특히 프로야구단은 동물 이미지를 주로 마스코트로 내세우고 있는데, 그중 말의 이미지를 마스코트로 내세웠던 구단이 1985년 창단한 청보 핀토스('pintos'는 얼룩무늬 말 또는 조랑말을 의미한다)이다. 삼미 슈퍼스타즈를 청보그룹이 인수하면서 청보 핀토스로 구단명을 바꾸고 새롭게 출범했으나, 1987년 청보그룹이 도산한 후 청보식품이

청보 핀토스   현대 유니콘스 야구단

오뚜기로 이관되고, 시즌 중 태평양화학에 프로야구단이 매각되어 1988
년부터 태평양 돌핀스로 리그에 참여하게 된다. 이로써 말을 마스코트로
사용하는 구단이 사라지게 되었다가 태평양 돌핀스 구단이 1996년 현대
유니콘스로 구단명이 다시 바뀌며 말의 이미지가 다시 재등장하게 된다.
유니콘은 말의 체구에 이마에 한 개의 뿔이 나 있는 서양의 전설적인 동
물이다. 한편 국내 프로축구는 1983년 출범해 29년의 역사를 이어오는
동안 현재의 성남일화 구단이 천마天馬를 마스코트로 사용하고 있으며,
팀 창단 이후 총 7회의 우승을 차지할 정도로 프로축구 사상 가장 많은
우승을 거머쥐고 있는 구단이다. 이외에 레저 문화로 정착된 경마가 있
다. 경마에서의 말의 이미지가 사용되는 것은 두말할 필요 없는 것일 것
이다. 마사회의 마스코트 역시 당연히 말의 이미지를 사용하고 있고, 경
기도 과천의 서울경마공원을 비롯, 부산, 제주 등지의 경마공원은 실제
로 질주하는 말을 볼 수 있는 앞서 말한 한정된 공간이기도 하다. 한편 국
제 수준의 우수한 선수와 체육계의 전문 지도자 양성을 교육 목적으로
1977년 설립된 한국체육대학교의 상징물 역시 천마상으로 말의 이미지
를 차용하고 있다.

성남일화 축구단의 엠블럼과 마스코트

한국체육대학교 상징물 천마상

서울경마공원 입구의 동상과 꽃마차

한국마사회 마스코트

서울경마공원 경주 모습

맵시 있는 자태

말을 실제로 본 사람은 누구나 말의 수려한 외형적 형태미에 반론을 제기하지 않을 것이다. 말의 체형이 보여주는 높은 예술적 가치의 완벽한 조형성은 인간의 역사와 함께해오며 변함없이 사랑을 받아오며 다져진 인연이 더하여 고급 브랜드의 이미지에 차용되고 있다. 그중 대표적인 것이 1980년대 크게 유행했던 의류 브랜드 조다쉬Jordache일 것이다.

1980년대 초 교복 자율화와 바덴바덴에서 서울올림픽 개최가 확정될 무렵 급속도로 빠른 시장 개방의 물결 속에 외국 브랜드들이 몰려들어 오기 시작하는데 그 선봉에 섰던 것 중 하나가 바로 이 '조다쉬 청바지'이다.

조다쉬 열풍은 실로 대단한 것이었다. 대중들이 명품이 무엇인지 알지 못할 때, 시장에서 파는 청바지보다 족히 열 배는 비쌌던 이 조다쉬는 멋과 부의 상징이었다. 특히나 조다쉬는 이제껏 청바지가 가난한 대학생들의 전유물이라는 인식을 뒤집으며, 패션의 필수 아이콘으로 자리매김하는 데 큰 공헌을 한다. 상표에 붙어 있는 말 그림이 너무나 유명해져서 이후 거의 모든 청바지에는 조다쉬를 흉내 낸 말 그림으로 상표를 만드는 것이 유행처럼 번질 정도였다. 엉덩이에 조다쉬 마크 하나만 있으면 세상을 다 얻은 듯 뿌듯한 매력을 느끼게 했던 이 조다쉬 상표의 '말' 이미지가 얼마나 대단했는가를 1980년대를 살아본 사람들은 아직 생생히 기억한다.

영화에서 보이는 말

영화에서 나타나는 말의 이미지는 주로 자유로움과 희망 등의 의미를 담고 있는 것이 많았다. 특히 1980년대 우민화愚民化 정책으로 등장한 '3S'(스포츠Sports, 영화Screen, 섹스Sex의 머리글자를 딴 것으로, 비민주적 정부에 대한 국민들의 불만을 이런 방향으로 돌리자는 것이었다)로 인해 에로영화의 전성기라고 불릴 만큼 많은 에로영화들이 등장하기 시작했는데 그 대표적인 에로영화가 「애마 부인」 시리즈이다.

성적 해방과 자유로움

1982년에 개봉한 이후로 폭발적인 인기를 얻어서 이후 시리즈로 제작되었고, 1996년까지 13번째 시리즈가 개봉하였다. 1982년에 개봉한 「애마 부인」의 첫 번째 시리즈는 가정주부인 애마라는 여자가 남편의 바람기 때문에 맞바람을 피게 되고 남편이 감옥에 가자 여행을 떠나 여행 중에 우연히 만난 남자와 뜨거운 사랑에 빠진다는 줄거리로 안소영이라는 신인 배우를 스타에 오르게 한 흥행작이었다. 말 자체가 주인공은 아니지만, 영화에서 주인공의 애칭이 애마였고, 말은 주인공의 성적 해방과 자유로움을 표현하기 위한 이미지로 차용되고 있다. 특히 원래 제목을 '愛馬夫人'으로 하려 했으나 제목이 저속하다 하여 '愛麻夫人'으로 바뀐 부분이 흥미롭다. 성적 해방의 이미지뿐 아니라 자유로움과 거친 숨소리를 내며 뜨거운 열정으로 달리는 말의 이미지는 대중가요에서 보여지기도 한다. 인디 밴드의 대표 그룹인 크라잉넛의 「말달리자」는 노래방에서 남녀노소를 불문하고 많은 이들에게 애창되는 곡 중의 하나이다.

"살다보면 그런 거지 우후 말은 되지 모두들의 잘못인가 난 모두를 알고 있지 닥쳐! 노래하면 잊혀지나 사랑하면 사랑받나 돈 많으면 성공하나 차 있으면 빨리 가지 닥쳐 닥쳐 닥쳐 닥쳐 닥치고 내 말 들어 우리는 달려야 해 바보 놈이 될 순 없어 말달리자."

절규하듯 내지르는 이 노래는 분명 끊임없이 달려야 하는 우리의 모습과 함께 노래방에서 가슴속에 맺혀 있는 뭔가를 쏟아내는 한(?) 풀이를 통해 자유로움을 느끼게 한다.

불운을 딛고 일어선 희망

「애마 부인」 시리즈를 제외하고는 말이 등장하는 영화에서 말의 이미지는 대체로 희망과 꿈을 대변하고 있다. 2006년 개봉한 임수정 주연의 「각설탕」이라는 영화를 먼저 살펴보자.

제주도의 아름답고 푸른 목장에서 태어나서 자란 시은은 어릴 적부터 유독 말을 좋아하고 말과 함께 살아가고 있는 아이이다. 그중 태어나자마자 어미를 잃어버린 망아지 천둥이와는 둘도 없는 친구로 생각하며 어린 시절을 함께한다. 시은 자신도 어린 시절 엄마를 잃고 자라서인지 천둥이에게 각별한 애정을 쏟고 같은 동질감을 느끼며 인생을 함께하는 존재로 생각하는 것이다. 그러던 중 대학 입학금 마련을 위해 시은의 아버지가 천둥이를 다른 곳으로 팔면서 둘은 정말로 원치 않는 이별을 하게 된다. 그 후 시간이 흐른 뒤 과천경마장에서 여자 기수의 꿈을 키워오던 시은은 버스를 타고 가다 우연한 기회에 나이트 삐끼의 홍보용 마차를 끌고 가던 천둥이를 보게 된다. 그리고 둘은 수년의 시간이 흘렀지만 서로를 알아보며 감격적인 재회를 하게 된다. 시은은 천둥이를 데려와 각별히 지도하며 자신의 꿈을 천둥이와 함께하려고 경주마로 훈련시킨다. 그녀의 각별한 정성에 천둥이는 경주마로서 자질을 익혀가게 되고 드디어 함께 경마대회에 출전하게 된다. 천둥이와 함께 세상 끝까지 달리고 싶은 시은은 경마대회에서 수많은 관중이 지켜보는 가운데 마지막 경주에서 기적을 만들어내려 한다.

이러한 구조는 2005년 개봉한 다코타 패닝이 주연한 할리우드 영화 「드리머」와도 비슷한 양상을 보인다.

한때는 혈통 좋은 종마들을 번식시키는 목장으로 유명했던 크레인 목장. 그러나 할아버지의 목장 운영에 반대했던 아버지 '벤'은 경주마들을 직접 키워서 시합에 보내려다가 엄청난 빚을 지고, 결국 다른 목장의 말 사육사로 일하며 근근이 살아가고 있다. 그러던 어느 날 아버지 벤이 일하던 목장에서 지난 경마대회에서 1위를 했던 명마 '소냐도르'가 경기 중 다리가 부러지는 불의의 사고가 발생하고, 이 때문에 소냐도르는 목숨을 잃을 위기에 처해진다. 이에 벤은 자신의 퇴직금 대신 소냐도르를 집으로 데리고 오게 된다. 크레인 일가에게 소냐도르의 등장은 막막하기만 했던 목장을 살릴 한 줄기 희망과도 같았다. 그것은 단순한 재정적인 탈출구였을 뿐만 아니라 그동안 서먹서먹했던 가족 간에 화해와 사랑을 이루게 되는 구심점이 됐던 것이다. 그 후 6개월 동안 벤과 케일의 정성 어린 간호로 소냐도르의 부러진 다리는 기적처럼 회복된다. 소냐도르의 회복과 함께 아버지로부터 소냐도르를 선물받은 케일은 야심찬 계획을 세우는데…… 그것은 바로 소냐도르를 다시 한 번 경주에 내보내는 것. 이제는 딸의 꿈을 이뤄주고 싶은 벤과 지난날 아들에게 미안한 마음을 전하고 싶었던 할아버지 팝은 케일을 도와 모든 경마인들의 꿈의 대회인 '브리더스 컵'에 소냐도르를 출전시키게 된다.

2010년 개봉한 김태희와 양동근 주연의 「그랑프리」 역시 불운을 딛고 일어선 여자 기수의 꿈을 이루기 위한 도전을 그리고 있으며, 2011년 가을에 개봉한 차태현과 박하선 주연의 「챔프」 역시 시력을 잃어가는 기수와 절름발이 경주마의 기적 같은 도전을 그리고 있다. 대체로 말이 등장하는 영화는 경주마를 중심으로 '불운을 극복하고 꿈과 희망을 위한 도전'이라는 공통적인 이야기 구조를 가지고 있음을 알 수 있다.

이상에서 살펴본 바와 같이 현대 대중문화 속에서 말의 이미지는 대체로 긍정적 이미지로 인식되는 경우가 많았으며, 이로 인해 많은 분야에서 상표로, 혹은 대중문화의 소재로 사용되고 있음을 파악할 수 있었다. 또한 영화 속 말의 이미지는 동서양이 크게 다르지 않은 듯 보인다. 이는 어찌 보면 말에 대한 콘텐츠의 보편적인 이미지만이 부각되고 실제로 우리 고유의 특유한 역사적, 혹은 민속학적인 내용이 문화 콘텐츠로써 아직 연구 · 발현되고 있지 못하다는 의미를 반영하고 있다고도 볼 수 있겠다. 여전히 과제는 남아 있는 것이다.

류관현

시공을 응축하는
에마 繪馬 와 일본마

드라마는 마술과 닮았다

희곡은 마술馬術과 닮았다. 이에 대해 경마는 소설이다. 제2차 세계대전 후 일본을 대표하는 극작가 중의 한 사람 기노시타준지木下順二가 남긴 말이다. 소설은 얼마든지 길거나 진도가 나가도 좋으며, 지방 경마처럼 얼마든지 옆길로 새어도 괜찮다. 말이라는 것은 인간이 올라타고 양다리를 조이면 앞으로 나가기 시작하고, 박차를 가하면 달리기 시작하며, 그렇게 계속 달리면 경마가 된다. 경마의 박차고 달리는 스타일이 소설이다.

그런데 마술은 전혀 다르다. 근대의 말 체중은 대략 450킬로그램 정도이지만 거기에 인간이 올라타면 500킬로 이상이 된다. 그것을 양다리로 조이면 500킬로 이상의 에너지가 앞으로 이동한다. 마술에서는 그 이동을 기수가 손을 통한 가벼운 조작으로, 말의 구각으로부터 손으로 연결된 고삐로 억제한다. 그러기 위해서는 구각의 위치를 말의 전진을 저지하는 데 역학적으로 가장 효율적인 곳에 두는데 거기에는 말의 콧등을 거의 수직에 가깝도록 말의 자세를 만든다. 걸터앉은 다리로 거듭 조여 놓고는 전진하는 에너지를 손으로 받아 효율적으로 움직임을 저지하면 거대한 에너지가 말의 몸 안에 제대로 응축된다. 그 모인 에너지를 이용해 경묘한 춤을 추게 하는 것이 마술이다. 기노시타준지는 그것을 피겨 스케이트와 스피드 스케이트가 완전히 다른 것이라고도 말한다.

희곡, 즉 드라마란 무한의 과거로부터 무한의 미래로 이어지는 시간, 그리고 무한정 퍼지는 공간을 한정된 상연 시간과 한정된 무대 공간 안에 끌어모아 응축시켜 표현하는 소우주다. 무한한 연관과 확산을 단지 일부를 잘라 재미있고 희한하게 요리하여 무대 위에 진열해 보이는 것이 드라마는 아니다. 극은 '인생의 단편' 등이 아니며, 이러한 드라마의 본질은 그야말로 거대한 에너지를 응축해 춤추는 마술에 의해서 체감할 수 있다고 키노시타는 설명한다.

구제舊製 고등학교에서 마술부 캡틴을 맡은 이래 수십 년을 꾸준히 말을 타며, 유수한 마서馬書 컬렉션을 수집하고 「전부 말 이야기ぜんぶ馬の話」라는 수필로 요미우리 문학상까지 수상한 기노시타의 예사롭지 않은 정열의 배경에는 이러한 일류 드라마관이 있었다. 말과 일체가 됨으로써 이 소우주의 본질을 파악했다고 믿었던 것이다.

에마繪馬라는 드라마

현대 일본인이 에마繪馬에 담아내는 심정도 어쩌면 이와 비슷할지도 모른다. 흔히 볼 수 있는 에마는 지붕 모양의 오각형 나무판에 그해의 십이지 동물이나 명소 고적이 그려져 있고, 합격기원合格祈願, 결연緣結び, 가내안전家內安全, 건강기원健康祈願, 병의 평유病氣平癒, 교통안전交通安全에서 개운초복開運招福, 장사번성商賣繁盛, 자식기원子寶祈願, 대원성취大願成就 등 여러 가지 문자가 인쇄되고 있다. 대부분의 신사, 사원에서 살 수 있으며 소원을 빌기 위해 방문한 사람들은 적당한 에마를 골라 여백에 마음에 담아 온 말을 추가하여 곁에 늘어선 에마 거는 곳에 봉납한다.

어릴 적에 그 에마를 보며 삼목판자의 곧바른 나뭇결과 향기가 시원스럽고 선명한 그림이 그려져 있는 멋진 장식인데 왜 사람들이 일반적인 부적처럼 가지고 돌아가지 않고 바로 그 자리에 걸어두는지 이상했던 기억이 떠오른다. 자기가 돈을 내고 샀는데 곧바로 돌려주는 게 인상적이었다.

오늘날 전국 어디에서나 존재하고 사람들의 소원을 담는 판의 통칭이 그림繪 말馬을 의미하는 것은 진짜 말을 봉납할 수 없는 민중이 대신에 말 그림을 그려 납입했던 것에 유래한다고 여겨지고 있다. 그 증거로 말띠 해가 아니어도 말을 그린 에마가 각지에 전해져 오늘날에도 만들어지고 있다. 귀중한 말은 마을이나 논이나 사람들의 생활을 지켜주는 보이지 않는 토지신이나 조상신, 또는 야오요로즈노카미八百萬神들이나 부처를 태우기 위한 것으로 유력자가 살아 있는 말을 절과 신사에 헌납했다. 『조크니혼쇼키續日本紀』에 기우제를 위한 8세기의 말의 헌납 기록이 남아 있지만, 말을 헌상할 수 없는 경우에는 나무, 흙, 돌로 만든 마형馬形을 대신 바칠 수 있었다. 나무판에 그려진 에마로는 시즈오카켄静岡縣으로부터 8세기, 나라켄奈良縣으로부터 9세기의 유품이 발견되고 있다. 에마라는 말도 유자儒者 오에노마사히라大江匡衡가 교토의 키타노텐만구北野天滿宮에 올린 공물 목록(1012)에 등장하고 있어 헤이안平安 시대 중기로 거슬러 올라간다.

일본 전국의 신사나 사원에서도 에마를 내걸 수 있게 되고, 큰 사원과 신사에는 에마당繪馬堂까지 설치되었다. 다양한 계층의 사람들이 참배하는 장소이기 때문에 에마당은 갤러리 같은 성격을 갖고, 에도 시대에는 마루야마오쿄圓山應擧 등 유명한 화가들도 앞다투어 자신의 작품을 봉납하게 되었다. 대작 에마뿐만 아니라, 미야코都로부터 떨어진 농촌 지대에서도 무수한 에마가 서민에 의해 봉납되어왔다.

현대 일본인의 소원, 고민이나 기원이 고대로부터의 관습과 연관되어 있다는 것을 단적으로 나타내고 있는 것이 에마다. 그 모양이 오두막집과 같은 오각형인 것은 원래 마구간을 나타내고 있었기 때문으로 여겨지고 있다. 칠을 입히지 않은 산뜻한 시라키白木판에 말 그림을 그리는 데 그치지 않고, 말이 휴식할 수 있도록 오두막집 모양으로 한 옛사람들의 마음 씀씀이가 아름답다. 이윽고 그 오각형의 판에는 말 이외의 십이지 동물이나 신사와 사원의 건물, 사람들이 비는 모습, 일출 등 다양한 그림이 그려지고, 마음에 담아 온 말을 적을 수 있게 되어간다. 평유를 기원하여 눈目을 나타내는 히라가나의 'め'나 손, 여성의 하반신을 그린 에마도 있다. 민속학자 야나기다구니오柳田國男는 에마는 가톨릭 성당에 봉납된 납세공의 수각이나 선사시대 유럽의 동굴벽화 등과 같으며, 행복이나 건

강을 바라는 민중의 심성이 만들어낸 것으로 인식하고 있었다.

에마는 그 이름이 그림繪의 말馬로 쓴다는 것조차 의식하지 않을 만큼 사람들에게 당연시되고 있다. 많은 사람들이 경험하는 최초의 에마는 아마 합격기원合格祈願이라고 쓰여진 에마일 것이다. 학문의 신인 텐진사마天神樣 등에 참배하고 용돈으로 5백 엔에서 천 엔 정도의 에마를 구입해 지망 학교와 자기 이름을 써넣고는 에마 거는 곳에 봉납한다. 거기에는 다양한 남녀 학생 이름으로 여러 지망 학교가 쓰인 에마가 걸려 있어 자극을 받는다. 다음으로는 연애성취戀愛成就 등의 인연을 위한 에마일까. 사회인이 되고 나서는 대원성취大願成就나 장사번성商賣繁盛, 가정을 가지고 나서는 가내안전家內安全이나 자식기원子寶祈願이라는 에마가 준비되고, 병이나 다쳤을 때는 평기평유病氣平癒라는 에마가 있다. 자신을 위한 것뿐만 아니라 가족이나 연인, 친구를 위해서 걸린 에마도 있다.

걸려 있는 무수의 에마 앞에 서면, 인간의 소원이란 게 정말 다양하다는 것을 새삼 실감하게 된다. 에마 판은 그 마음을 담는 캔버스다. 그중에는 재미로 쓰인 것도 있지만, 성실하고 소박한 소원이나 기원의 심정이 전해져오는 것이 대부분이다. 에마에 소원을 쓰는 순간 사람들의 감정은 인생의 단편이라기보다 그 이상의 뭔가 응축된 심정인 것이 틀림없다.

마르크스주의 지식인이었던 기노시타준지는 신불이 없는 무한의 시간, 공간의 확대 속에서 드라마를 파악하고 있어, 에마를 바치는 사람들이 모두 똑같이 무신론적이고 데카르트적인 시간과 공간으로 파악한다고는 할 수 없을 것이다. 그러나 어느 쪽도 말이나 말 유래의 물건에 담아 일상에 머무르지 않는 응축된 심정을 표현하고 있는 점에서 같다. 흘러가는 시간이나 확산해버리는 공간에 대해서 지금 여기에 중요한 뭔가를 남기려는 것. 기수와 일체화되어 움직임을 억제한 말과 나무판 속에 남겨진 말이 유래인 에마는 인간이 혼자서는 표현할 수 없는 인생의 심오함을 전해준다.

동아시아 공유 문화로서의 일본 재래마

말이라면 현대인에게 가장 먼저 떠오르는 것이 경기장을 시원스럽게 앞질러 달리는 서러브레드일지도 모른다. 그것은 일본인에게도 마찬가지다. 그 모습은 소설만이 아니라 쉼 없이 경제나 테크놀로지의 발전을 목표로 치열한 경쟁을 해온 근대사회를 상징하고 있다고도 할 수 있다. 서러브레드는 아름다우나 일확천금을 꿈꾸며 마권을 구입한 경마 팬의 기대를 한 몸에 받는 화려한 프로 기수가 조종하는 경주마다. 일본의 산악을 배경으로 목장에서 풀을 뜯는다 한들 야마노카미山神가 내려와 타는 일은 없다.

일본 열도에서 말이 사람들의 생활에 들어오게 된 것은 고분 시대 중순, 4세기 말에서 5세기로 추정되고 있다. 그 무렵의 말은 앞다리 어깨까지의 체고體高가 120~130센티미터의 소, 중형마이며, 몽골 고원을 원래의 고향으로 하는 몽고계에 속한다. 오늘날의 서러브레드는 150센티미터 이상의 대형마이기 때문에 체형은 명확하게 차이가 난다.

고고학 자료에서 5세기에 일본 열도로 기마 풍습을 가진 수많은 사람들이 건너온 것을 확인할 수 있어 한반도로부터의 도래인과 도래 문화의 흐름 안에서 검토하는 것이 타당하다고 여겨지고 있다. 그렇지만 일본에

서는 기마 집단이 형성된 흔적이 없고, 전투용으로서의 측면이 희박하여 권위의 상징으로서의 성격이 강했다고 여겨진다. 에마에 그려지는 등 일본인들이 친근하게 소원을 담아온 말은 체형도 목적도 완전히 서러브레드와는 달라 그야말로 동아시아에 공통되는 살아 있는 문화를 체현하는 존재였다. 일본의 무사, 사무라이들이 탔던 말도 이것이다. 또한 무로마치室町 시대부터 도호쿠東北 지방에서는 농업에도 사용되고, 눈이 많은 지방에서는 인가와 마구간을 L 자형으로 붙인 마가리야曲り屋로 불리는 민가가 지어졌다. 눈을 피해 왕래하기 위한 지혜지만, 사람과 말이 같은 민가에서 일체가 되어 생활하는 독특한 구조로, 도호쿠인들에게 말이 얼마나 중요한 존재가 되어갔는지를 알 수 있다.

그러나 근대 이후 재래마는 비극의 운명의 길을 가게 된다. 근대 경마는 1862년 에도 막부 말기에 요코하마 거류 외국인이 오락으로써 개최한 것이 최초라고 하지만, 그 후 메이지 정부에 의해 경마가 장려되면서 서양식마를 대대적으로 도입하여 재래마와 교배시켜 말의 대형화가 도모되었다. 수입마도 포함해 청일전쟁에서는 13만 마리, 러일전쟁에서는 47만 마리의 군마가 준비되었다. 말들은 짚으로 만든 와라지에서 편자로 바꿔 신고, 처음으로 거세 기술도 도입되어 마차도 끌게 되었다. 광산에서 가난한 남녀 노동자와 고생을 함께하며 쓰러지는 날까지 일한 탄광마도 있었다.

그런데 실은 메이지 천황이 평생을 사랑한 말은 수입마가 아니라 미야기켄宮城縣에서 태어난 재래마였다. 이름은 긴가산고金華山號이고 털에 광채도 없고 용모도 아름답지 않았지만, 성질이 극히 뛰어나 군사 연습 등의 시찰에서 귀를 찢는 듯한 대포 소리를 들어도 태연하게 놀라는 기색도 하지 않았다고 한다. 그러나 근대 일본의 마정국馬政局은 대형화를 추진하면서, 일찍이 일본 사무라이들에게 애용된 난부마南部馬(아오모리靑森·이와테巖手·아키타秋田) 등의 일본 재래마는 서양종과 교배되어 쇼와昭和 초기까지 대부분이 소멸되었다. 현존하는 재래마는 여덟 종류로 모두 벽지나 섬에서 사육되어 메이지 시대 이후의 대형 군마로의 개악改惡을 진행시킨 마정 계획의 적용을 면한 곳이다.

일본마사협회의 조사에 따르면 2008년 시점에서 재래마의 총수는 약 2067마리, 1980년의 1724마리에서 1994년에는 3466마리까지 증가했지만, 이후 감소 일로를 걷고 있다. 이 중에서 홋카이도北海道 와슈和種가 1468마리로 7할 이상을 차지해 키소마木曾馬(나가노켄長野縣), 노마마野間馬(에히메켄愛媛縣), 다이슈바對州馬(나가사키켄長崎縣), 미사키마御崎馬(미야자키켄宮崎縣), 토카라마(가고시마켄鹿兒島縣), 미야코마宮古馬(오키나와켄沖繩縣), 요나구니마與那國馬(오키나와켄)는 157마리에서 25마리에 지나지 않는다.

농림수산성 생산국이 감독하는 일본중앙경마회는 세계 최대의 마권 매출을 자랑하며 매년 문화 관련 예산의 세 배에 해당하는 3천억 엔을 국고에 보낼 정도로 발전하여 축산 진흥 사업을 실시하고 있다. 한편에서는 몽골 고원으로부터 고대 한반도를 거쳐 일본 문화에 뿌리내린 동아시아 말의 전통이 위기에 직면한 채 방치되고 있다.

이제부터는 오로지 앞만 보고 달리는 근대 경마 타입의 문명에 치우치지 않고, 경제나 과학의 추진력에 고삐를 걸고, 때로는 그것을 눌러 제어하며 사람들의 다양한 소원을 유연하게 받아들일 수 있는 문명을 만들어갈 필요가 있는 것은 아닐까.

그런 의미에서 동아시아 공유 문화로서의 재래마를 제대로 진흥시켜 보면 어떨까. 재래마에 의한 마술을 부활시키고, NHK 대하드라마에는 재래마를 이용하고, 전국의 유명한 신사와 사원을 방문하여 마츠리祭에 참가하면 한층 더 자주 신마神馬를 만날 수 있을 것이다. 도호쿠東北, 추부中部, 호쿠리쿠北陸에서는 재래마 사육을 부활시켜 그 마분을 비료로 한 농작물을 기른다. 재래마를 주인공으로 한 드라마, 소설, 만화, 애니메이션, 사진집이 히트 친다. 에마도 해외로부터의 수입재에 의지하지 않고 국산 간벌재를 이용해 환경 보전에 유용하게 쓴다. 또한 몽골이나 제주도 말과의 교류 등 재래마를 통한 문화 교류를 실시한다.

만약 그런 미래가 실현된다면 근대 생활의 허무에서 빠져나오기 위해 무한의 시간과 공간 속에서 긴장감을 가지고 멈춰 설 필요가 없다. 친근한 풍토에서 긴 시간을 함께해온 신성한 동물이 있어 인생의 의미를 그 고요하며 다정다감한 눈동자로 받아들여줄 것이기 때문이다.

하마다 요 · 이향숙 | 이향숙 옮김

참고 문헌

佐藤健一郎 · 田村善次郎, 『小繪馬-いのりとかたち』(淡交社, 一九七八)

加茂儀一, 『騎行 · 車行の歷史』(法政大學出版局, 一九八〇)

根岸競馬記念公苑 · 馬の博物館, 『特別展日本古代の馬文化展』(根岸競馬記念公苑, 一九八一)

根岸競馬記念公苑學藝部編, 『馬の博物館特別展古代文化・馬形の謎』(根岸競馬記念公苑, 一九八六)

坂內誠一, 『碧い目の見た日本の馬』(聚海書院, 一九八八)

府中市鄉土の森博物館, 『特別展馬』〔(財)府中市鄉土の森事業團, 一九八八〕

大津市歷史博物館, 『企畵展庶民のいのり近江の繪馬』(一九九一)

木下順二, 『ぜんぶ馬の話』(文春文庫, 一九九一)

西中川駿編, 『古代遺跡出土骨からみたわが國の牛, 馬の渡來時期とその經路に關する硏究』(文部科學省科學硏究費補助金・硏究成果報告書, 一九九一)

有馬洋太郎他編, 『圖說日本の馬と人の生活誌』(原書房, 一九九三)

林英夫編, 『近世馬と日本史3』(馬の文化叢書4, 馬事文化財團, 一九九三)

根岸競馬記念公苑, 『神奈川の街道と馬』(馬事文化財團, 一九九三)

神崎宣武, 『近代馬と日本史4』(馬の文化叢書5, 馬事文化財團, 一九九四)

栗東歷史民俗博物館, 『町製四〇周年記念展近江と馬の文化』(一九九四)

巖井宏實, 『民俗馬の文化史』(馬の文化叢書6, 馬事文化財團, 一九九五)

高橋富雄編, 『古代馬と日本史1』(馬の文化叢書2, 馬事文化財團, 一九九五)

柳田國男, 「板繪沈革」

巖井宏, 『民俗馬の文化史』(馬の文化叢書6, 馬事文化財團, 一九九五)

福永光司, 『'馬'の文化と'船'の文化-古代日本と中國文化』(人文書院, 一九九六)

増田精一，『日本馬事文化の源流』(芙蓉書房出版，一九九六)

彦根城博物館，『馬-鞍・鐙から描かれた姿まで』(彦根市教育委員會，一九九七)

武市銀治郎，『富國教馬ウマからみた近代日本』(講談社，一九九九)

馬事文化財團・馬の博物館編，『鎌倉の武士と馬』(名着出版，一九九九)

巖手縣立博物館，『北の馬文化』〔(財)巖手縣文化振興事業團博物館，二〇〇〇〕

奈良縣立橿原考古學研究所附屬博物館編，『春季特別展馬と馬具の考古學古墳時代の馬との出會い』(二〇〇三)

伊藤亞人監譯，『韓國文化シンボル事典』(平凡社，二〇〇六)

張允禎，『古代馬具からみた韓半島と日本』(同成社，二〇〇八)

中澤克昭編，『人と動物の日本史2歴史のなかの動物たち』(吉川弘文館，二〇〇九)

중화 민족의
정신적 심벌로서의 존재

말 좋아하는 중국인

근대의 경마 인기는 생활의 고도화와 비례하는 듯하다. 중국에서도 건국 이래 60년 남짓 금지되었지만 홍콩에서 성황 중인 경마에 자극을 받았는지 2008년 이래 무한武漢 등에서 개최되고 있다. 무한의 대학에는 경마 전공 과정이 설치되어 경쟁률이 수십 대 1에 달하는 좁은 문이라고 한다. 경마 이외에 말을 볼 일이 없어지게 된 것이 현대의 도시 생활이지만, 중국의 집을 들여다보면 다양한 말을 볼 수 있다. 말을 모티프로 한 장식이나 회화, 조각, 일상적인 실용품 등 그 폭이 아주 넓다. 중국인은 예로부터 말을 좋아한다.

간지干支인 말을 꾸민 구정의 용의
전지剪紙(종이 오리기)

북송 시대에 편찬 된 성씨 자료에 '가성百家姓'이라는 것이 있다. '百'은 '많은'이라는 의미로 일반적인 성씨라는 한자 범위 안에서 교묘하게 사자일구四字一句의 시 형식체로 배열되며 원래는 411종의 성씨가 현재에 이르는 천 년간에 504종으로 늘어났다. 한자 두자의 복성은 60종인 것을 알 수 있다. 동물명이 성으로 된 것도 몇 가지 있는데 그중에서도 대표적인 것이 '마馬' 성이다. 중국 55 소수민족의 하나인 회족에게 압도적으로 많다는 것은 누구나 알고 있다. 운남성雲南省의 회족은 거의 '馬' 성이라고 할 수 있다. '말'이 생활과 밀접한 존재였을 뿐만 아니라 숭경의 대상이기도 한 것을 알 수 있다. 그만큼 말과 밀접한 생활이 대대로 이어져왔기 때문일 것이다. 신쿄新疆 위구르 자치구 등 오지에서는 지금도 말이 운반이나 경작에 사용되고 있는 풍경을 볼 수 있다.

말과 관계되는 사실史實

중앙아시아로부터 중국 북부로 펼쳐지는 초원은 말에게 지구상 최대의 낙원이었을 것이다. 인류가 초원에 진출하며 말은 최적의 사냥감이 되었다. 그러나 타기에 적절한 동물이란 장점에 눈을 뜬 고대의 일단이 있었는데, 서아시아를 무대로 활약한 스키타이 민족으로 기르면서 길을 들여 유목 문화라는 것을 보편화했다고 한다. 이른 시기에 가축화되지 않았다면 말은 벌써 멸종했을 것이라고 한다. 가축화란 인간의 보호의 손길이 미치는 것으로 기제류의 숙명인 진화의 지연이 치명상이 되지 않는다는 의미다. 가축화의 역사는 우제류의 소, 염소, 양 등에 비교하면 새로운 것으로 여겨져 기껏해야 수천 년 정도라고 한다. 중앙아시아로부터 중국 북부의 광대한 초원이 말과 인간을 이어주는 직접적인 토양이다.

중국사는 말과의 관계를 빼놓고는 논할 수 없다고 해도 과언이 아니다. 여러 가지 상세한 사실史實이 다른 원고에서 논해졌을 것이나 스키타이의 유목 문화를 흡수한 흉노가 기원전 몽골 고원을 석권하였을 때, 전국戰國시대의 칠웅 조나라의 무령왕武靈王이 흉노에 대항하기 위해 흉노를 모방한 승마식의 전투 스타일로 채용한 '호복기사胡服騎射'의 고사는 유명할 것이다. 여기에 전한의 무제가 명마 '한혈지마汗血馬'를 얻기 위해 중앙아시아의 '대연大苑국'에 대군을 파견한 것도 중요하다. 『한서漢書』에는 한혈지마의 조상은 천마라고 한다. 이러한 사실이 뒷받침하여 중화 민족이 예로부터 숭상하며 보편화해왔던 것이다.

말의 재능에 기대어

말을 숭상한 중화 민족의 조상들은 강력한 진취나 향상을 나타내는 정신적인 존재로까지 간주했다. '용마龍馬'나 '인마仁馬'라는 말까지 생겨났다. 『역경易經』에서는 '건위마乾爲馬'로 기록되어 있으며, 말은 위엄, 건강, 선량, 광대, 원시, 영원의 생명을 상징하고 있다. 이것은 공자가 『역경』 건괘乾卦에서 논한 것으로, 중국인에게는 대대로 계승되어온 유명한 어구 "천행건군자이자강불식天行健君子以自强不息"에 유래한다. 바로 중국의 인민이 곤란을 두려워하지 않고 향상해나가려는 생명의 의의를 반영하고 있다고 할 수 있다.

말의 능력을 경외하는 사람들은 성현의 상징이라고도 보았다. 하늘을 달리며 하루에 천 리를 간다는 '천리마'를 동경했다. 능력 있는 인재를 형용하여 준마를 식별할 수 있는 인재라는 '선식재善識才', '선거재자善擧才者'로 비유했다. 진 시대, 조나라의 왕량王良, 진나라의 백락伯樂, 방구환方九堙 등은 말 전문가였다. 인재가 파묻혀 활기가 없는 세정을 '만마제암萬馬齊暗'이라고 한다.

청의 저명한 공자진龔自珍의 시에 다음과 같은 구절이 있다. "九州生氣恃風雷,　萬馬齊暗究可哀,　我勸天公重抖擻,　不拘一格降人材"('己亥雜詩. 過鎭江').

춘추전국시대에는 말 전문가도 늘어나 각각 준마를 판단하는 기준에 따라 각종 유파도 생겨나 중국 마학의 기초를 쌓았다. 백락이 저술한 『상마경相馬經』은 세계에서 가장 오래된 말에 관한 저작으로 현재까지 읽혀 오고 있다.

바람을 가르며 질주하는 말을 '옥룡玉龍'이나 '사족선인四足仙人'이라는 별칭으로도 부르고 있다. '천마행공天馬行空'이라는 그림은 재주가 뛰어났으면 하는 기대를 나타낸다. 질주하는 말의 재능의 심벌이 말굽이라고 해도 좋다. 말굽은 행운을 초래한다 하여 길에 떨어진 것을 발견하면 특히 기뻐하여 지금도 주워가지고 벽이나 문에 걸어둔다. 말은 충성의 상징이기도 하다. 원숭이와는 궁합이 좋다고 여겨져 길상화인 '마상봉후馬上封侯'는 승진이 가까워졌다는 것을 나타낸다. '원숭이猿'는 중국에서는 '후猴' 라고 쓰는 것이 보통이다. '후侯' 와 동음이며, 마상馬上(중국어에서는 '바로' 의 뜻)의 원숭이가 말을 부리고 있다. 당삼채를 시작해 미술 공예에도 말을 소재로 한 명품은 실로 많다.

풍성하고 다양한 말에 관한 전시

개혁 개방 30년을 맞이한 현재 중국 국내의 '박물관' 도 다채롭다. 말을 소개하는 것은 이색적이고 흥미롭다. 저명한 '중국마문화박물관中國馬文化博物館' 은 만리장성 관광으로 유명한 팔달령八達嶺 기슭, 중국 최대의 양광산곡마술陽光山谷馬術 클럽 내에 있다. 이 박물관은 중국미술협회, 중국마업협회, 중국문물학계, 연경延慶현 인민 정부가 공동으로 설립했다. 면적은 2710제곱미터로 관내에는 3천 이상의 문물이 전시되고 있다. 전시는 여섯 부문으로 나뉘어져 영국식, 미국식, 몽고식의 마술에 관한 명화, 사진, 문학 자료의 전시장이 있다.

내몽고의 고양황기古鑲黃旗에는 '몽고마문화박물관' 이 있다. 600제곱미터의 부지에 약 3백의 몽고마에 관한 귀중한 문물이 전시되고 있다. 북방 기마민족인 몽고족의 풍성한 문화를 체현한 박물관은 국내외의 관광객으로부터 인기를 끌고 있다고 한다.

말 전문이 아니더라도 각 성·자치구의 주요한 박물관을 방문하면 역사에 관련된 말에 관한 문물이나 자료를 볼 수 있다. 저명한 정치가가 군마로 사용한 박제도 있어 중국인과 말의 관련을 떠오르게 한다. 서안舒雁의 병마용兵馬俑 박물관에서는 진시황제가 인솔한 마차의 실물도 파내어 전시되고 있어 빼놓을 수 없다.

사후에도 명마를 거느린 황제

항우項羽는 한나라 고종에게 끝내 패하고는 애마 '추騅'와의 이별을 안
타까워하며 시를 남겼다(『사기史記』). 주나라의 목왕에게는 '팔준八駿'(『습
유기拾遺記』), 진나라의 시황제는 일곱 마리의 명마(『고금주古今注』), 전한의
문제는 '구일九逸'(『서경잡기西京雜記』) 등 영웅은 준마와 인연이 있다.

권세를 떨친 황제인 만큼 사후에도 명마를 곁에 두고 싶었던 것인지도
모른다.

섬서성陝西省 예천禮泉에 있는 소릉昭陵은 당의 전성기를 쌓아 올린 당
태종(이세민李世民)의 능묘인데 북측 제단 부근에 커다란 여섯 필의 청석
부조준마靑石浮彫駿馬가 눈길을 끈다. '소능육준昭陵六駿'이다. 부조로 된
조각은 각각 폭이 약 2미터, 높이가 약 1.7미터이다. 여섯 준마는 이세민
이 당 왕조의 리더로 오르기 전부터 타던 군마로 각각 '권모과拳毛䯂',

우표 '소능육준昭陵六駿'

'십벌적什伐赤', '백제조白蹄烏', '특늑표特勒
驃', '청추靑騅', '삽로자颯露紫'라고 칭하였다.

육준六駿을 그리며 이세민은 공예가 염립덕
閻立德과 화가 염립본閻立本 형제에게 명해 여
섯 마리를 제작시켜 능묘 앞에 두었던 것이
다. 그중에 '권모과'와 '삽로자'는 1914년에
미국에 의해 수탈되어 현재는 펜실베이니아

대학 박물관에 소장되어 있다. 나머지도 국외로 운반 도중에 중국 정부에 의해서 저지되어 현재는 서안西安의 비림碑林박물관에 있다.

많은 어구나 속담

'천리마' 뿐만 아니라 중국인은 일상 속에서 '馬'에 관련된 말을 꽤 사용하고 있다.

'호마배호장好馬配好鞍', '로요지마력路遙知馬力', '마도성공馬到成功', '단총필마單銃匹馬', '새옹실마塞翁失馬', '안지비복安知非福', '천마행공天馬行空', '천군만마千軍萬馬', '심원의마心猿意馬', '견마지노犬馬之勞', '한마공로병황마란汗馬功勞兵荒馬亂', '주마관화走馬觀花', '차수마용車水馬龍', '초병매마招兵買馬', '청매죽마군자일언靑梅竹馬君子一言', '사마난추駟馬難追', '현애륵마懸崖勒馬', '원반인마만마분등原班人馬萬馬奔騰', '일마당선一馬當先' 등 실로 많다.

아이들은 초등학교 때로부터 말에 연관된 우화에 접한다. 예를 들면 '소마과하小馬過河', '노마식도老馬識途', '노기복력老驥伏櫪', '지록위마指鹿爲馬', '마이동풍馬耳東風' 그 외의 고전에서 말에 관련된 고사를 학습해 나간다.

속어에도 속담으로서 정착한 것이 많다.

인고의상마고안人靠衣裳馬靠鞍 : 사람에 있어서 의복 장식이 중요하듯

이 말안장은 말의 장식에 있어서 중요하다.

　　노요지마력 일구견인심路遙知馬力 日久見人心 : 아득히 먼 길을 걸어야만 처음으로 말의 마력이 어느 정도인지 알듯이 교제가 길어야만 그 사람의 마음을 알 수 있다는 것이다.

　　우요마인포 우요마인불흘초又要馬兒跑 又要馬兒不吃草 : 말을 달리게 하려면 꼴을 주지 않을 수 없다. 아무것도 하지 않고 이상을 이루려고 하는 것을 말한다.

　　말을 노래한 시와 글은 많아 고전이나 대시인의 작품이 사람들의 입으로 회자됐다. 모두 현대 생활에도 밀접하게 관련되어 있다. 암송할 수 있는 것도 특징일 것이다.

　　주된 작품을 들면,

　　夜欄臥聽風吹雨, 鐵馬冰河入夢來(陸游, 『十一月四日風雨大作』).

　　枯藤老樹昏鴉, 小橋流水人家, 古道西風瘦馬(馬致遠, 『天淨沙秋思』).

　　好山好水看不足, 馬蹄催趁月明歸(岳飛, 『池州翠微亭』).

　　山回路轉不見君, 雪上空留馬行處(岑參, 『白雪歌送武判官歸京』).

　　葡萄美酒夜光杯, 欲飲琵琶馬上催(王翰, 『凉州詞』).

　　射人先射馬, 擒賊先擒王(杜甫, 『前出塞』).

　　春風得意馬蹄疾, 一日看盡長安花(孟郊, 『登科後』).

　　還似舊時遊上苑, 車如流水馬如龍, 花月正春風(李煜, 『望江南』).

　郎騎竹馬來, 繞床弄青梅(李白, 『長干行』).

　但使龍城飛將在, 不敎胡馬度陰山(王昌齡, 『出塞』).

말을 그려 국민 화가가 된 서비홍

　질주하는 말을 그린 수많은 작품으로 알려져 있는 서비홍徐悲鴻 (1895~1953). 강서성江蘇省 여흥宜興 출신의 국민적인 화가로 파리 유학을 한 경험이 있다. 그가 화가에 뜻을 두고 전력을 다한 에피소드는 널리 알려져 있다.

　유학 중에 그는 다냥 부베레Dagnan Bouveret에 사사했다. 이것을 부러워한 외국인 유학생들이 말했다. "서비홍 씨, 프랑스의 저명한 화가가 당신을 평가하여 제자로 받아주었다고 장래가 약속되었다고 생각하지 말게. 자네들 중국인들은 천국에 가서 수업했다 하더라도 성공할 수 없네."

　그는 분개했다. 그러나 그 자리에서 항의를 한다고 중국인에 대한 편견이 그리 간단하게 바뀔 리도 없다고 생각했다. 그래서 기정사실로서 진정한 중국인을 알릴 수밖에 없다고 생각하고 한층 노력을 스스로에게 부과했던 것이다. 피로를 보이지 않고 질주하는 준마와 같이 밤낮으로 분투했다. 그 외국인 유학생은 쉴 없이 역작을 그려 회화의 세계에서 이름이 알려지기 시작하

서비홍의 작품

는 그의 노력과 재능에 감탄하여 깊이 고개 숙여 "중국인의 재능을 인정하네"라며 사죄했던 것이다. "나는 잘못을 犯했다. 중국어로 말한다면, '유안불식태산有眼不識泰山(눈이 있는데, 태산이 보이지 않았다)'이네."

고마운 말고기 요리

운수가 좋다는 말에 기대고 싶어 말고기 메뉴에는 흥미로운 것이 있다. 고대의 문헌에서는 말고기에 독이 있다고 여겨졌다. 명 시대의 이시진李時珍이 저술한 『본초강목本草綱目』에는 "말고기를 먹고 중독된 사람은 무 국물을 마시고 행인杏仁을 먹으면 해독된다"고 기록되어 있다.

'말고기鹵馬肉'는 중국 남방, 특히 강서성 일대에서 유행하고 있는 식품이라고 한다. 영양가 면에서는 수십 종류의 아미노산과 인체에 불가결한 많은 비타민이 포함되어 있다. 단백질의 유량도 많으며 그 외 칼슘, 아연, 철분 등이 포함되어 영양 보급에 뛰어난 식품으로 간장 기능의 향상, 증혈 작용, 자양강장 효과, 혈액의 순환 촉진, 동맥 경화의 예방, 면역력 강화의 효과가 있다. 지방은 소나 돼지, 양의 지방보다 양질로 식물유에 가까워 올레인산의 함유량이 많다. 올레인산은 콜레스테롤을 분해하는 효과가 있어 혈관 안에는 축적되지 않고 동맥경화를 예방하는 특수한 효과가 있다.

축류에서 말만큼 인간에게 도움이 되는 것은 없지 않을까. 평화로울 때나 전쟁 때나, 달릴 때나 걸을 때나, 산지에서나 평지에서나, 그리고 마지막에는 식용으로 제공된다.

이상, 맛있는 이야기로 채운 말 종합 세트로 끝.

왕민 | 이향숙 옮김

참고 문헌

諸橋轍次, 『十二支物語』(大修館書店, 1968)

聞一多, 『中國神話』(東洋文庫 · 平凡社, 1989)

澤田瑞穂, 『中國動物譚』(弘文堂, 1978)

五十嵐謙吉, 『十二支の動物たち』(八坂書店, 2006)

阿部禎, 『干支の動物誌』(技報堂出版, 1994)

陳舜臣, 『中國五千年 · 上下』(講談社 · 文庫, 1989)

藤堂明保, 『漢字の話 · 上下』(朝日新聞社 · 朝日選書, 1986)

王敏 · 梅本重一, 『中國シンボル · イメージ典』(東京堂出版, 2003)

南方熊楠, 『十二支考』 · 上下』(巖波書店 · 文庫, 1994)

집필진 약력

류관현 남산골 한옥마을 소장, 한국의집 관장, 전주전통문화센터 관장, 한국문화의집 관장을 역임했으며, 현재 한국문화재보호재단 문화예술실장으로 활동 중이다. 전통문화콘텐츠의 개발과 연구에 관심을 두고 있다.

박석기 1934년 평양에서 태어나 컬럼비아 대학교 언론대학에서 수학했다. 논문으로는 「미국 대학의 한국학 연구」가 있고, 『한국문화상징사전』에 편집위원으로 참여했다. 종합통신사 합동통신의 문화부장 · 출판국장, 동아출판사 편집상무, 한양대학교 신방과 강사 등을 역임했다.

서영대 인하대학교 사학과 교수로 재직 중이다. 공저로『단군: 그 이해와 자료』, 『성황당과 성황제』, 역서로『조선무속고』등이 있다.

왕민 호세이 대학교 국제일본학연구소 교수이다. 중국 하북성 출신으로, 다이렌 외국어대학 일본어과를 졸업했고, 시센 외국어학원 대학원을 수료하여 인문과학박사(오차노미즈 여대) 학위를 받았다. 도쿄 세토쿠 대학 교수를 거쳐, 2003년부터 현직 중이다. 주 전공은 문화외교이며, 비교문화와 일본, 미야자와 겐지 등의 연구를 하고 있다. 총리간담회 위원, 중국 국가우수자비유학상 심사위원을 역임, 2009년에는 문화 장관의 표창을 받았다. 저서로는『日本と中國 相互誤解の構造』(中央公論社, 2008年), 『日中2000年の不理解–"異なる文化 '基層'を探る"』(朝日新書, 2006年), 『謝謝! 宮澤賢治』(朝日新書, 2006年), 『日中比較 · 生活文化考』(原人舎, 2005年), 『宮澤賢治と中國』(サンマーク出版, 2002年), 『宮澤賢治 中澤に翔ける想い』(岩波書店, 2001年) 등이 있다.

이나가 시게미 도쿄 대학교 교양학부를 졸업했으며, 도쿄 대학교 대학원과 파리 제7대학에서 수학했다. 파리 제7대학에서 문학박사를 받았으며, 미에 대학교 조교수를 거쳐 현재 국제일본문화연구센터 교수로 활동하고 있다. 저서로『繪畵の黃昏』,『繪畵の東方』등이 있으며, 편저로『異文化理解の倫理にむけて』,『傳統工藝再考·京のうちそと』,『描寫と記述磡近代視覺世界の形態學と市場の遷移』등이 있다.

이원복 충청남북도, 전라북도 문화재 위원을 역임했으며, 현재 광주광역시 문화재 위원으로 재직 중이다. 국립전주박물관, 국립청주박물관, 국립공주박물관 관장을 거쳐 현재 국립중앙박물관 학예연구실장으로 재직 중이다. 저서로『나는 공부하러 박물관 간다』,『한국의 말 그림』,『회화-한국미 대발견』,『홀로 나귀 타고 미술 숲을 거닐다』등이 있다.

이어령 서울대학교 문리과대학 및 동 대학원을 졸업했다. 이화여자대학교 교수, 이화여자대학교 기호학연구소장, 조선일보, 한국일보, 중앙일보, 경향신문 등의 논설위원, 월간『문학사상』주간, 초대 문화부 장관을 역임했다. 현재 이화여자대학교 명예 석좌교수, 중앙일보 고문, (재)한중일비교문화연구소 이사장이다. 저서로는『축소 지향의 일본인』,『흙 속에 저 바람 속에』,『디지로그』,『젊음의 탄생』,『생각』,『지성에서 영성으로』,『어느 무신론자의 기도』,『어머니를 위한 여섯 가지 은유』,『빵만으로는 살 수 없다』등이 있다.

이향숙 울산대학교 인문대학을 졸업하고, 교토 시립예술대학교 미술연구과 석사, 교토 대학교 대학원 인간·환경학연구과 박사 과정을 수료했다. 문화·지역환경학 전공으로 국제일본문화연구센터 공동연구원, 교토 대학교 인문과학연구소 공동연구원, 교토 시립예술대, 교토 조형예대 강사를 거쳐 현재 테이쿄 대학 종합교육연구센터 강사로 활동하고 있다. (재)한중일비교문화연구소 객원연구원, 호세이法政 대학 객원학술연구원으로 한일 문화 비교 연구를 담당하고 있기도 하다. 공저로『文化としてのテレビ·コマーシャル―日本との比較から見えてくる個性と交流』,『'東アジア海' の信賴助成-韓國―多樣なる '海' のイメージに見る可能性』,『十二支神 호랑이』등이 있다.

정재서 서울대학교 중문과에서 석·박사 학위를 받았다. 미국 하버드 옌칭 연구소, 일본의 국제일본문화연구센터에서 연구원을 역임했으며, 계간 『상상』, 『비평』 등의 편집위원으로 활동했다. 현재 이화여자대학교 중어중문학과 교수이다. 저서로 『산해경 역주』, 『불사의 신화와 사상』(1994년 한국출판문화상 저작상 수상), 『동양적인 것의 슬픔』, 『도교와 문학 그리고 상상력』, 『정재서 교수의 이야기 동양신화 1, 2』, 『한국도교의 기원과 역사』 등이 있다.

천진기 안동대학교 민속학과를 졸업하고, 영남대학교 대학원에서 문화인류학과 석사를, 중앙대학교 대학원에서 국어국문학과 박사 과정을 마쳤다. 중앙대학교, 가톨릭대학교, 한국전통문화학교 등에서 강의했다. 현재 국립민속박물관 관장이다. 주요 저서로 『한국동물민속론』, 『한국 말 민속론』, 『한국의 馬 민속』, 『전통문화와 상징 1』, 『돼지의 발견』 등이 있다.

최원오 서울대학교 국문학과에서 동아시아 영웅서사시 비교로 문학박사 학위를 받았으며, 미국 인디애나 대학교 민속학 및 민족음악학과에서 박사 후 과정을 밟았다. 목포대학교 도서문화연구소 연구전임교수, 건국대학교 인문과학연구원 및 안동대학교 민속학연구소 전임연구원, 고려대학교 아세아문제연구소 HK연구교수 등을 역임했다. 현재 광주교육대학교 국어교육과 교수로 재직 중이다. 저서로 『동아시아 비교서사학』, 『An Illustrated Guide to Korean Mythology』 등이 있으며, 공저로 『신화/탈신화와 우리』, 『인류문화의 판타지 신화』 등이 있다.

최인학 동경교육대학 대학원 문학연구과에서 문학박사 학위를 취득했으며, 일본국제교류기금으로 1년간 유구대학 교환교수, 미 풀브라이트 기금으로 1년간 인디애나 대학 교환교수를 역임했다. 현재 인하대학교 명예교수, 비교민속학회 평의회 회장이다. 저서로 『구전설화연구』, 『백두산설화』, 『조선조말 구전설화집』, 『한국민속학새로읽기』(공저), 『옛날이야기 꾸러미 전5권』, 『한국의 설화』(공편) 등이 있다.

카미가이토 켄이치 오테마에 대학교 교수로 재직 중이다. 저서로 『日本文化交流小史: 東アジア傳統文化のなかで』, 『暗殺伊藤博文』, 『空海と靈界めぐり傳說』, 『富士山聖と美の山』 등이 있다.

하마다 요 교토 대학 법학부를 졸업했으며, 동 대학 인간 환경학연구과에서 석 · 박사 학위를 받았다. 맥길McGill 대학교 종교학부 객원연구원, 국제일본문화연구센터 강사를 역임했으며, 현재 테이쿄 대학교 일본문화학과 준교수로 재직 중이다. 주로 비교종교, 일본문화 전공으로 자연과 복수 종교 전통문화를 중시하는 '공존의 철학', '복수 종교 경험' 등 새로운 개념에 의한 연구를 전개했으며, 더불어 '동아시아 공유 문화유산'을 제창하고 있다. 저서로 『共存の哲學』, 공저로 『環境と文明』, 『A New Japan for the Twenty-First Century』, 『國際日本學と淏何か』, 『宗敎多元主義を學ぶ人のために』 등이 있다.

문화로 읽는 십이지신 이야기 말

초판 1쇄 인쇄 2011년 11월 25일
초판 1쇄 발행 2011년 11월 30일

책임편집 이어령 | **기획위원** 최규복 송명식
펴낸이 정중모 | **펴낸곳** 도서출판 열림원

편집장 김도언 | **편집** 이성근 | **디자인** 이기쁨
마케팅 남기성 | **홍보** 장혜원 | **제작** 윤준수 | **관리** 박정성 김은성 조범수

등록 1980년 5월 19일(제406-2003-026호)
주소 서울시 마포구 잔다리로 2길 7-0
전화 02-3144-3700 | **팩스** 02-3144-0775
홈페이지 www.yolimwon.com | **이메일** editor@yolimwon.com
트위터 twitter.com/Yolimwon

ISBN 978-89-7063-720-4 03380

*이 책의 저작권은 유한킴벌리와 한중일비교문화연구소에 있습니다.
  이 책의 글과 그림은 무단으로 사용할 수 없습니다.
*'십이지신十二支神' 시리즈는 동북아시아의 문화적 이해를 돕고자
  유한킴벌리의 사회공헌연구사업으로 기획되었습니다.
*책값은 뒤표지에 있습니다.